Lenzen/Lintzen/Schulz/Zimmer · Gesundheit lernen

Die Reihe »Werkstattbuch Grundschule«
wird herausgegeben von Dieter Haarmann

Klaus-Dieter Lenzen / Brigitte Lintzen / Gerhild Schulz / Brunhild Zimmer

Gesundheit lernen

Ein Projekt zur Gesundheitserziehung und Gesundheitsförderung in der Grundschule

Beltz Verlag · Weinheim und Basel

Über die Autoren:

Klaus-Dieter Lenzen, Jg. 1946, Dr. phil., wissenschaftlicher Angestellter (Schulpädagogik) und Lehrer in der Primarstufe der Laborschule Bielefeld.

Brigitte Lintzen, Jg. 1953, Lehrerin für Grund- und Hauptschulen an der Laborschule Bielefeld.

Gerhild Schulz, Jg. 1940, Sozialarbeiterin, Lehrerin für die Grundschule und die Sekundarstufe I an der Laborschule Bielefeld.

Brunhild Zimmer, Jg. 1950, Dipl-Päd., Lehrerin für Grund- und Hauptschule an der Laborschule Bielefeld.

Alle Rechte, insbesondere das Recht der Vervielfältigung und Verbreitung sowie der Übersetzung, vorbehalten. Kein Teil des Werkes darf in irgendeiner Form (durch Photokopie, Mikrofilm oder ein anderes Verfahren) ohne schriftliche Genehmigung des Verlages reproduziert oder unter Verwendung elektronischer Systeme verarbeitet, vervielfältigt oder verbreitet werden.

Lektorat: Peter E. Kalb

© 1996 Beltz Verlag · Weinheim und Basel
Herstellung: Ute Jöst, Publikations-Service, Birkenau
Satz: Satz- und Reprotechnik GmbH, Hemsbach
Druck: Druckhaus Beltz, Hemsbach
Umschlaggestaltung: Atelier Warminski, Büdingen
Umschlagfoto: Mona Eise
Printed in Germany

ISBN 3-407-62317-8

Inhaltsverzeichnis

Einleitung 7

I. Gesundheit lernen 11

    Das Konzept: Gesundheitserziehung und Gesundheitsförderung
in der Schule 12
    Die Institution: Gesunde Schule 18
    Die Themen: Spektrum der Gesundheitserziehung
und Gesundheitsförderung 21
    Die Arbeitsweise: Einüben oder belehren? 24

II. Bausteine zur Gesundheitsförderung 27

    Didaktische Struktur und Auswahl der Themenbereiche 27
    Zum Einstieg: die Szene »Schulfrühstück« 31

    den Körper kennenlernen 32
    Das Skelett 33
    Die Organe 39

    den Körper pflegen 43
    Die Zähne 45

    den Körper versorgen 51
    Nährstoffe 52
    Experimente 62
    Schulfrühstück 65
    Kochen, Backen und Rezepte 66
    Eßkultur 70
    Gesunde Klassenfahrt 71
    Einkaufen 72

    den Körper erleben 73
    Bewegung 74
    Anspannung – Entspannung 77
    Massage 78

Sinnesschulung 80
Fitneß 83
Yoga 85

den Körper beobachten 86
Messen, Wiegen und Berechnen 87

den Körper in seiner Umwelt erleben 97
Soziales Wohlbefinden 98
»Dritte Haut« 100
Gesundes Klassenzimmer 105
Stundenplan und Pausen 106
Teestube 106

den Körper darstellen 110
Theaterspiel: Gesundheit auf der Bühne 111
Geschichten von Gesundheit und Krankheit 119
Bildnerisches Arbeiten 123
Collagen 123
Buttons 126
Verpackungsmaterial 127
Körperplastiken 127
Werbung 128
Videofilm 128

die Projektarbeit präsentieren 130
Ausstellungen 131
Aktionen 137
Vorstellungen 140

III. Lehren oder Einüben? Arbeitsweisen der Gesundheitsförderung 143

Die Methode: Arbeiten im Projekt 143
Der Verlauf: Von der Planung bis zum Ergebnis 149
Das Ergebnis: Ein Abend mit Eltern und Kindern 151
Der Ertrag: Beobachtungen zur Wirksamkeit schulischer
Gesundheitsförderung – Ausschnitte aus einer Gruppendiskussion 153

IV. Materialien, Literatur 165

Süße Sachen – bittere Folgen. Ein Versuch aufzuklären, ohne den Appetit
am Naschen zu verderben. Eine Informationsschrift für Eltern 165
Literatur 169
Verzeichnis der verwendeten Filme 174

Einleitung

»Wie können Schulkinder heute gesund – oder vorsichtiger gesagt: gesünder – leben?«
– Die Frage ist klar gestellt, und sie wirkt einfach. Darauf klar und einfach zu antworten erweist sich jedoch als ungewöhnlich schwierig. Wer über die Gesundheit von Kindern und Jugendlichen und über die Chancen schulischer Gesundheitserziehung und -förderung nachzudenken beginnt, gerät schnell in gedankliche Widersprüche und Grundsatzprobleme, mit denen er zunächst vielleicht nicht gerechnet hat. Mit einfachen Rezepturen wie »gesundes Pausenbrot« und »frische Luft im Klassenzimmer« ist die Sache nämlich nicht erledigt. Über das Gesundheitsthema nachdenkend, stößt man vielmehr auf so allgemeine Fragen wie: Was soll unter Gesundheit denn eigentlich verstanden werden? Was können die Schulen mit diesem historisch-gesellschaftlich jeweils neu zu definierenden Gesundheitsbegriff anfangen? Welcher Sinn, welche Aufgaben und Funktionen werden der »Schule heute« über das Gesundheits-Krankheits-Motiv zugeschoben? Soll sie aus krankheitsgefährdeten Schülerinnen und Schülern gesunde machen? Hat sie nicht vielmehr Fachwissen, Kenntnisse und Fähigkeiten zu vermitteln, so wie das bislang üblich war? Warum soll die Schule eine »gesunde Schule« (Priebe/Israel/Hurrelmann 1994) werden? Reicht es nicht, eine »gute Schule« (Aurin 1991; Philipp 1991;Tillmann 1994) zu sein?

Zwischen der zunehmenden Verschlechterung des Gesundheitszustandes von Kindern und Jugendlichen (Hurrelmann 1988) einerseits und dem wachsenden Interesse an schulischer Gesundheitserziehung und Gesundheitsförderung andererseits scheint in diesem Sinne eine zwar logische, aber auch zynische Beziehung zu bestehen: Je bedrohlicher nämlich die Umweltbelastungen, die Formen des Risikoverhaltens (Drogenkonsum), Streßfaktoren und krankheitsförderliche Ernährungsweisen werden, desto mehr wird der Institution Schule aufgebürdet. Zwar hat sie mit all diesen Faktoren, so scheint es zumindest auf den ersten Blick, ursächlich recht wenig zu tun; sie kann für Drogensucht und Bewegungsarmut, für psychische Destabilisation von Kindern und Jugendlichen und für die zunehmende Verbreitung allergischer Erkrankungen schließlich primär nicht verantwortlich gemacht werden. Und doch ist es völlig selbstverständlich, daß von ihr entscheidende Hilfestellungen erwartet werden: Sie soll helfen, die ökologisch und ökonomisch verantworteten Gesundheits- bzw. Krankheitsprobleme von Kindern und Jugendlichen zu lindern. Sie soll auf befürchtete Krankheitsbilder präventiv eingehen; sie soll im Rahmen institutionalisierter Erziehung und Belehrung zu einem gesundheitsbewußten Verhalten anstiften, das bis in die Freizeitwelt und McDonald's-Kultur hinein trägt. Und sie soll schließlich auch die dazu geeigneten Unterrichtsverfahren und -konzepte entwickeln.

Daß angesichts gewaltiger Gesundheitsprobleme und entsprechend hochgesteckter Präventionsansprüche in den letzten Jahren über die Leistungsfähigkeit schulischer Gesundheitserziehung häufig – und häufig auch sehr »radikal« – nachgedacht worden ist, verwundert insofern kaum. Die Effektivität traditioneller schulischer Gesundheitserziehung wurde in Frage gestellt; der Begriff der »Gesundheitserziehung« selbst verlor seine Plausibilität. In einem weiteren Sinne wird heute von Gesundheitsförderung gesprochen und davon, daß die Schulen sich als Systeme insgesamt zu verändern hätten: Aus Schulen sollen »gesunde Schulen« werden. – Ein großes Programm, das viel Schulentwicklungskapazität kosten wird und mit großen Hoffnungen befrachtet ist.

Nicht verwunderlich ist allerdings auch, daß die lebhaften Konzeptdiskussionen über eine Wendung der Institution Schule hin zur »gesunden Schule« für Lehrerinnen und Lehrer noch nicht des Rätsels Lösung bedeuten können. Die Nachfrage nach praktikablen Arbeitsformen und praktisch verwendbaren Unterrichtseinheiten gerät durch die Theoriediskussionen zwar in einen anderen Kontext, sie wird aber noch nicht befriedigt. Sie wird im Gegenteil eher verstärkt, denn die Ansprüche steigen ein weiteres Mal: Traditionelle Tips zum gesunden Schulfrühstück und abschreckende Geschichten über die bösen Folgen des Rauchens werden nicht mehr recht ernst genommen; es soll nun viel grundlegender um eine ganzheitlich konzipierte Gesundheitsförderung gehen. Gleich, ob man weiter von Gesundheitserziehung reden oder die Gesundheitsförderung fordern wird – für Schulpraktikerinnen und -praktiker bleibt am Ende die bange Frage: »Wie macht man das alles?«

Vor einigen Jahren haben wir als einen der ersten Bände in der IMPULS-Schriftenreihe der Laborschule Bielefeld den Band »Körper, Ernährung, Gesundheit« (Biermann/Büttner/Lenzen/Schulz 1983) veröffentlicht. Es war ein nicht besonders gründlich ausgearbeiteter, aber mit vielen Unterrichtstips und -materialien gespickter Erfahrungsbericht über ein »Projekt Gesundheitserziehung«, das wir in der Primarstufe der Versuchsschule entwickelt und erprobt hatten. Schon damals erwies sich die Nachfrage nach praktisch verwendbaren Materialien für die Gesundheitsförderung und -erziehung als erstaunlich groß. Mehrfach wurden wir um weiterführende Zeitschriften- und Buchbeiträge gebeten; der ersten Auflage unserer Projektbroschüre folgte schon bald eine zweite. Als auch die Ende 1993 vergriffen war, wurden wir aufgefordert, eine dritte Auflage vorzubereiten. Allerdings hatten wir zu diesem Zeitpunkt das Unterrichtsprojekt mehrfach variiert und durch neue Ideen bereichert. Außerdem hatten uns Kolleginnen und Kollegen anderer Grundschulen Rückmeldungen darüber gegeben, was sie aus unserem Projektbericht hatten übernehmen können und was nicht; diese Anregungen wollten wir einarbeiten. Auch hatten wir anläßlich von Tagungen (u.a. Soest 1992) die Neuorientierungen in Bereichen der Gesundheitserziehung und Gesundheitsförderung zur Kenntnis genommen. Und nicht zuletzt wollten wir die Texte diesmal etwas genauer ausarbeiten und das Bildmaterial auf einen aktuellen Stand bringen. Es sollte also auf eine »überarbeitete Fassung« hinauslaufen.

Anstelle der »überarbeiteten Fassung« ist nun ein neues Buch entstanden. Nur an einigen Stellen scheinen die alten Textpassagen noch durch, immer in überarbeiteter Form. Der Band ist ansonsten völlig neu konzipiert; von einigen Aspekten des fächerintegrierenden Projektes haben wir Abschied genommen, andere sind neu hinzugekommen. So werden die ausführlichen, die Integration des Mathematikunterrichtes stützenden Arbeitsblätter zur Berechnung des Kalorienbedarfs nur noch in einer Auswahl wiedergegeben; Aspekte der Körperwahrnehmung und Bewegungsschulung werden hingegen stärker herausgearbeitet. In der vorliegenden Textfassung vermittelt das Projekt – auch das ist Resultat seiner Entwicklungsgeschichte – zwischen Konzepten der traditionellen Gesundheitserziehung und den aktuell diskutierten Ansätzen zur Gesundheitsförderung und zur »gesunden Schule«. Beibehalten und zugleich weiterentwickelt haben wir das Unterrichtsverfahren: Schon mit der ersten Fassung unseres Unterrichtsprojekts hatten wir den Anschluß an die reformpädagogische Diskussion um den *Projektunterricht* (Hänsel 1986) erreicht. Beibehalten haben wir auch den Gedanken der Praktikabilität und den Charakter eines »Werkstattbuches«: Wir geben Unterrichtsanregungen, die wir selbst erprobt haben und von denen wir meinen, daß sie auch an anderen Schulen genutzt werden können.

Einem handlungsorientierten, fächerintegrierenden Projektunterricht zum Schwerpunkt »Gesundheit« gehen die guten Ideen mit Sicherheit nicht aus! Vom Rechnen mit Kalorien kann der Unterricht über Spielprogramme, Kochkurse, über Recherchen zur schulischen Gesundheitsversorgung bis zur Gestaltung des Klassenzimmers und des Schulhofs reichen. Neue Krankheitsbilder werden ebenso Thema sein wie Ernährungsfragen und Umwelteinflüsse. Lektürekurse können angeboten werden, Entspannungsübungen oder auch Aktionen zur kommunalen Gesundheitsförderung.

So wichtig es ist, sich die thematische Vielfalt des Gesundheitsmotivs vor Augen zu führen und die Möglichkeiten interdisziplinärer Kooperation und ganzheitlichen Lernens auszuschöpfen, so muß man doch gleichzeitig darauf achten, daß das »Projekt Gesundheit« nicht in ein Sammelsurium von Einzelaspekten zerfällt. Es sollte vielmehr Zusammenhänge deutlich machen, Lernsequenzen ausbilden, eine Kontur entwickeln. Wir haben in diesem Sinne versucht, die verschiedenen »Bausteine« durch die »Architektur« eines Projektverlaufs zusammenzuhalten. Einige Themenaspekte haben wir dabei vernachlässigt oder für spätere Schulzeiten aufgehoben, insbesondere die Thematiken »*Aidsprävention*« und »*Drogenprävention*«.

Drogenprävention in der Grundschule ist zu einem wesentlichen Teil indirekte Prävention. Sie besteht darin, daß Schülerinnen und Schüler »gesundheitsrelevante Verhaltensweisen« ausbilden, Genußfähigkeit entwickeln, den eigenen Körper erleben, daß sie mit allen Sinnen lernen dürfen, umweltbezogen handeln und in sozialen Gruppen persönliches Wohlbefinden erleben können (Hedewig 1990, S. 121; Fröhlingsdorf 1982). In einigen unserer Unterrichtsanregungen zum »Projekt Gesundheit« kehren solche Zielvorstellungen wieder, ohne daß wir sie mit der Thematik »Drogenprävention« verbunden hätten. Hier haben wir also auf einen Zusammenhang verzichtet, der möglich gewesen wäre. – Anders bei der Thematik Aids! Klar ist uns, daß es sich auch hier um eine für die Schule wichtige Thematik handelt und daß die Schule eine systematische Aidsprävention als ihre Aufgabe ansehen muß. Aidsprävention kann aber nur greifen als Teil eines qualifizierten sexualpädagogischen Konzeptes (Akkerstaff/Rüsch 1993). Im Rahmen des Projekts »Liebe, Freundschaft, Sexualität« beginnen wir mit Aidsprävention im 5. Schuljahr. Weitergeführt wird das Thema dann in den Jahrgängen 8 bis 10; hier erfolgt eine umfassende und intensive Aidsaufklärung. Wie beim Thema »Gesundheit«, so ist auch hier ein handlungsorientiertes Konzept erforderlich, das über biologische Aufklärung hinausgeht und in fächerübergreifendem Unterricht an den Lebenssituationen von Schülerinnen und Schülern ansetzt. Die Schülerinnen und Schüler brauchen den Raum, persönliche Betroffenheit, eigene Ängste, Wünsche und Bedürfnisse formulieren zu können. – Insofern ist Äidsprävention für uns ein Anschlußthema: Wir greifen es in den höheren Jahrgängen auf und knüpfen dabei sowohl methodisch wie auch thematisch an das »Projekt Gesundheit« an.

Im *ersten Kapitel* greifen wir die Diskussion um Konzepte der Gesundheitserziehung, der Gesundheitsbildung und Gesundheitsförderung auf und versuchen unseren Projektbeitrag einzuordnen.

Im *zweiten Kapitel*, dem umfangreichsten Abschnitt, stellen wir die Unterrichtsbeispiele zusammen, die wir im Verlauf der letzten Jahre erprobt haben. Skizzen zu unterschiedlichen Aspekten des Gesundheitsthemas werden ergänzt durch exemplarisch ausgewählte Arbeitsblätter, durch Kindertexte und Fotos, die einen Eindruck vom Unterrichtsgeschehen vermitteln. Wir verstehen die Sammlung von Unterrichtseinblicken als ein nur lose gegliedertes, offenes Angebot, das Überschneidungen nicht ganz vermeiden kann und das auch deutliche Lücken läßt. Interessierte Lehrerinnen und Lehrer anderer Schulen werden ihre eigene Auswahl daraus treffen.

Von der Form einer offenen Sammlung gehen wir im *dritten Kapitel* wieder zurück auf die Strukturen, die unser Unterrichtsprojekt zusammenhalten. Die das Vorhaben tragende Konzeption des Projektunterrichts wird erläutert; ein exemplarischer Projektverlauf und ein exemplarischer Projektabschluß werden geschildert. In einer Gruppendiskussion versuchen wir die Stärken und Schwächen unserer Arbeit zu reflektieren.

Das Buch schließt mit Hinweisen auf die verwendete Literatur und auf Materialien, die im Unterricht mit Kindern der Grundschule hilfreich sein können.

Verändert hat sich im Verlauf der fast zehnjährigen Projektentwicklung auch der Kreis der Personen, die an den Materialien weitergearbeitet haben, die neue Ideen entwickelt und die jüngsten »Projektdurchläufe« betreut haben. Die als Autorinnen und Autoren der vorliegenden Buchfassung genannten Personen bilden zur Zeit das mit dem Projekt »Körper, Ernährung, Gesundheit« befaßte Team. – Auf die praktische Mitarbeit und die konzeptionellen Beiträge der Mitarbeiterinnen und Mitarbeiter, die heute nicht mehr mit dem Gesundheitsprojekt befaßt sein können, weil sie sich inzwischen in anderen Arbeitszusammenhängen engagieren, weisen wir an dieser Stelle aber ausdrücklich hin:

Christine Biermann hat lange Zeit den mathematischen Teil des Projektes betreut; ihre Texte sind auf S. 88–97 in überarbeiteter Fassung mit verwendet worden. *Gerd Büttner* hat sich als Schulpsychologe um die Kooperationsformen im Projektteam gekümmert, den Aufbau der Teestube mit betrieben und u.a. die Texte für einen Elternratgeber zusammengestellt. *Beate Jirousch*, *Beate Blohmeier* und *Thomas Notzon* haben als Sozialarbeiter und Erzieherinnen im Anerkennungsjahr die Teestube praktisch betreut; nach ihnen kamen andere, die diese Teestube als ihren Praktikumsort nutzten und am Leben erhielten.

Die in diesem Band verwendeten Fotos stammen von *Gerd Büttner* (S. 35, 37, 129), *Mona Eise* (S. 79, 103, 122, 134, 135) und *Karsten Wiehe* (S. 99, 118, 139–141). *Brigitte Resech* hat die Bildüberschriften im Kapitel II gezeichnet. Besonders danken wir *Regina Mahnke* für die Umbruch- und Schreibarbeiten.

I. Gesundheit lernen

In dem Kinderbuch »Karl-Heinz hat's satt« (Lehmann 1984) führt die Hauptperson durch ihren Lebenswandel Kindern vor Augen, was man für und was gegen die eigene Gesundheit tun kann. Übermäßiges Essen, Bewegungsarmut und Konsumterror schaden dem Körper von Karl-Heinz, so erklärt ihm sein Arzt; nützlich hingegen sind abwechslungsreiches und mäßiges Essen, frische Luft und sportliche Aktivität.

Karl-Heinz ist, wie sein Arzt auch, eine Lehrerfigur; er demonstriert, daß es möglich ist, Gesundheit zu lernen und zu lehren. Seine Geschichten schrecken einerseits ab, sie fordern andererseits zur Identifikation auf: Er erfährt, daß ärztlicher Rat ihm wenig nützt, solange er nicht auf den eigenen Körper zu hören lernt. Er macht plausibel, daß Gesundheitsförderung mit dem Frühstück anfangen kann, aber nicht damit aufhört. Er erlebt, daß Gesundheit auch eine soziale Komponente hat: Um sich richtig wohl fühlen zu können, braucht auch Karl-Heinz gute Freunde.

Das genannte Buch haben wir in Unterrichtseinheiten und -projekten der »Gesundheitserziehung« bzw. »Gesundheitsförderung« zum großen Spaß der Kinder immer wieder verwendet. Zwar sind im Laufe der Zeit neue Bücher bzw. Medien hinzugekommen und mit ihnen andere Überzeugungsmodelle; geblieben aber sind die Fragen, denen sich schon die Aufklärungsarbeit von Karl-Heinz stellen mußte: Wieso sollen Kinder, deren reale gesundheitliche Situation sich dramatisch verschlechtert (Hurrelmann 1988), die durch Medienprogramme weiter zu hemmungslosem und krankheitsförderndem Konsum angehalten werden, ausgerechnet in der Grundschule »Gesundheit« als einen Wert verstehen lernen? Kann denn hier erfahrbar werden, was Krankheit bedeutet und was Gesundheit wäre? Und welches sind die Methoden und didaktischen Grundsätze, denen die Gesundheit-Lehrenden folgen könnten?

Fast zehn Jahre lang haben wir in der Primarstufe der Laborschule an Gesundheitsprojekten gearbeitet (Biermann/Büttner u.a. 1986). Als zentrale Einsicht dieser Entwicklungsarbeit halten wir fest: Die klassischen Methoden der Grundschulpädagogik scheinen vor dem Gesundheitsthema zu versagen; es sind die Methoden, nach denen Karl-Heinz lernt. Sein Weg ins gesündere Leben gerät zu einer ausführlichen Informationstour über Strukturen und Funktionen des menschlichen Körpers. In der Kindergeschichte kann dem Karl-Heinz diese Weiterbildungsmaßnahme helfen; in der Kinderwirklichkeit versagen wir mit reiner Gesundheitsinformation. – Unsere schulische Gesundheitsarbeit aber war zunächst von solcher Aufklärungsillusion beseelt; wir begannen mit Arbeitsblättern und lehrreichen Geschichten, mit Zeigefinger, Papier und Bleistift – als hätten die Kinder die »Unterrichtsgegenstände«, ihre eigenen Körper nämlich, in die Schule nicht mitgebracht. Schon bald aber wurden wir zu neuen

Einsichten gedrängt: Wir brachten den Kindern Bildvorlagen über den menschlichen Körper mit; sie begannen, die Rippen an ihren eigenen Körpern nachzuzählen und die Geräusche im Magen abzuhorchen. Wir zeigten auf Schautafeln den Verdauungsapparat; sie phantasierten Geräusche, Bilder und Geschichten dazu. Wir sprachen von der Bedeutsamkeit ausreichender täglicher Bewegung, und sie bestanden darauf. – In den lebendigen Auseinandersetzungen mit den Kindern, in der alltäglichen Unterrichtspraxis, in den Diskussionen unter uns beteiligten Lehrerinnen und Lehrern und nicht zuletzt in der Konfrontation mit der Fachliteratur und den für Kinder eigens produzierten Medienangeboten gewann das Projekt »Körper, Ernährung, Gesundheit« erst langsam Konturen – ein mühevoller, von Umwegen und Fehlern begleiteter Prozeß, der bis heute nicht abgeschlossen ist. Er berührt viele Fragen, mindestens die vier folgenden:

- Was eigentlich bedeuten »Gesundheitsförderung »und »Gesundheitserziehung?« Was nehmen sie sich in der Zusammenarbeit und im Zusammenleben mit Grundschulkindern vor? Was wollen und was können sie erreichen? Wie wird ein *Konzept* »Gesundheitsförderung für Schulkinder« begründet?
- Was zeichnet eine »gesunde Schule« aus, die Einrichtung, in der wir leben und lernen, und was an ihr macht im Gegenteil krank – nicht nur die Kinder, sondern auch die hier arbeitenden Erwachsenen? Wie also können wir uns die *Institution* »gesunde Schule« vorstellen, wie sie erreichen?
- Mit welchen Themen befaßt sich die Gesundheitserziehung? Wenn es nicht nur um das gesunde Schulfrühstück und um die gesund gebliebenen Zähne gehen soll, welches ist dann das erweiterte Themenspektrum der Gesundheitsförderung in der Grundschule?
- In welchen Schuljahren, welchen Schulfächern, in welchen Abschnitten des Stundenplanes soll die Gesundheitsförderung Fuß fassen, und vor allem: Welchen *Arbeitsweisen* kann sie folgen?

Auf diese vier zentralen Fragen gehen wir im folgenden ein, indem wir die fachwissenschaftlichen Diskussionen kurz aufgreifen. Danach wenden wir uns wieder Karl-Heinz, unserer Bilderbuchfigur, und dem Einstieg in das Projekt »Körper, Ernährung, Gesundheit« zu.

Das Konzept: Gesundheitserziehung und Gesundheitsförderung in der Schule

Die Ernährungsprobleme in einem hochindustrialisierten Wohlstandsland wie der Bundesrepublik erscheinen auf den ersten Blick harmlos und zweitrangig, wenn man sie mit den erschütternden Bildern des chronischen Hungers und des Eiweißmangels in vielen Regionen der Welt vergleicht.

Dieser Eindruck täuscht. Auch wir haben Ernährungsprobleme. Bei uns haben sich nur die Vorzeichen geändert:

- Wir essen zu viel,
- wir essen zu süß,
- wir essen zu fett.

Dazu kommen: schadstoffintensiver Anbau der Nahrung, nährstoffzerstörende Verarbeitung, denaturierte Aufnahme und erschwerte körperliche Verarbeitung durch zunehmenden Bewegungsmangel.

»Inzwischen sind 20% der Schulkinder übergewichtig, und es gesellt sich ein ›Mangel im Überfluß‹ dazu. Denn mittlerweile leiden etwa 30% der Kinder an quantitativer Überversorgung und qualitativer Unterversorgung. Mangel gibt es an Mineralstoffen, einigen Vitaminen (besonders B-Komplex) und an Faserstoffen. Jugendliche weisen darüber hinaus auffällige Versorgungslücken bei Eisen, Jod, Calcium, Vitamin B_1, B_2, B_6 und Folsäure auf« (Veidt 1993, S. 30).

All diese Komponenten verursachen ein gravierendes, auch ökonomisch belastendes (Arab/Behrens/Henke 1986) Gesundheitsproblem inmitten der modernen, scheinbar wohlversorgten Industriegesellschaft, ein Problem, von dem auch die Schulen betroffen sind: Die Zahl der übergewichtigen Schulkinder wird auf ungefähr ein Viertel geschätzt; jeder zweite bis dritte Erwachsene in Deutschland hat Übergewicht. Weit mehr leiden unter Vitamin- und Mineralmangelerkrankungen, was wiederum verschiedenste Krankheitsbilder hervorruft oder zumindest unterstützt. Wir wissen heute, daß viele Krankheiten, die in den letzten Jahren in erschreckendem Maße zugenommen haben, wie zum Beispiel Karies, Fettsucht, Zuckerkrankheit, rheumatischer Formenkreis, Skelettkrankheiten, Erkrankungen des Verdauungsapparates, Arteriosklerose, Gallensteine und auch Krebserkrankungen, ausschließlich, überwiegend oder zumindest *auch* ernährungsbedingt sind.

Zahlreiche Bundesbürger sterben aufgrund einer *auch* ernährungsabhängigen Krankheit. Die Herz-, Gefäß- und Kreislaufsterbefälle stehen dabei an erster Stelle, aber auch Krebserkrankungen spielen eine Rolle. Da es sich in der Mehrzahl um langfristig verlaufende Krankheitsprozesse handelt, sind die Zusammenhänge weniger offensichtlich als bei den schweren Mangelsituationen in den Entwicklungsländern. Ernährungsbedingte Zivilisationskrankheiten benötigen »lange Anlaufzeiten«, sie sind entsprechend schwierig nachzuweisen. Als »Alterskrankheiten« können sie nur insofern bezeichnet werden, als sie zu ihrer Entstehung oft Jahrzehnte benötigen. Die Grundlagen für diese Erkrankungen werden nicht selten schon in der Kindheit und Jugend gelegt.

Dem Formenkreis der ernährungsbedingten Erkrankungen schließen sich andere, teils sich wechselseitige verstärkende, teils sich bedingende Krankheitsbilder an. Auch diese betreffen die Lebensabschnitte Kindheit und Jugend und werden in den Schulen spürbar. »Heute ist in den westlichen Industrieländern einerseits ein Rückgang klassischer Krankheiten wie Mangelkrankheiten, Epidemien und klassischer Infektionskrankheiten festzustellen. Andererseits treten neue und andere Krankheiten, nämlich Erkrankungen des Immunsystems, Viruskrankheiten, Allergien, chronisch-degenerative Krankheiten und psychische Leiden auf. Zwar gingen Säuglingssterblichkeit und Geburtsschäden zurück, werden Kinderkrankheiten wie Röteln, Diphterie, Tetanus, Kinderlähmung, Mumps und Masern oft durch Impfungen verhütet; allerdings gibt es

Sterbefälle durch Unfälle im Verkehr und Freizeitbereich, durch Verbrechen und durch Selbsttötung« (Kiper 1993, S. 8).

Zu den »neuen«, durch massive Umweltbelastungen und durch soziale Wandlungsprozesse in der Familie, in den Jugend- und Kinderkulturen sowie in der Schule mitverantworteten Krankheitsbildern gehören bronchiales Asthma, Neurodermitis, Allergien verschiedenster Art, auch Magen- und Darmstörungen sowie Krebsleiden. Außerdem zählen dazu die zahlreichen Varianten psychosozialer Auffälligkeiten (emotionale Störungen, Depressionen, Ängste, Eßstörungen, Sexualstörungen, Störungen im Wahrnehmungsfeld, im Bereich der Arbeits- und Lernfähigkeit) (Hurrelmann 1990). Es sind dies Störungen, die in der Schule sehr häufig als mutwillig und als persönlich verantwortet interpretiert werden. Sie stören in der Tat einen geregelten Ablauf des Unterrichts und gefährden den schulischen Erfolg, werden deshalb nicht nur durch Lehrersanktionen unterdrückt, sondern in zunehmenden Maße auch medikamentös behandelt, d.h. durch Psychopharmaka blockiert (Voss/Wirtz 1990).

Angesichts dieser Krankheitsbilder und der erschreckenden Breite gesundheitlicher Gefährdungen von Kindern und Jugendlichen sieht sich auch die Schulpädagogik dazu gezwungen, neue Konzepte der Gesundheitserziehung, Gesundheitsbildung und Gesundheitsförderung zu entwickeln. Um diese hinreichend begründen zu können, verweisen die Autorinnen und Autoren innovativer Gesundheitsförderungsstrategien nicht nur auf die aktuellen Krankheitsbilder der Kinder und Jugendlichen und auf deren gesellschaftliche Hintergründe, sondern auch auf die gesellschaftlich varianten Erklärungsmodelle für Gesundheit und Krankheit selbst sowie auf die Historizität traditioneller Modelle der Gesundheitserziehung. Eine moderne schulische Gesundheitserziehung wird weder unmittelbar auf die Alternativprogrammatiken der Lebensreform- und Jugendbewegung zurückgreifen noch gar an die nationalsozialistisch propagierte »Erziehung zur Volksgesundheit« (Kiper 1993; Haug 1991) anknüpfen. Sie distanziert sich von den traditionellen Modellen der Ausgrenzungs- und Abschreckungspädagogik und bemüht sich gleichzeitig, auch zu dem gesellschaftlich zur Zeit gefeierten »Fetisch Gesundheit« (Will 1987, S. 7) Distanz zu halten. Schließlich soll mit Gesundheitsförderung etwas anderes gemeint sein als nur die Beförderung eines modischen Markttrends! – Was aber wird dann darunter verstanden, und wie sehen die zugrunde gelegten Erklärungsmodelle für Gesundheit und Krankheit aus?

Von eindimensionalen, monokausalen Modellen – eine somatische Störung führt gradlinig zu einem medizinischen Befund, oder ein psychologisches Problem löst eindeutig ein bestimmtes körperliches Symptom aus – wendet sich die jüngere Theoriebildung eindeutig ab. Bevorzugt werden multifaktorielle Erklärungsmodelle. Danach können Krankheitsbilder als Resultate einer nicht gelungen psychischen und/oder physiologischen und/oder sozialen Anpassung an gesellschaftlich vermittelte Anforderungen verstanden werden (Hurrelmann 1990). Entsprechend komplex, mehrere Dimensionen einschließend, wird auch das Gegenbild der Gesundheit gedacht. Pointiert formuliert ist sie die »Kultur aller Mittel zum Leben« (Schipperges 1989 nach Schneider 1993, S. 41): Es »wächst heute aufgrund theoretischer Überlegungen und von Befunden die Vorstellung eines Netzwerkes und Bedingungsgeflechts von Gesundheit und Krankheit, in dem sich beide Faktorenbereiche zeitlich und inhaltlich überlappen« (Schneider 1993, S. 40). So stellen zum Beispiel Gropengiesser und Schneider den Bereich »persönlich gelebter und erlebter Gesundheit« im Schnittpunkt von drei Bedingungsfeldern dar: dem »Bereich des Selbst« (Erfahrungen, Gewohnheiten, Veranlagungen, Sinngebungen etc.), dem »Bereich der sozialen Bezüge« (Freunde, Familie, Freizeit, Verein, Wohnen etc.) und dem »Bereich der Umweltbedingungen« (Ernährung, Arbeitsplatz, Wetter, Hygiene). Aus diesen drei wie ein Kleeblatt um die persönliche Befindlichkeit gruppierten Bereichen wirken jeweils sowohl fördernde Faktoren (Gesundheitsfaktoren) als auch hemmende Faktoren (Risikofaktoren) auf die persönliche Gesundheit ein (1990).

Neuartige Erklärungsmodelle für Gesundheit und Krankheit, die von einer ideologiekritischen Rückschau auf historische Varianten der Gesundheitserziehung begleitet werden, bleiben nicht ohne Folgen für die Praxis. Traditionelle Konzepte schulischer Gesundheitserziehung müssen nun ganz offensichtlich revidiert, mit innovativen didaktischen Ansätzen verbunden und – nicht zuletzt – neu etikettiert werden. Der Begriff der Gesundheitserziehung (Karsdorf/ Reis/Schille u.a. 1985; Lüthi 1986; Rothenfluh 1989; Laaser et al. 1987), dem die Negativ-Images der Abschreckungs- und Zeigefingerpädagogik noch anhängen, wird ersetzt durch den unverfänglicheren Terminus der »Gesundheitsförderung«, der eine positive Orientierung signalisiert und ein breites thematisches Spektrum förderungswürdiger Gesundheitsaktivitäten anklingen läßt. »Im Vergleich mit den historisch vielfach belasteten Begriffen der Gesundheitserziehung, Gesundheitsbildung, Gesundheitspflege oder Gesundheitsaufklärung klingt der Begriff der Gesundheitsförderung ›frisch und frei‹, ganz so, als ob er von der Werbung erfunden wäre. Die unscharfe und vielfältige Interpretierbarkeit ist dabei eher von Vorteil, weil der Begriff bei allen Gruppen eine hohe Akzeptanz finden kann. Gesundheitsförderung scheint positiv orientiert an dem, was der einzelne will und die Gesellschaft von ihm erwartet: ›gesund zu sein und zu bleiben‹« (Troschke 1993, S. 25).

Tatsächlich bedeutet der Terminus »Gesundheitsförderung« – er wurde in Anlehnung an das von der Weltgesundheitsorganisation (WHO) international propagierte Programm der »Health Promotion« (WHO/EURO 1984, 1986: Ottawa-Charta) gebildet – allerdings mehr als nur ein neues, attraktives und konsensfähiges Label. Gesundheitsförderung in dem von der WHO propagierten Sinne ist ein zugleich politisches, soziales und pädagogisches Programm; es markiert eine entscheidende programmatische Wende! Die konstitutiven Momente dieser Programmatik sind Frieden, gesellschaftliche Gerechtigkeit und ökologisches Bewußtsein. Gesundheitsförderung ist auf ein umfassendes körperliches, soziales und psychisches Wohlbefinden aller Menschen aus. Die Bedingungen für ein gesundes Leben müssen demnach nicht nur in der Schule, sondern auch in den Familien, im Wohngebiet, im Gemeinwesen, in der Gesellschaft geschaffen werden. Gesundheitsförderung wendet sich im Sinne von Aufklärung nicht nur an das Bewußtsein von einzelnen, sondern sie zielt auf die umfassende Verbesserung von Lebensbedingungen ab, greift also die sozialen Zusammenhänge, in denen Menschen leben und arbeiten, bewußt auf.

Gesundheitsförderung in der Schule ist entsprechend aufgefordert, ihre eigenen institutionellen Reglements mit zu überdenken und sich, darüber hinaus, im Sinne von

Community Education für gesunde Lebensweisen zu engagieren. Sie gibt – und dies scheint uns eine der pädagogisch bedeutsamsten Neuerungen – die beständige Warnung vor Risikofaktoren weitgehend auf und konzentriert sich statt dessen positiv auf die umfassende Förderung von Gesundheitsfaktoren. Gesundheitsförderung muß Spaß machen statt Angst; sie muß unmittelbar mit Erlebnissen körperlichen Wohlbefindens verbunden sein und Räume für persönliche und gemeinsame Veränderungs- und Handlungsprozesse eröffnen (vgl. Barkholz/Homfeld 1992, 1993; Schneider 1993) – ein nicht eben bescheidenes Programm! Es stellt Lehrerinnen und Lehrer vor völlig neue Aufgaben und eröffnet ein ungeahnt weites Feld von Unterrichtsthemen und Unterrichtsaktionen. Es läuft dank dieses hohen Anspruchs allerdings leider auch Gefahr, in der Praxis das Gegenteil von dem zu erreichen, was es will: Irritation nämlich auszulösen, statt Orientierung zu bewirken! »Wie«, so werden sich Lehrerinnen und Lehrer fragen, »sollen wir das alles bewerkstelligen? Können wir die Schule zu einer ökologischen Insel umbauen? Sind wir nicht mit der Aufgabe, die Schule mit anderen Gesundheitsbastionen des Gemeinwesens zu ›vernetzen‹, völlig überfordert? Wie soll der Entwicklungsprozeß aussehen, in dem aus unserer Schule eine ›gesunde Schule‹ wird? In welchen Fächern sollen wir das alles unterbringen: Entspannungsübungen, Meditation, gesunde Ernährung, Aids- und Drogenprävention, soziales Wohlbefinden? Gehört das in Fächercurricula oder in ein Schulcurriculum? Und was machen wir mit den zaghaften Ansätzen der traditionellen Gesundheitserziehung, auf die wir doch so stolz waren? – Einfach in den Papierkorb damit?«

An praktischen Anregungen zur Gesundheitsförderung mangelt es nicht. Exemplarische Darstellungen zeigen, wie sich ganze Schulen im Zuge von Prozessen der »Organisationsentwicklung« (Rolff 1993) zu »gesunden Schulen« entwickeln können (Priebe/Israel/Hurrelmann 1993), wie Gesundheitsförderung in der Lehrerausbildung verankert werden kann (Heindl 1993), wie eine Schule zur gesunden Ernährung übergehen kann (Joosten 1993), wie in der Schule Aidsprävention betrieben werden kann (Ackerstaff/Rüsch 1993) usw. Das 1990 von Gropengiesser und Schneider zum Thema »Gesundheit« herausgegebene Jahresheft VIII des Friedrich Verlages bot eine fast beängstigend breite Palette von Hilfestellungen an: Von der Antiraucherkampagne bis zur Entspannungsübung, von der Schulhofgestaltung bis zur Kooperation mit dem Gesundheitsamt, von dem kreativen Spielvorschlag bis zum Arbeitsblatt Gesundheit, von der sozialen Sensibilisierung bis zur sportlichen Anregung war hier so ziemlich alles zu finden – ein schier grenzenloses, beängstigend weites Anregungsrepertoire!

Die Gefahr, ins völlig Uferlose zu geraten – schließlich hängt doch alles irgendwie mit Gesundheit zusammen, wenn man Gesundheitsförderung erst einmal so weit definiert hat –, haben wir bei der Niederschrift unserer »Bausteine« selbst auch gespürt. Um dieser Gefahr aus dem Wege zu gehen, legen wir besonderen Wert darauf, mit der Vielfalt von Unterrichtsanregungen auch die Darstellung von *Zusammenhängen* zu verbinden. Wir unterstreichen deshalb den Zusammenhang der einzeln Unterrichtsvorhaben unter dem Dach eines fächerübergreifenden Projekts. Den Zusammenhang von Belehrung und Handeln versuchen wir zu sichern, statt uns einseitig auf Aktionen zu werfen. Und schließlich versuchen wir, den Zusammenhang zwischen Konzepten der Gesundheitsförderung und solchen der Gesundheitserziehung auszuarbeiten – d.h. auch den Zusammenhang zu unserer eigenen bisherigen Unterrichtsarbeit zu behalten –, statt ganz auf den neuen Trend umzuschwenken.

Unter den Überschriften »Merkmale einer modernen Gesundheitsförderung«, »Anerkannte allgemeine Zielvorstellungen« zählt Volker Schneider die folgenden Punkte auf:

1. Erhaltung und Stabilisierung körperlicher und sozialer Gesundheit durch Bestärkung schon vorhandener Potenzen einschließlich einer Sinnfindung (»primäre Gesundheitsförderung«).
2. Vorsorge und Prävention im Hinblick auf mögliche Gefährdungen (»Primärprävention, Sekundärprävention«).
3. Wiederherstellung und/oder Neuentwicklung von gesundheitsfördernden Verhaltensweisen nach Krisen und Krankheiten (»Tertiärprävention«).
4. Gesellschaftspolitische Verankerung von Gesundheitsförderung, z.B. Ausbau gesundheitlicher Dienste als Erste Hilfe und/oder Krisenmanagement.
5. Mehr Lebensqualität in Privatleben und Arbeitswelt. (1993, S. 53)

Versuchen wir, diese allgemeinen Zielvorstellungen auf die besondere Situation unserer Schule (Primarstufe) zu übertragen, so werden mit den Konkretionen auch die Lücken und Schwierigkeiten deutlich, die sich in der Praxis ergeben:

Die Gesundheitsförderung und -erziehung, die uns vorschwebt, ist Teil eines ganzheitlich orientierten Grundschulunterrichtes (Voß 1993, S. 12–14). Verschiedene Fächer sind in diesen Unterricht einbezogen. Das »Lernen mit allen Sinnen« spielt darin eine besonders bedeutungsvolle Rolle. Belehrung und Handlung schließen sich nicht aus, sondern ergänzen sich. Gesundheitsförderung und -erziehung sind als Bestandteile des Sachunterrichtes notwendig kinder- und lebensweltorientiert (Duncker/Popp 1994). Sie sind auf die »Erhaltung und Stabilisierung körperlicher und sozialer Gesundheit« (s.o.) der Kinder aus ebenso wie auf die »Vorsorge und Prävention« (s.o.). Gesundheitserziehung und Gesundheitsförderung werden nicht nur über ausgewählte Fächerinhalte vermittelt. Sie beziehen vielmehr das Schulleben und das soziale Gruppenklima als einen Raum mit ein, in dem sowohl krankheitsfördernde als auch gesundheitsfördernde Faktoren wirksam sind. Die gesundheitsfördernden Faktoren, auch das ist uns klar geworden, werden wir in unserer Arbeit stärker ins Licht rücken und überhaupt den Spaß an Gesundheit, die Neugier auf Körpererfahrung und die Wahrnehmung des Wohlbefindens fördern statt abzuschrecken und Angst zu verbreiten.

Eine schulpolitische oder gar »gesellschaftspolitische Verankerung von Gesundheitsförderung« (s.o.) aber, erst recht die Arbeit für »mehr Lebensqualität in Privatleben und Arbeitswelt« (s.o.) ist in der Grundschule und von der Grundschule aus nicht einfach zu erreichen. Unser Curriculum bezieht sich zunächst auf die Arbeit in einer Jahrgangsstufe der Schule. Es zu einem Curriculum der ganzen Schule auszubauen und die Schule selbst zu einer »gesunden Schule« zu machen, das stieß an die Grenzen unserer Arbeitskapazität und auch an die Grenzen der Institution. Von den entsprechenden Erfahrungen und Schwierigkeiten berichten wir im folgenden.

Die Institution: Gesunde Schule

Ernährungsgewohnheiten gehören zu den stabilsten Verhaltensweisen des Menschen. Und weil sie im Säuglings- und Kindesalter weitgehend festgelegt werden, kommen der Ernährungsumstellung und Gesundheitsinformation zweckmäßigerweise auch in dieser Lebensphase ganz besondere Bedeutung zu.

Kindergarten und Schule können im Rahmen der institutionellen Erziehung einen wesentlichen Beitrag dazu leisten, ungünstige Ernährungsgewohnheiten in den Familien bewußtzumachen und Veränderungen zu unterstützen. Leider bietet die Schule allerdings auch reichlich Gelegenheit zu falschem Ernährungsverhalten. Das oft genug ausgefallene oder unvollständige Frühstück ist wahrscheinlich nicht so tragisch, wie es häufig dargestellt wird, wenn das Schulkind dann, wenn es Appetit bekommt, ein vernünftig zusammengestelltes Frühstücksbrot zur Verfügung hat. Statt dessen wird ihm aber häufig Geld zum Selberkaufen in die Hand gedrückt. Gelegenheiten, Süßigkeiten zu erwerben, haben sich im Umkreis jeder Schule reichlich angesiedelt. Meist bieten hierbei auch Hausmeister und Getränkeautomaten ihre »guten Dienste« an. Dagegen ist die Möglichkeit, in der Pause ernährungsphysiologisch empfehlenswerte Lebensmittel wie Milch, Brot oder Obst zu erstehen, häufig gering.

Besonders Ganztagsschulen übernehmen mit der Schulverpflegung eine große Verantwortung. Die für die Nährstoffversorgung wichtigste Hauptmahlzeit des Tages darf unter keinen Umständen durch Verpflegungssysteme geliefert werden, die durch ungünstige Zubereitung oder lange Warmhaltezeiten wichtige Inhaltsstoffe zerstören. Nicht weniger wichtig ist die Atmosphäre, in der die Kinder ihre Mahlzeiten einnehmen. Ein ansprechender Eßraum in Ganztagsschulen ist deshalb von großer Bedeutung – mindestens ebenso wichtig aber ist, daß ausreichend Zeit für die Mahlzeiten zur Verfügung steht.

Die Situation an der Laborschule unterscheidet sich nicht wesentlich von den Verhältnissen an anderen Schulen. Zwar liefert die an den Unibetrieb angebundene Schulmensa ein ungewöhnlich kostengünstiges Essen; die Auswahl, Zubereitung und Einnahme der Nahrung wird jedoch auch an der Laborschule kritisiert:

– Unsere Schüler essen zu süß, zu fett,
– unser Schulessen ist nicht kindgemäß (vitaminarm, überwürzt, warm gehalten),
– unsere Mensa ist zu groß, zu laut, zu ungemütlich ...

Dies ist um so erstaunlicher, als es sich bei der Laborschule um eine Versuchsschule handelt, von der die Öffentlichkeit einen besonders kritischen Umgang mit fundamentalen Lebensbereichen erwarten darf. An breiter Kritik der Elternschaft, der Schüler und Lehrer am Essensangebot der Schulmensa mangelt es nicht; Schwierigkeiten ergeben sich u.a. durch die verpflichtende Anbindung an die Großküche der Universität.

Als Lehrerinnen und Lehrer der Primarstufe haben wir zunächst einmal auf der unmittelbar »berufsbedingten«, der curricularen Ebene begonnen, an Ernährungsprobleme heranzugehen. Was dabei nötig und möglich wurde, ging schon bald über den Schulrahmen hinaus.

Wir hatten uns zum Ziel gesetzt, die uns besonders auffälligen Ernährungsfehler möglichst anschaulich zu verdeutlichen und Alternativen möglichst konkret anzugehen. Eltern und Schulöffentlichkeit sollten in diese Entwicklungsarbeit einbezogen werden. Wir wollten ändern,

– daß Schüler ohne Frühstück zur Schule kommen,
– daß Schüler ohne Pausenbrot zur Schule kommen,
– daß sie das mitgebrachte Frühstücksgeld in der nahe gelegenen »Cafeteria« in Chips, Schokolade und Zuckerwasser umsetzen,
– daß sie wenig über ihren Körper und den Einfluß von Ernährung auf ihre Gesundheit wissen,
– daß Eltern offenbar sehr fahrlässig und unbeteiligt mit Nahrung und Ernährung umgehen,
– daß »Ernährung« in einer sonst sehr »körpererziehlichen« Schule wie der Laborschule weitgehend vernachlässigt wird,
– daß Essen weiter in einer dem Körpergefühl so unzuträglichen Atmosphäre wie in unserer Laborschul-Mensa stattfindet – zumindest, daß dies nicht mehr unbewußt bleibt; wenn's einem schon schlecht wird, dann soll man wenigstens wissen, warum!

Schon in dieser ersten, noch ganz auf die Ernährungsproblematik konzentrierten Fassung schwankte das Gesundheitsprojekt zwischen Unterrichts- und Schulcurriculum. Über den Unterricht wollten wir die Ernährungsgewohnheiten beeinflussen und wurden dabei aufmerksam auf Bedingungen, die außerhalb unserer unmittelbaren Reichweite durch die Institution Schule schon vorgegeben waren – in unserem Falle eher krankheits- als gesundheitsfördernde Bedingungen. Unversehens wuchs sich unser Primarstufenbeitrag so zu einem Beitrag für die »gesunde Schule« aus. Wir waren allerdings weder darauf richtig vorbereitet noch auf die institutionellen Widerstände, auf die wir treffen sollten. Den großen Mensaraum etwas gemütlicher zu gestalten war kein Problem: Wir stellten Projektergebnisse aus und hängten großformatige Bilder auf. Schwieriger war es schon, den in der Großküche der Universität festgelegten Speiseplan dauerhaft zu verändern. Selbst die engagierte Mitarbeit von Eltern führte zu keiner dauerhaften Lösung, die über ein mehrmonatiges Experimentieren mit neuen Essensangeboten hinausgeführt hätte. Ähnlich problematisch auch die Situation in der Teestube, die wir zwecks besserer Versorgung während der Frühstückspause eigens eingerichtet hatten: Zwar frequentierten die lieben Kolleginnen und Kollegen diese Einrichtung eifrig, kauften hier ihr Vollwertfrühstück ein und zahlten pro Brötchen gern mal 10 Pfennige »Solidaritätsbeitrag« mehr. Von einer kollegialen Unterstützung dieser Einrichtung spürten wir ansonsten jedoch herzlich wenig! Und, Beobachtung am Rande: Die Kollegin nebenan verteilte an die Kinder ihrer Klasse die süßen Belohnungen aus der Bonbonkiste völlig unbeeindruckt weiter.

Auch die nachfolgenden, mit der Ausweitung des Gesundheitsprojektes verbundenen Bemühungen, den Lebensraum unserer Schule insgesamt angenehmer zu gestalten, wurden immer wieder blockiert. Als »Müslifreaks«, »Gesundheitsapostel« und »fanatische Nichtraucher« einschlägig bereits vorbelastet, hatten wir nur geringe Chancen, Gesundheitsförderung auch auf andere Bereiche der Schulwirklichkeit auszudehnen. Ein mit Eltern und Kolleginnen/Kollegen verschiedener Schulstufen besetzter »Bauausschuß« kam erst auf Drängen der Schulleitung zustande. Die seit Jahren angeregte Projektwoche »Eine Schule zum Wohlfühlen« wurde mit erheblicher Verspätung, Jahre später, erst im Schuljahr 1994/95 beschlossen. Leider begann sie wieder ganz von vorne und überging die im Schulleben bereits existenten gesundheitsfördernden Strukturen.

Wir heben die Schwierigkeiten mit einer auf die gesamte Institution ausgerichteten Gesundheitsförderung an dieser Stelle nicht deshalb so deutlich hervor, weil wir das Konzept »gesunde Schule« (Oberstufenkolleg 1991ff.) madig machen wollen. Wichtig erscheint es uns vielmehr, vor der Illusion zu warnen, der Weg zur »gesunden Schule« sei ein völlig glatter und unstrittiger Entwicklungsprozeß. Die skizzierten Schwierigkeiten sollen also zum Lernen anregen – nicht zuletzt uns selbst. Darüber nachdenkend, wie jene Schulentwicklungsprozesse verlaufen sind, wird uns heute klar, daß wir in unserem Engagement für die »gesunde Schule« auch zahlreiche Fehler gemacht haben: Die »herrschenden Zustände« haben wir zu radikal und pauschal als ungesunde kritisiert. Damit haben wir uns selbst die Anknüpfungspunkte genommen. Auch hätte unser Projekt schulintern stärkere Öffentlichkeitsarbeit leisten müssen, Eltern und Schüler hätten wir konsequenter in die Entwicklungsarbeit einbeziehen können, die Angebote externer Moderatorenberatung hätten wir nutzen sollen. Die Prinzipien der schulischen Organisationsentwicklung (Rolff/Dalin 1990) waren uns leider noch nicht bekannt.

Heute ist die Bemühung um eine institutionelle Veränderung der Schule hin zur »gesunden Schule« nahezu untrennbar verbunden mit Entwicklungskonzepten, die für die Schule als Institution und soziale Organisation entwickelt worden sind. Gemeint sind damit »Modelle, Programme und Konzepte«, »die in den vergangenen Jahren unter den Bezeichnungen ›Organisationsentwicklung‹ bzw. ›Schulentwicklung‹ auch in Deutschland schnell bekannt geworden sind. Diese Konzepte erscheinen geeignet, die schulische Gesundheitsförderung als ein professionelles Schulentwicklungsprogramm anzulegen« (Priebe/Israel/Hurrelmann 1993, S. 100). Sie geben Zielvorstellungen und Verfahren vor, nach denen die »Problemlösungsfähigkeit der Schule« erhöht und gemeinsam verantwortete Veränderungen im Profil von Einzelschulen eingeleitet werden können, so auch die Hinwendung zur »gesunden Schule« (Barkholz/Homfeld 1991, 1993). – Solche Professionalität hätten wir uns allerdings gewünscht; selbst haben wir sie nicht aufgebracht! So können wir heute nur auf einige der Schwierigkeiten hinweisen, mit denen unsere eher laienhaft vorangetriebenen Schulentwicklungsprozesse ganz praktisch konfrontiert waren. In den Materialien, die wir anbieten, ist die gewünschte Entwicklungsrichtung nachvollziehbar: Einzelinitiativen zur Gesundheitsförderung, die von Lehrerinnen und Lehrern ausgehen, weisen über deren Unterricht hinaus und werden als Bausteine für eine »gesunde Schule« genutzt. Im Profil der »gesunden Schule« finden sie Berücksichtigung.

Gelernt haben wir in dem zurückliegenden Entwicklungsprozeß auch, daß Entwicklungsprozesse klare Zielvorstellungen brauchen. Leider neigen Konzepte der Gesundheitsförderung jedoch zur Grenzenlosigkeit. Wenn jede Initiative zur Verbesserung der pädagogischen Arbeit als Beitrag zur »gesunden Schule« gewertet werden kann, dann verlieren Gesundheitserziehung und Gesundheitsförderung ihre spezifischen

Konturen und gehen in der Allgemeinheit pädagogischer Bemühungen unter. »Eine gute Schule«, so formulierte Jürgen von Troschke, »motiviert zum Lernen. In einer guten Schule ist die Freude am Lernen die höchste Leistung, und eine gute Schule lehrt die Sehnsucht nach der Selbstverwirklichung in dieser Welt. Eine ›gute Schule‹ ist eine ›gesunde Schule‹« (1993, S. 36). Die Gleichsetzung wirkt plausibel, sie bringt die eigentlichen Ziele der Gesundheitsförderung jedoch zum Verschwinden. Ohne die Bemühung für eine insgesamt »gute Schule« aufgeben zu wollen, halten wir deshalb daran fest, daß Gesundheitsförderung und -erziehung einen eigenen, sehr spezifischen Beitrag leisten können: Sie haben eigene Arbeitsweisen entwickelt und steuern spezifische Themen bei. – Womit wir wieder zu Karl-Heinz und seinem ganz spezifischen Gesundheitsförderungsprogramm zurückgekehrt wären.

Die Themen: Spektrum der Gesundheitserziehung und Gesundheitsförderung

Karl-Heinz, unser Bilderbuchheld, war zu Anfang seines ungesunden Bilderbuchlebens fast triebhaft ein Konsummensch: Er fraß, er trank und er »zog sich« im Unmaß Fernsehprogramme »rein«. Sein gesünderes Leben beginnt deshalb fast zwangsläufig mit verbesserter oraler Versorgung, mit bewußter Ernährung. Erst im Anschluß daran kann er sich mit anderen gesundheitsfördernden Aktivitäten, mit sportlicher Körperarbeit, kreativer Erfahrung und sozialer Kontaktbereitschaft anfreunden. – Auch unsere Gesundheitserziehung konzentrierte sich zunächst missionarisch auf vollwertiges Müsli und konnte erst dann zu Bereichen des Sport-, des Sprach- und des Kunstunterrichtes übergehen. (Beide, der ungesunde Lebensentwurf wie auch der alternative gesunde, scheinen vom Zwang zum »oralen Konsum« beherrscht; dieser Zwang muß sich lösen, damit sich ein lebendiges Spektrum gesundheitsfördernder Aktivitäten entfalten kann.)

Aus dem Repertoire der letzten zehn Jahre stellen wir vorab einige Vorhaben dar, um zu zeigen, welches thematische Spektrum Gesundheitsförderung und Gesundheitserziehung haben können. Eine ausführliche Darstellung der »Bausteine« findet sich im Kapitel II unserer Arbeit.

Das gesunde Schulfrühstück Als Erstaufführung findet das gemeinsame Frühstück nur einmal in der Woche statt. Das genügt den Lehrer/innenansprüchen und reicht auch für den Kindergeschmack! Müsli in zahlreichen Variationen werden angeboten, viel Obst, Vollkornbrötchen und ein »Frischkornbrei«. Wir betonen, wie schädlich Zucker ist und wie vollwertig Vollkornprodukte sind. Mehr und mehr aber wird aus dem »Aufklärungsfrühstück« ein »Genußfrühstück«. »Genuß« bedeutet: Es geht weniger um den drohenden Vitaminraub des Zuckers als vielmehr um gesunde Lern- und Lebenssituationen.

Bald übernehmen die Kinder in einer »Teestube« selbständig die Versorgung mit sowohl gesundem als auch genußvollem Frühstück: Sie vereinbaren den Einkauf, bereiten das Angebot vor und spülen ab. So wird das Schulfrühstück in den Schulalltag eingegliedert. Zu herausragenden Ereignissen aber soll »als Überraschung« weiterhin das besonders festliche Frühstück zelebriert werden; so wünscht es eine Kindergruppe, und so organisieren diese Kinder es auch anläßlich von Geburtstagen und zum Ferienbeginn.

Kochen und Rezeptbücher   Die Rezepte besonders gelungener Müslimischungen, Obstsalate und Quarkspeisen werden zu einem Buch zusammengeschrieben. Einfache Koch- und Backrezepte, die im Laufe des Schuljahres abgeschmeckt werden, kommen hinzu. »Man nehme«: ein Linienblatt, verschiedenfarbige Stifte und ein unliniertes Heft für jedes Kind. Man lasse: regelmäßig genug Platz für eine sorgsam ausgeführte Illustration. So führen die Kinder beständig ein kleines »Kochbuch« neben ihrem Mathematik-, ihrem Schreib- und Geschichtenheft.

Geschichten von Gesundheit und Krankheit   Auch in dem Geschichtenheft aber kann von »Gesundheit und Krankheit« die Rede sein: Wie Kinder von Unfällen begeistert erzählen, so schreiben sie sich auch in Krankheitsgeschichten ihre Ängste gern vom Leibe. Ganz freie Geschichten können das werden oder auch themenzentrierte: In Anlehnung an die Karl-Heinz-Geschichten haben unsere Kinder z.B. Geschichten »aus dem Körpermuseum« geschrieben. Es sind zum einen »anatomisch richtige«, zum anderen ganz phantastische Geschichten geworden, die sich im dunklen Inneren zwischen Speiseröhren, Gedärmen, Magenwänden und anderen beteiligten Organen abspielen.

Bilder von Gesundheit und Krankheit   Textphantasien werden häufig von Bildvorstellungen begleitet; sie können im weitesten Sinne »aufgezeichnet«, also auch gemalt werden. Anatomische Atlanten, die es für die Hände der Kinder mit aufklappbaren und verschiebbaren Bildpartien gibt, werden zusätzliche phantastische Anregungen geben oder auf realistische Vorstellungen zurückführen. Aus den Medien ist vielen Kindern die Phantasie einer »Reise durch den Körper« bereits geläufig. – Gelingen den Kindern Texte und Bilder, so lohnt es sich, aus ihnen ein »Körperbuch« zusammenzustellen.

Reportage: Gesundheit in der Schule   In der Ganztagsschule mit Mensabetrieb wird während der Pausenzeit eine Stunde lang gegessen. Hier können Kinder beobachten lernen, was Schüler/innen und Lehrer/innen ihren Körpern gönnen. Gegessen wird im Gehen, im Sitzen, im Liegen, im Laufen. Streß, ebenfalls eine gesundheits- bzw. krankheitsrelevante Verhaltensform, ist in der Schule – auch in der Halbtagsschule! – ähnlich gut zu beobachten, in den Lehrerzimmern wie auf den Pausenhöfen. Wir geben Kindern vorstrukturierte Beobachtungsbögen an die Hand; sie können eine Videoaufzeichnung anfertigen (hier muß ein Erwachsener helfen) oder nur notieren, erzählen, in Rollenspielen nachstellen, was sie gesehen haben.

Die dritte Haut   Als »erste Haut« könnten wir die körperliche bezeichnen (auch wenn sie wiederum aus mehreren Schichten besteht), als »zweite« die textile, und die »dritte Haut« nennen wir dann die unmittelbare Umgebung, die uns z.B. im Klassenraum während des Schultages »einschließt«: Wie »atmet« diese Haut, wie werden wir mit Luft versorgt, welches sind die Farb-, die Geruchseindrücke und Empfindungen, die diese Haut abgibt und aufnimmt? – Die Kinder tragen ihre Beobachtungen unter verschiedenen Kategorien z.B. in Stundenpläne ein. Sie werten diese aus und versuchen, gezielte Verbesserungen für die Pflege ihrer »dritten Haut« zu erreichen.

Theaterstücke Lieder, Tänze, Geschichten und Rollenspielszenen stellen wir zu einer kleinen Theaterrevue zusammen. Ein Kind moderiert als Dr. Brinkmann, als mediengewandter Mediziner der Fernsehserie »Schwarzwaldklinik«, die Szenenreihe. Einzelne Szenen tragen Titel wie »Werbung«, »Vitaminraub, eine Kriminalgeschichte«, »Körpermaschinen«, »Boxkampf Bonbon gegen Apfel«, »Familie Stressig«. Theaterspielen, d.h. die Schulung und Entwicklung körperbezogener Ausdruckskraft, trägt an sich schon wesentlich zur Entwicklung eines die Gesundheit stützenden Körperbewußtseins bei. Das Theaterstück, welches die Kinder ihren Eltern schließlich vorführen, zeigt darüber hinaus, wie »Gesundheit und Krankheit« auch zum Bühnenthema werden können.

Gesunde Klassenfahrt Was gesund ist, muß deshalb nicht langweilig sein; es soll vielmehr die Erlebnisfähigkeit insgesamt stärken. Deshalb geht es während einer Klassenfahrt zwar auch um gesunde Ernährung (einfache Rezepte für die Selbstverpflegung sind ausgewählt worden, Eltern haben mit Kleingruppen schon zur Probe gekocht und die Zutaten auf die ganze Gruppe hochgerechnet). Es geht bei dieser Klassenfahrt aber außerdem um ein Repertoire von Sport-, Spiel- und Entspannungsangeboten. Auch diesen Teil des Programms haben die Kinder schon in der Schule vorbereitet.

Pausensport und -spiel Für ruhige Erholung soll es ebenso Räume geben wie für das Austoben. In den Pausen wird die Sporthalle freien Spielen überlassen; für das Spiel draußen werden Rollschuhe, Bälle, Skateboards, Seile, Tischtennis- und Federballschläger angeboten. Um so ungestörter können die Kinder, die Ruhe brauchen, die lesen, sich unterhalten oder Musik hören wollen, sich in den stiller gewordenen Räumen erholen.

Bewegungskultur, Massage Im Sportunterricht wird auf »Fitneß« ebenso geachtet wie auf »Entspannungsfähigkeit«, »Spielfreude«, »Kooperationsbereitschaft« und »Erfindungsreichtum« (Schmerbitz/Schulz/Seidensticker 1992). So soll ein Gesundheitsbewußtsein praktisch, d.h. körperlich werden, das nicht einseitig auf Bodybuildingphantasien aus ist, sondern auf allgemeines Wohlbefinden. In dieses Sportprogramm passen: eine lebendige Spielkultur, das Bewegungstheater, der Zirkus, der Tanz und – nicht zuletzt! – die Massage. Kinder können mit Hilfe von einfachen Schaubildern und Anleitungen unkomplizierte Massagen vorsichtig ausführen und immer wieder danach zu fragen lernen, ob die Berührungen den Partnern/Partnerinnen auch angenehm sind.

Gesunder Eltern-Kinder-Nachmittag Was Kinder gelernt haben, sollen sie anwenden können und vorzeigen dürfen. An »Eltern-Kinder-Nachmittagen« stellen sie deshalb eine Auswahl ihrer Geschichten vor, zeigen ihre Körperbilder in einer Ausstellung und spielen Theaterszenen vor. An einem Nachmittag werden Spiele ausprobiert, an einem anderen bieten die Kinder ihren Eltern eine Massage an. Wieder an einem anderen Tag findet ein gemeinsames »Festessen« statt, das zu einem Teil in der Schule präpariert wurde, zu einem anderen Teil an den heimischen Herden.

Die Arbeitsweise: Einüben oder belehren?

Karl-Heinz, unser abschreckendes und leuchtendes Vorbild, beschließt seine Gesundwerdungsgeschichte als Happy-End: »Unter der Dusche holte er tief Luft vor Glück: Er hatte Alwin als Freund gewonnen, er hatte 22 Pfund abgenommen, und die Frau aus dem Bus fand er sehr nett. Karl-Heinz fühlte sich wohl. Er genoß das Leben unter der Dusche und guckte an seinem flachen Bauch hinunter«. Zu diesem Glück und der Gewichtsabnahme ist Karl-Heinz vor allem durch Wissenszunahme gekommen. Zwar kann Karl-Heinz Gesundheit am Ende als einen Zustand allgemeinen körperlichen, geistigen und emotionalen Wohlbefindens beschreiben; der Weg dorthin ist allerdings mehr als fragwürdig. Als Gesundheit Lehrender und Lernender muß Karl-Heinz dazulernen! Unsere Erfahrungen weisen über die klassische schulische Aufklärungsarbeit hinaus: Wir stellen sie abschließend zu einem kurzen Resümee zusammen:

– *Gesundheitserziehung/-förderung verändert das Leben der Grundschule*
 »Nicht für die Schule, sondern für das Leben lernen wir«; dieser Satz gilt für die Gesundheitserziehung auf eine merkwürdige Art: »Gesunde Lebensführung« gewinnt ihre eigentliche Bedeutung erst »im Leben«, soll aber innerhalb der Schule schon gelernt werden. Dazu muß die Schule ihr eigenes Leben verändern, d.h., gesünder machen; Gesundheitserziehung muß in den schulischen Alltag eingebettet werden. Tagesverläufe werden deshalb verändert, neue Pausenangebote eingerichtet, Streßprävention wird installiert, die Teestube gehört zum Unterrichtsraum; Ruheräume werden ausgegrenzt und Spiele zur Entspannung angeboten. Die schulische Gesundheitserziehung macht die Institution selbst zur Klientel.
– *Gesundheitserziehung/-förderung weist über den Schulalltag hinaus*
 Eltern werden nicht nur als Adressaten der Gesundheitsarbeit angesprochen, sondern auch als aktiv Mitgestaltende und Miterlebende, gleich, ob sie nun zu einem gemeinschaftlichen Essen eingeladen sind, beim Ausprobieren von Kochrezepten helfen oder als Fachleute (Krankenpfleger, Lokalpolitikerinnen, Ärzte, Sportlerinnen) um Mithilfe gebeten werden. Ähnlich sind Repräsentanten aus dem Freizeitbereich, den Vereinen, aus der Kinder- und Jugendkultur, der Kinder- und der Verkehrspolitik gefragt. Die schulische Gesundheitserziehung wird in diesem Sinne »entschult« bzw. geöffnet: Sie muß den Transfer in die Familie und die Freizeit zumindest anbahnen.
– *Gesundheitserziehung/-förderung braucht neue Methoden*
 Wissen über den Körper und das gesunde/ungesunde Leben zu vermitteln bleibt notwendig. Allerdings in Maßen! Gesundheitserziehung braucht körperbezogene Arbeitsformen, die darauf aus sind, das Körpergefühl zu aktivieren (nicht nur den

Kopf!). Rollen- und Theaterspiele, Massage und Entspannung gehören in ein fächerübergreifendes Gesundheitsprogramm, das nach neuen Methoden weitersuchen muß. Insbesondere dieses letzte Prinzip beeinflußte unsere Arbeit zunehmend: Schulische Gesundheitserziehung muß zur intensiven und kreativen Auseinandersetzung mit dem wirklichen Körper anregen, nicht nur mit dessen Abbild (auf Arbeitsblättern, Folien und in Filmen).

– *Gesundheitserziehung/-förderung braucht Kontinuität*
»Karl-Heinz hatte mit dem Arzt vereinbart, daß er sich jede Woche melden solle, um sein Gewicht bekanntzugeben. Für Karl-Heinz war eine Kontrolle gut, sie würde ihn zwingen, seinem Ziel wirklich näher zu kommen«. – Wir setzen, auch darin die Lehren von Karl-Heinz weiterführend, weniger auf Kontrolle, wohl aber auf Regelmäßigkeit. Vereinzelte Unterrichtsaktivitäten können gelingen und doch langfristig wirkungslos bleiben. Projektwochen, Tage der Gesundheitserziehung und entsprechende Unterrichtseinheiten sind notwendig; sie gewinnen ein angemessenes Gewicht aber erst im Zusammenhang eines regulär gesünderen Schul- und Unterrichtsklimas. Gesundheit kann eingeübt werden; man kann sich an sie gewöhnen. Und genau das macht auch uns immer noch Schwierigkeiten.

II. Bausteine zur Gesundheitsförderung

Didaktische Struktur und Auswahl der Themenbereiche

Unser Unterrichtsprojekt verstehen wir als einen Beitrag zur präventiven Gesundheitserziehung und zur Gesundheitsförderung in der Grundschule. Folgende thematische Schwerpunkte werden in dem Unterrichtsprojekt behandelt:

- Aufbau und Funktionen des menschlichen Körpers allgemein (Skelett, Muskeln, Haut, Organsysteme),
- Aufbau und Funktion des Verdauungssystems speziell,
- Nahrungsmittel, Nährstoffe und Ernährung (Vollwertkost),
- Ernährungsschäden/Überernährung (Fettsucht, Karies, Vitaminosen),
- Elemente einer gesundheitsbewußten Lebensweise (Bewegung, Sport, Entspannung) in der Schule,
- Anregungen zur Körperwahrnehmung und -beobachtung,
- Gesundheit und Umweltbedingungen (»gesunde Schule – ungesunde Schule«).

In einer ersten Informationsphase erklären wir den Kindern mit Hilfe von Modellen und Abbildungen den menschlichen Körperbau (Skelett, Muskulatur und Organe), vor allem aber das Verdauungs- bzw. das Ernährungssystem. Im weiteren geht es dann um die Verwertung von Nahrungsmitteln, insbesondere um die für den Körper notwendigen Nährstoffe. Danach konzentrieren wir uns vor allem auf die sogenannten »Vitaminräuber« (Zucker), auf die Erscheinungsbilder von Zivilisationserkrankungen und auf Möglichkeiten gesunder Ernährung. Über das Ernährungsproblem hinaus gehen wir allgemeiner auf die Elemente einer gesundheitsbewußten Lebensweise ein, die Kindern erreichbar und verständlich zu machen sind: Ihr Bedürfnis nach Spiel und Bewegung ist angesprochen, ihr Wunsch, sich »austoben« zu dürfen, und auch das Gefühl, Ruhe haben zu können, wenn man sie braucht. Die schulischen Lebens- und Lernbedingungen selbst geraten hier als krank machende oder auch gesundheitsfördernde Faktoren in den Blick.

Während des Projektverlaufs wechseln Informationsphasen mit Handlungsphasen regelmäßig ab: Es wird also nicht nur über gesunde und ungesunde Ernährung gesprochen, sondern auch gekocht und gebacken. Dabei können Fragestellungen einzelner Fächer (Erfahrungsbereiche) miteinander verbunden werden: Im *Mathematikunterricht* lernen Kinder, mit Maßen und Gewichten umzugehen, Kalorien zu berechnen, Größen zu vergleichen. Im *Deutschunterricht* schreiben sie Kochbücher und lesen Rezepte und Geschichten. Im *naturwissenschaftlichen Unterricht* untersuchen sie Lebensmittel und führen einfache Experimente durch. Im *Sportunterricht* spüren und erleben sie den Zusammenhang von Gesundheit und körperlicher Bewegung/Körperbewußtsein. Im *Kunst- und Musikunterricht* schließlich haben sie Gelegenheit, Plakate zu gestalten, Collagen zu fertigen, eine Projektmappe zu gestalten, einen Videofilm herzustellen, Theaterstücke zu entwickeln, eine Sachgeschichte zu vertonen.

Mathematikunterricht

Der Mathematikunterricht kommt in vielerlei Formen im Schulalltag der Kinder vor. Da sind zum einen die im Stundenplan ausgewiesenen Mathematikstunden, in denen neue Rechenverfahren/Inhalte eingeführt und geübt werden. Über eine Integration in geeignete Projekte wird darüber hinaus versucht, den Schülern die Beziehung bestimmter mathematischer Inhalte zum jetzigen oder künftigen Leben zu vermitteln. Eine weitere, eher unsystematische, aber regelmäßige »Übungsform« kann durch die selbständige Verwaltung einer Frühstückskasse und der Teeküchenabrechnung angeboten werden.

Das Projekt »Körper, Ernährung, Gesundheit« regt zur Integration bestimmter mathematischer Inhalte an. Diese haben zum Teil eine »tragende Funktion«; ohne sie sind bestimmte Sachinhalte nicht verständlich. Zum Teil haben sie aber lediglich Übungscharakter und können beliebig eingesetzt, ergänzt und auch weggelassen werden. An einigen Stellen des Projektverlaufes nehmen sie einen großen Raum ein – hier können sie phasenweise den gesamten Mathematikunterricht abdecken.

Die Inhalte sind je nach dem Zeitpunkt der Durchführung und dem Kenntnisstand der Schüler reine Wiederholungen, oder sie bedürfen einer näheren Erläuterung und Übung, nehmen somit entsprechend mehr Raum ein. Es geht um die folgenden mathematischen Inhalte:

- Rechnen mit den Maßeinheiten km, m, cm, mm,
- Rechnen mit den Maßeinheiten kg, g,
- Relationen (Pfeildiagramme) beschreiben,
- Unterschiedsberechnungen anstellen,
- Ergänzen zum Zehner, Hunderter, Tausender,
- Addition und Subtraktion mehrstelliger Zahlen durchführen,
- Tabellen lesen,
- Kalkulationen anstellen,
- Preise vergleichen,
- Kassenabrechnung durchführen.

Deutschunterricht

Die Integration dieses Faches erscheint so selbstverständlich wie unproblematisch, sie wird dennoch oft ungenügend reflektiert. Für dieses Fach gilt wie für andere Erfahrungsbereiche bzw. Fächer: Neben z.B. reinen Grammatik- und Rechtschreib-Übungskursen ist es wichtig, den Kindern auch die unmittelbare Anwendung ihrer Fähig- und Fertigkeiten zu ermöglichen.

Ähnlich der Integration des Faches Mathematik sind einige der nachfolgend aufgeführten Tätigkeiten wichtig für den Gesamtablauf des Projektes, andere können erweitert oder auch weggelassen werden. Wir verzichten hier auf eine ausführliche Darstellung der einzelnen Integrationsmöglichkeiten, weil diese später im Projektüberblick deutlich werden.

- Diskutieren, argumentieren: In zahlreichen Gruppengesprächen lernen die Schülerinnen und Schüler, über konkrete Inhalte zu *diskutieren*: »Sind die ›Hamburger‹ denn wirklich so schädlich?« Sie lernen, sich Informationen zu beschaffen und mit ihnen gegenüber Dritten zu *argumentieren*. Hierzu ist es notwendig, die Gesprächsregeln (aufzeigen, Sitzungsleitung beachten, nur einer redet, aufeinander eingehen, am Thema bleiben) einzuhalten. Dies gelingt den Schülern besser, wenn sie ein gezieltes Sachinteresse entwickelt haben.
- Nachlesen, Informationen beschaffen: Wenn man einen Sachverhalt klären will, braucht man Informationen. Ein wichtiger Lernort in unserer Schule ist die Bibliothek. Schon in den ersten Stunden des Projekts suchen wir mit Hilfe der Bibliothekarin geeignete Bücher heraus. Die Schülerinnen und Schüler werden in das Karteikartensystem eingeführt; sie stellen einen Handapparat zusammen. Das Finden der richtigen Seiten (Inhaltsverzeichnisse), das gezielte Lesen, das Aufschreiben von Stichpunkten, das Abzeichnen von Skizzen etc. sind weitere Arbeitsschritte.
- Schreiben: Diese Tätigkeit geschieht mit so unterschiedlichen Schwerpunkten wie: *abschreiben* (Informationen aus Büchern), *aufschreiben* (Antworten im Fragebogen, Körperteile neben eine Skizze, Drehbuchentwürfe etc.), »*schönschreiben*« und gestalten (Kochbücher, Projektmappen) und *richtig schreiben* (hierbei ist die Korrektur von Texten, die Anwendung von Rechtschreibregeln wichtig, aber nicht vorrangig).
- Wortschatz erweitern: Im Laufe des Projekts taucht an vielen Stellen neues Vokabular auf. Die Schülerinnen und Schüler lernen eine bestimmte Fachterminologie kennen und können sie bald erstaunlich sicher einsetzen. Dies gilt insbesondere für die Benennung von Körperteilen und -funktionen, für Termini also, die den Kindern anschaulich gemacht werden können. Schwieriger ist hingegen der Umgang mit Begriffen wie »Kalorie« oder »Nährwert« – Begriffe, die für sie sehr abstrakt bleiben müssen.

Naturwissenschaftlicher Unterricht

Die naturwissenschaftlichen Experimente haben wir so ausgewählt, daß sie mit den einfachen Mitteln durchgeführt werden können, die in den meisten Haushalten vorhanden sind. Solche einfachen Hilfsmittel sind: Geräte wie Küchenwaage, Personenwaage oder Thermometer und Uhr; Stoffe wie Rotkohlsaft, Zitronensaft, Fett, Zucker. Die Themen einzelner Stunden können heißen:

- Waage und Gewicht,
- Nährstoffgruppen,
- Wirkung von Enzymen bei der Verdauung,
- Säure-Base-Unterschied,
- Gasentstehung,
- Farbstoffe in Lebensmitteln,
- Geheimschrift mit Zitrone.

Einige Themen lassen sich auch mit Hilfe von kleinen Versuchen bearbeiten. So kann man die Flüssigkeitsanteile einer Kartoffel experimentell nachweisen, Fettanteile verdeutlichen oder in einem Langzeitversuch die Wirkungen von Coca-Cola auf Fleisch und auf rostiges Eisen beobachten.

Kunst- und Musikunterricht

Projektunterricht regt die im Kunst- oder Musikbereich unterrichtenden Lehrerinnen und Lehrer besonders an. Wo es um Aktionen und die Darstellung von Projektergebnissen geht, werden Rollenspiele gebraucht, Plakate müssen gestaltet, Ausstellungen können organisiert werden. In dem vorliegenden Projekt gibt es eine ganze Reihe von *projektbegleitenden Darstellungstätigkeiten*: Die Mappen, in denen die Kinder ihre Projektmaterialien sammeln, sollten sorgfältig gestaltet werden, ebenso die Kochbücher. Die Kinder zeichnen einen Skelettaufbau in ihr eigenes, auf Papierbahnen umrissenes Körperbild ein. Sie übertragen den Organaufbau des menschlichen Körpers von anatomischen Atlanten auf Folien; sie entwerfen Plakate für eine Ausstellung und schnipseln die Eintrittskarten zurecht. Über solche meist schnell zu erledigenden Aufgaben hinaus fanden wir *Darstellungsschwerpunkte des Projekts* wie die folgenden: Kinder analysieren Verpackungen für von ihnen hergestellte Lebensmittel und beschriften oder bemalen diese. Eine Kindergruppe dreht einen Videofilm zum Thema »Essen in der Schule«; eine andere Gruppe vertont eine Sachgeschichte. Das Projekt setzt immer wieder Handlungen frei, die von der üblichen Stift-Papier-Situation wegführen: nicht nur zu unüblichen Papierformaten und unbekannteren Zeichenmaterialien (Folie, Folienstift), sondern auch zu anderen Medien. Dabei fällt auf, daß sehr viele Medien verwendet werden können, ohne daß diese Verwendung erzwungen erscheinen würde. Plastisches Gestalten läßt sich neben Zeichnen und Malen einsetzen, Collagetechnik neben Videofilm.

Sämtliche Beiträge der einzelnen Fächer bzw. Fachbereiche sind eingebunden in den Projektverlauf. Als ein Lern- und Handlungsprozeß, den Kinder mitbestimmen können, ist dieser Projektverlauf zwar vorab planbar; er folgt allerdings nicht immer den entworfenen Linien, läßt vielmehr Irrtümer zu und findet auch zu ungeahnten Lösungen. Sowohl die Projektmethode als auch den Verlauf und das Ergebnis des Projekts stellen wir im Teil III unserer Dokumentation gesondert dar.

Anknüpfungspunkte für das Projekt »Körper, Ernährung, Gesundheit« gibt es vermutlich immer reichlich. Wir sind sicher nicht die einzige Schule, in der sich viele Kinder regelmäßig selbständig um ihr Frühstück oder Mittagessen kümmern müssen.

Sie haben dazu oft Geld zur Verfügung und sollen dies möglichst nicht (nur) für Süßigkeiten ausgeben. Auf diese Situation versuchen wir mit dem Projekt »Körper, Ernährung, Gesundheit« einzugehen. Was wir im Verlauf dieser Arbeit entwickelt und erprobt haben, stellen wir im folgenden zusammen. Um diese Bausteine verständlich kommentieren zu können, verlassen wir die Systematik der Fächer und wählen allgemeiner verschiedene Perspektiven, unter denen man auf den Körper eingehen kann: den Körper kennenlernen, den Körper pflegen, den Körper versorgen, ihn erleben, beobachten, darstellen ...

Sportunterricht

Der reguläre Sportunterricht trägt bereits zur Gesundheitsförderung bei; die Kinder haben hier immer Gelegenheit, sich ausreichend und abwechselungsreich zu bewegen. Insofern muß die Integration dieses Faches in die Gesundheitserziehung nicht eigens begründet werden. Allerdings kann der Sportunterricht um einige Spiele und Bewegungsangebote erweitert werden, wenn es um Gesundheit, um die Wahrnehmung körperlichen Wohlbefindens gehen soll. Entsprechend arbeiten wir während des Projektverlaufs auch im Sportunterricht gezielt zum Thema Gesundheit. Es geht u.a. darum,

– den eigenen Körper vor und nach der Belastung zu beobachten,
– die Grenzen der eigenen körperlichen Leistungsfähigkeit zu erleben,
– die eigene Kondition zu verbessern,
– sich anspannen und entspannen zu können,
– sich gegenseitig zu massieren.

In allen regulären Sportstunden während der Projektphase regen wir die Kinder zu einem bewußten Erleben ihrer körperlichen Ausdrucks- und Bewegungsformen an. Zusätzlich bieten wir in dieser Zeit täglich Bewegungszeiten an, laden zu Ausdauerläufen ein oder betreiben gezielte Gymnastik.

Zum Einstieg: die Szene »Schulfrühstück«

Fünf Kinder sitzen um einen Tisch im Klassenzimmer. Sie »haben Deutsch«. Sie lesen eine Geschichte. Plötzlich schellt es, die Frühstückspause beginnt. Die Kinder räumen ihre Arbeitssachen weg und holen ihr Frühstück aus dem Schulranzen. Sie unterhalten sich über das, was sie mitgebracht haben, und geben ihre Kommentare dazu ab. Das Frühstück ist sehr unterschiedlich: Cola und Chips, MilkyWay, ungetoastetes Weißbrot, Vollkornbrotschnitten, Obst und rohes Gemüse packen sie aus. Die Kinder, die ungesunde Sachen mitgebracht haben, machen sich über die anderen lustig: »Ökofreaks«, »Müslifresser«, »Biobauern«. Die Kinder mit dem gesunden Frühstück verteidigen sich und versuchen, der Gegenseite ihr Schulfrühstück schmackhaft zu machen. Es entsteht eine hitzige Debatte.

Wieder ertönt die Schulglocke. Der Unterricht beginnt, es ist eine Mathematikstunde. Der Lehrer fängt mit einer Kopfrechenphase an. Alle Kinder melden sich zunächst eifrig. Nach und nach aber zeigen die Kinder, die sich in der Pause von Cola, Chips und Süßigkeiten ernährt haben, nicht mehr auf. Sie beginnen zu gähnen. Ein Kind schläft fast ein, einem anderen wird es schlecht. Dem Lehrer wird es zu bunt. Er fragt, was los sei: »Seid ihr zu spät ins Bett gegangen?« Ein Kind meldet sich und petzt, daß einige Kinder in der Pause nur ungesunde Sachen gegessen hätten.

Soweit diese etwas holzschnittartige, dick aufgetragene Szene. Es sind nicht Kinder, die sie spielen, sondern wir Lehrerinnen und Lehrer selbst. Fast immer, wenn wir mit einem neuen Projekt beginnen, spielen wir Erwachsenen den Kindern in der Jahrgangsversammlung, die einmal wöchentlich stattfindet, eine kleine Theaterszene vor. Die Szene leitet das neue Thema ein. Nach der beschriebenen Szene fragen wir die Kinder, ob sie verstanden haben, was wir ihnen vorgespielt haben. Natürlich erraten sie schnell, daß die Szene mit dem neuen Projekt zu tun hat. Ohne auf das Gespielte inhaltlich genauer einzugehen, schreiben wir den Titel des Projektes auf drei große Bögen: »Körper«, »Ernährung«, »Gesundheit« sind die Stichworte. Wir Erwachsenen schreiben all das, was den Kindern zu diesen drei Begriffen einfällt, auf die jeweiligen Plakate. Oft überlegen wir gemeinsam, auf welches Plakat wir welchen Gedanken schreiben müssen. Es gibt zahlreiche Überschneidungen. Am Ende ist der Rahmen des Projektes skizziert.

den

kennenlernen

Zur Gesundheitserziehung gehören Informationen über den Aufbau des menschlichen Körpers. Zum einen sollten Kinder erfahren, warum Ernährung überhaupt wichtig ist; zum anderen kann die offensichtliche Neugier der Kinder an dem, was in ihrem Körper so alles klopft, pumpt, weh tut, knurrt, als motivierende Grundlage für den eher theorielastigen Teil der Ernährungslehre genutzt werden.

Die Kinder können in dieser Phase

- ihre Vorstellungen vom Skelettaufbau und den inneren Organen aufzeichnen,
- ihre Vorstellungen an Modellen und Abbildungen überprüfen,
- einzelne Knochen des Skeletts unterscheiden und benennen lernen,
- die Funktion von Muskeln und Sehnen verstehen, am eigenen Körper und an Modellen überprüfen lernen,
- den Aufbau, die Lage und Bezeichnung wichtiger Organe kennenlernen
- und insbesondere schließlich den Aufbau des Verdauungsapparates verstehen, die Funktion der am Verdauungsvorgang beteiligten Organe begreifen lernen.

»Den Körper kennenlernen« heißt in dieser Phase auch, sich mit den oft naiven Vorstellungen auseinanderzusetzen, die Kinder sich über die Funktionen des menschlichen Körpers zurechtgelegt haben. Die notwendigen Schritte der Aufklärung und Information sollten allerdings möglichst sachlich formuliert und vorsichtig dosiert sein. Sowohl die Lehrpersonen als auch die wissenden Mitschüler müssen ganz darauf verzichten, sich über kindliche Irrtümer lustig zu machen! Aufklärung erfahren Kinder in dieser Phase nämlich unmittelbar auf sich selbst, auf ihre Körper bezogen; sie wird entsprechend ernst genommen und kann auch verletzen. Gelingt es, die Neugier der Kinder nicht zu frustrieren, sondern sie lebendig zu erhalten, so werden sich viele Kinder auf die »Entdeckung des menschlichen Körpers« bereitwillig einlassen, so ist unsere Erfahrung. Sie erzählen immer wieder von Gesundheiten und Krankheiten, von Arm- und Beinbrüchen, beziehen also ihre eigene Körpergeschichte in Unterrichtsgespräche selbstverständlich mit ein. Sie benutzen erstmals anatomische Atlanten, lernen, mit Modellen zu arbeiten, und beziehen überhaupt die vielfältigen Medien- und Informationsangebote, die es auch für Kinder gibt, gern in ihre »Informationsreise durch den menschlichen Körper« mit ein. Gleichzeitig machen wir die Erfahrung, daß sie dieses Wissen sehr bereitwillig reproduzieren und auch weitergeben können – zum Beispiel an ihre Eltern, die sich von so viel Fachterminologie und Spezialkenntnis häufig überrascht zeigen.

Das Skelett

Die Kinder zeichnen zunächst das Skelett nach ihren Vorstellungen. Es entstehen »naive« Knochendarstellungen. Diese ersten Zeichnungen wirken kurios; später werden die Kinder darüber lachen. Da entstehen Skelettaufbauten, die an Fischgräten erinnern; Gelenke sind oft nicht mitgedacht; häufig besteht das Skelett aus einem simplen Stangengerüst. Schon in diesen ersten Zeichnungen haben die Kinder dem Skelett besonderes Leben gegeben: Die Knochengestalten tragen Kleidung, ein Gerippe fährt Rollschuh, es bekommt einen Namen.

An die Zeichnungen schließt sich ein Gespräch an. »Wer von euch hat sich schon einmal den Arm gebrochen?« – »Wart Ihr dann im Krankenhaus?« – »Was hat die Ärztin gemacht?« – »Wer von euch hat schon einmal ein Röntgenbild gesehen?« So und ähnlich sind die ersten Anreize zum Gespräch. Die Kinder erzählen viel, von gebrochenen Armen, Ärzten, Krankenhäusern und immer wieder von Unfällen. Einige Kinder erinnern sich an Röntgenbilder und beschreiben sie.

Ein lebensgroßes Skelettmodell bringt Klarheit und macht auch ein wenig angst. Bald aber beginnen die Kinder, am Skelett Entdeckungen zu machen: Sie zählen seine Rippen, bewegen die Gelenke, bekommen entsprechende Beobachtungsaufgaben. Mit Hilfe von Arbeitsblättern und Büchern lernen die Kinder dann Knochen zu benennen, Gelenkformen zu unterscheiden usw. Was sie auf diese Weise abstrakt verstehen, finden sie dann häufig an sich selbst wieder, indem sie ihren eigenen Körper oder den von Mitschülerinnen oder -schülern abtasten. »Tatsächlich, hier im Arm sind ja zwei Knochen.« – »Guck mal, meine Rippen, wenn ich den Bauch einziehe.« – »Bei dem sieht man richtig die Wirbel.«

Die Kinder setzen das Gelernte dann noch einmal gestalterisch (zeichnerisch) um: Je zwei Kinder arbeiten an einem großformatigen Blatt. Sven liegt auf dem Boden, locker ausgestreckt auf einer Bahn Packpapier. Ines umkreist die Konturen seines Körpers mit einem schwarzen Filzstift. Als Ines »einmal rum« ist, steht Sven auf und betrachtet sein »Körperschema«: eine fast karikaturenhafte, bewegte Gestalt (in den Relationen dem Körperbau eines Kindes sehr ähnlich). Mit Stiften tragen die Kinder in diesen Umriß dann das Skelett ein. Sind sie mit ihrer Skizze zufrieden, so nehmen sie weiße Farbe und malen das Skelett aus. Zusätzlich können nach diesem Arbeitsgang Farben benutzt werden, um das Skelett mit Schuhen, Strümpfen, Röcken, Hüten usw. auszustatten. Je mehr die Kinder sich in diese Darstellungsaufgabe hineinfinden, um so sicherer werden sie in der Abbildung des Skeletts und um so phantasievoller gehen sie damit um. Die Skelette beginnen zu tanzen; eins trägt einen Walkman auf dem Schädel.

Das Thema »Skelett« läßt sich aber auch spielerisch bzw. theatralisch darstellen. In einer Versammlung spielen wir Lehrerinnen den Kindern folgende Szene vor: Eine schwarz gekleidete Person liegt wie ein Häufchen auf dem Boden. Zwei Erwachsene versuchen, dieses Bündel aufzurichten, aber es fällt immer wieder in sich zusammen und sinkt auf den Boden zurück. Wir fragen die Kinder, was mit dieser Person wohl los sein könnte. Schnell kommen sie darauf, daß sie vielleicht keine Knochen hat. Während einer der Erwachsenen die Person in aufgerichtetem Zustand stützt, zeichnet der zweite Erwachsene mit Kreide ein Skelett auf den schwarzen Gymnastikanzug. Tatsächlich bleibt die Person jetzt stehen. Im Gespräch erklären die Kinder, daß unser Knochensystem ein Stützapparat ist.

Nun spielen wir die Szene weiter und versuchen, die Person vorwärts zu bewegen. Sie läuft ganz »staksig«, die Beine knicken nicht ab, und auch die Arme hängen gerade herunter. Die Kinder merken schnell, daß die Gelenke fehlen. Sie zeigen, an welchen Stellen Gelenke auf das Trikot eingezeichnet werden müssen. Die Gelenke werden mit einem Kreis markiert. Die Person muß nun noch einmal laufen. Dabei tippen wir an die Kniegelenke, so daß sie bei jedem Schritt abknicken.

Einige Kinder spielen diese Szene nach. Die Knochenperson bewegt sich wie ein Roboter; sie wird von einem Mechaniker gelenkt. Immer mehr Kinder probieren, sich als Roboter so zu bewegen, wie sie vom Mechaniker gelenkt werden. Aus dieser Szene entsteht später der Robotertanz: Kinder tanzen nach der Musik der Gruppe Kraftwerk wie Roboter. Später verkleiden sie sich für eine Theateraufführung auch als Roboter: Sie basteln sich aus Karton große Masken, die sie über den Kopf stülpen, an die sie z.B. Fühler bauen oder dicke Augen. Die Masken werden mit Alufolie überzogen. Die Roboter bewegen sich in der Theaterszene zunächst hinter einer großen Schattenleinwand, an der sie hintereinander stehen. Nach und nach treten sie vor die Leinwand und tanzen den Robotertanz in abgehackten Bewegungen. Diese Bewegungsformen werden mit Hilfe eines Stroboskops noch verstärkt (vgl. S. 110).

In solchen Tanz- und Spielformen erlernen die Kinder ein neues Bewegungsrepertoire. Sie erleben die Tragfähigkeit ihres Knochenbaus spielerisch und experimentieren mit der Beweglichkeit ihrer Gelenke. Diese Erfahrungen stellen sie sich gegenseitig dar.

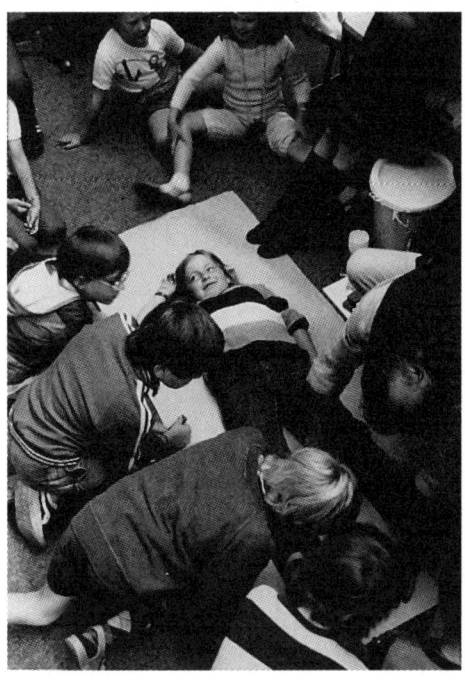

Schädel

Halswirbel   Schlüsselbein

Schulter-   Oberarmknochen
blatt   Ribem

schinenbein

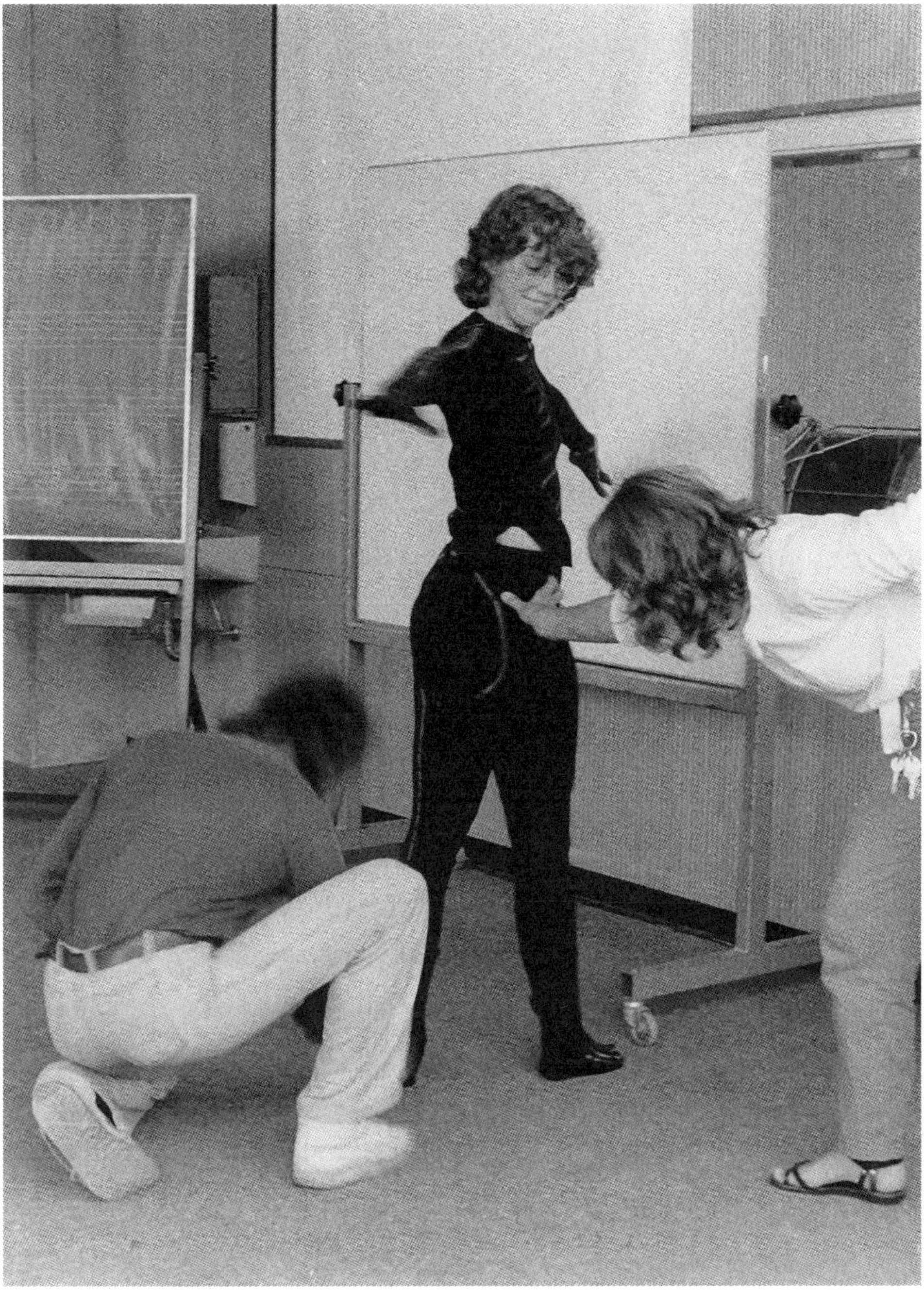

Name: **das Skelett**

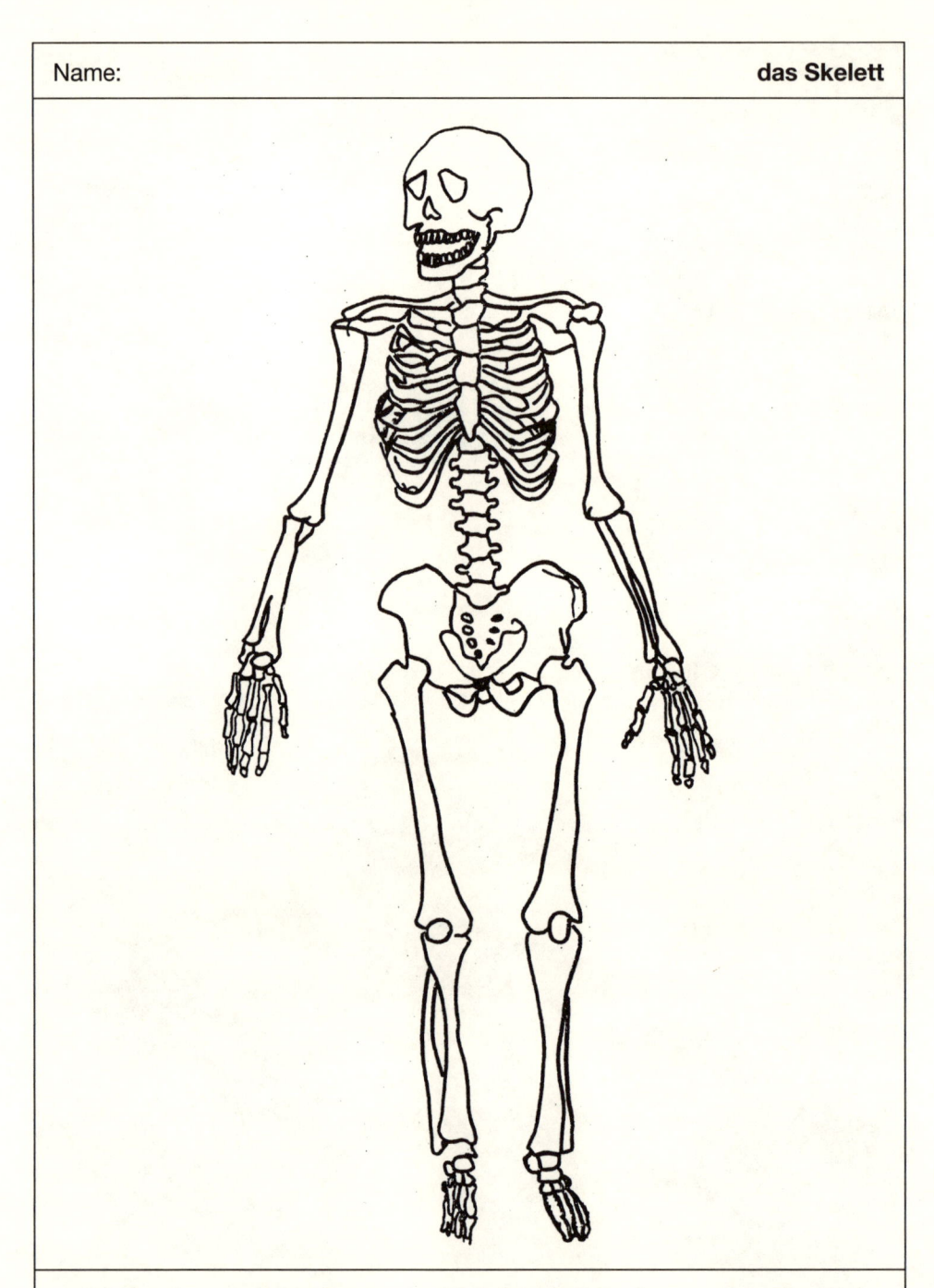

Aufgabe: Schreibe die Namen der Knochen auf! Du kannst dazu ein Biologiebuch benutzen.

Die Organe

Auch von den Organen fertigen die Kinder zunächst »naive« Zeichnungen an. Das Herz hat natürlich die Form eines Herzens, so wie die Kinder es kennen. Es liegt mal links, mal rechts, meistens in der Mitte. Blutbahnen laufen kreuz und quer. Der Magen ist den Kindern noch bekannt; in den Bauch zeichnen einige einzelne Kinder eine Gebärmutter ein. Ein Kind hat etwas vom Mutterkuchen gehört und zeichnet eine Torte mit brennenden Kerzen in den Bauch.

Die Kinder amüsieren sich köstlich über ihre Zeichnungen. Sie spüren, daß sie nicht der Wirklichkeit entsprechen. Den meisten scheint das jedoch nichts auszumachen.

Mit Hilfe eines Torsos betrachten wir dann die inneren Organe und deren Lage. Die Organe lassen sich herausnehmen und können angefaßt werden. Die Kinder halten sie an ihren Körper, probieren, wie sie an ihnen aussehen. Wir sehen uns Bücher zum Körperinneren an. Später zeichnen die Kinder auch die inneren Organe auf gesonderten Blättern in ihre Körperumrisse ein.

Um den Weg der Nahrung durch unseren Körper kennenzulernen, benutzten wir die Geschichte von U. Wölfel: »Wir essen einen Apfel« (in: Wölfel 1980). In ein Arbeitsblatt tragen die Kinder die Namen der an der Verdauung beteiligten Organe ein. Später spielen wir die Geschichte nach und vertonen sie (vgl. S. 116).

Daß es im menschlichen Körper auch den Blutkreislauf, die Muskeln, die Nerven und das Gehirn gibt, erwähnen wir und erklären kurz die entsprechenden Aufgaben. Wir gehen aber nicht ausführlich darauf ein.

Zum Thema »Organe« können die Kinder weitere Spielszenen entwickeln, zum Beispiel die Szene »Operation«. Sie wird mit Hilfe des Schattentheaters gespielt; sie ist inspiriert durch eine ähnliche Szene des Pantomimen Sanny Molcho: Ein Kind liegt auf einem Tisch hinter der Leinwand. Es hat eine weite Jacke an, in der die Organe aus dem Torso versteckt sind. Ein Arzt, assistiert von zwei Krankenschwestern, nimmt die etwas makabere, aber lustige Operation vor. Zunächst ist die Operation ein Ratespiel. Die Zuschauer raten bzw. benennen jeweils die Organe, die Arzt und Krankenschwestern hochhalten. Später entwickeln die Kinder daraus eine *eindeutig spaßige* Operationsszene, die auf keinen Fall Angst erzeugen darf: Der Kranke bekommt zunächst eine Injektion mit einer Riesenspritze. Er wird mit einem Gummihammer betäubt. Mit einer großen Säge (Fuchsschwanz) oder einem großen Messer wird der Bauch aufgeschnitten. Der Arzt holt alle möglichen Dinge aus dem Bauch des Patienten, die dort überhaupt nicht hingehören: eine große Schere und eine Bierflasche zum Beispiel. Er versucht, den Darm herauszuziehen: ein dickes Ziehtau oder ein Schlauch, der kein Ende nimmt. Die Krankenschwestern müssen mitziehen. Das Gelächter der Zuschauer ist groß, sie amüsieren sich köstlich! Später wird der Bauch des Kranken wieder zugenäht, natürlich mit einer Riesennadel und dickem Faden, damit alle Handgriffe auf der Schattenleinwand gut sichtbar sind. Der Patient wird dann mit dem Gummihammer wieder zum Leben erweckt. Er setzt sich auf, reckt sich ein wenig und springt vom Operationstisch.

Name: **der Weg der Nahrung**

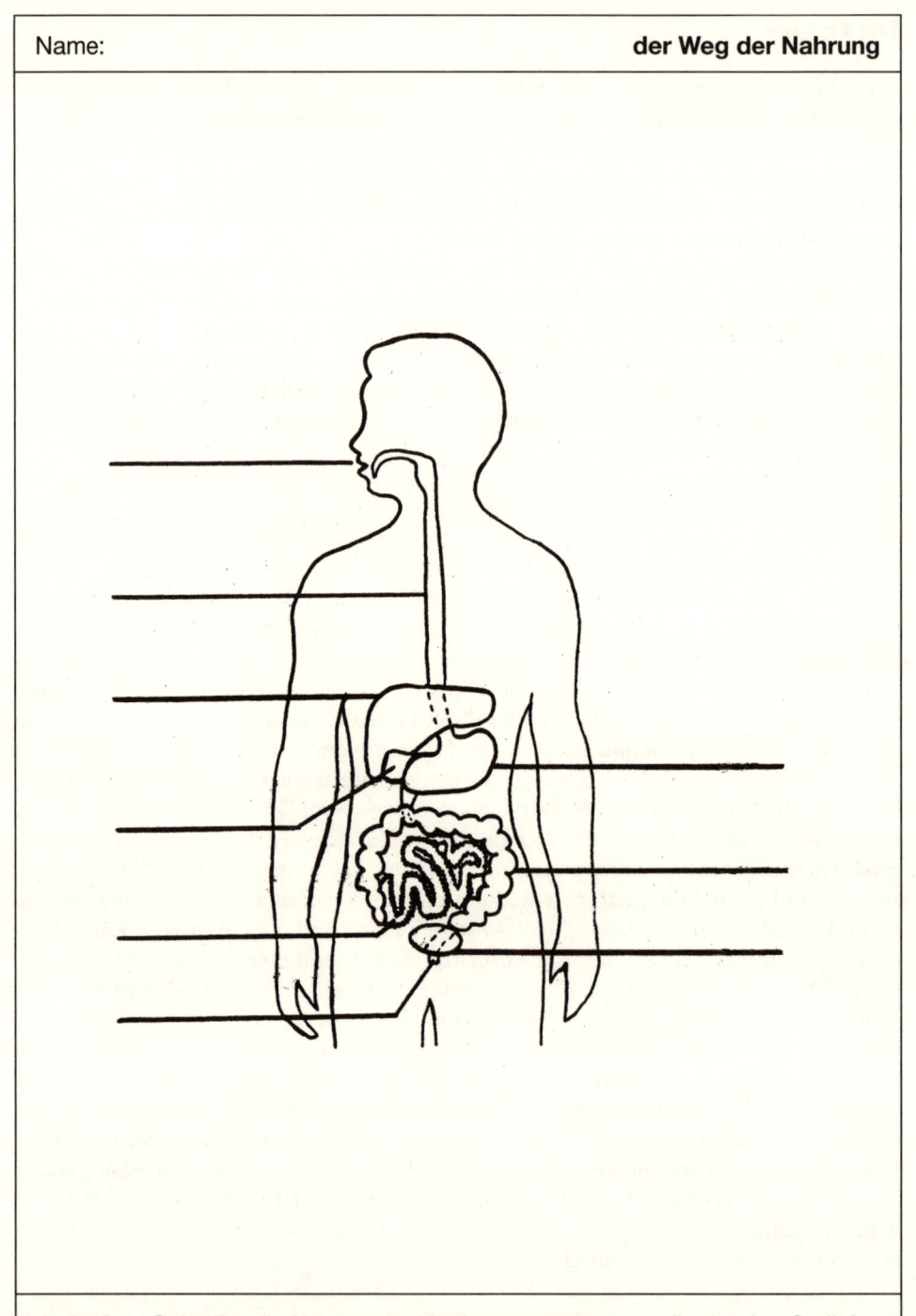

Aufgabe: Schreibe die Namen der Verdauungsorgane an die richtige Stelle!

40

41

Name: **die Organe**

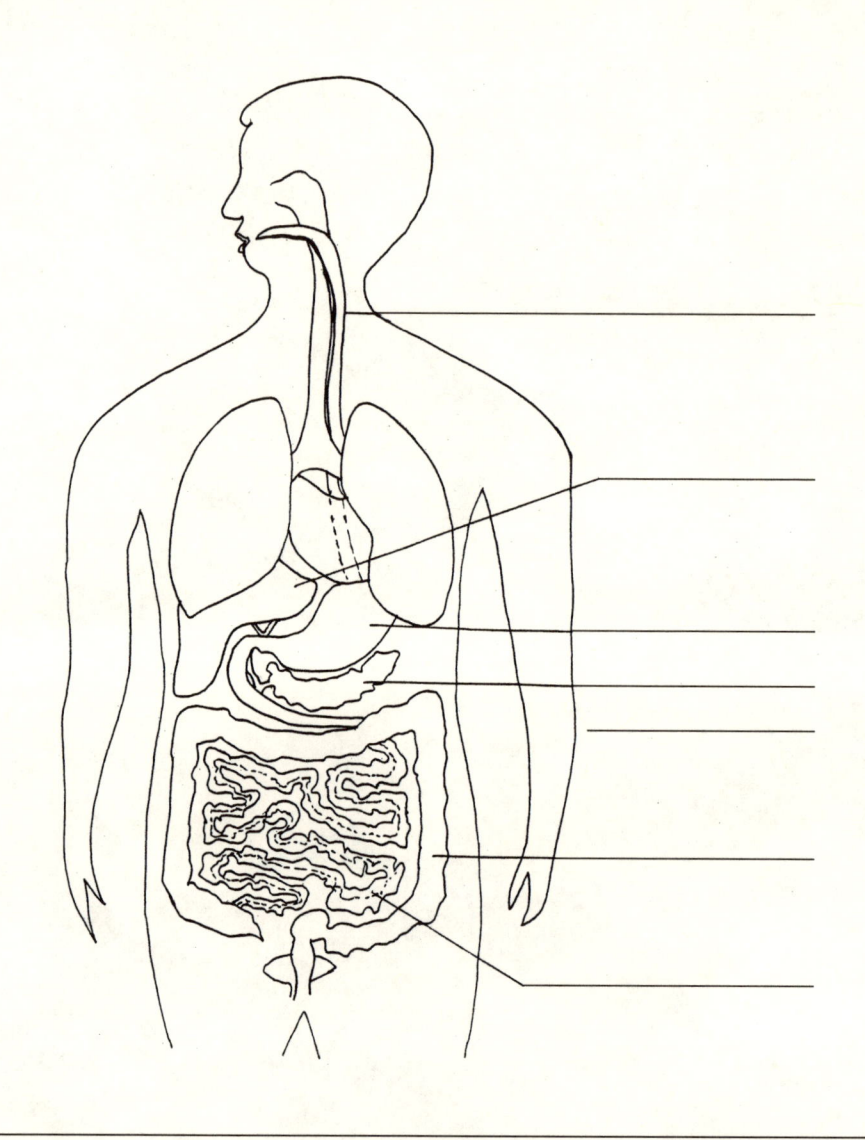

Aufgabe ①: Male die Organe mit unterschiedlichen Farben an!

Aufgabe ②: Setze richtig ein:

Herz, Dünndarm, Magen, Lungenflügel, Leber, Bauchspeicheldrüse, Dickdarm, Speiseröhre

Apfelgeschichte

Wir essen einen Apfel:

Zuerst wird er im *Mund* von den Zähnen zerkaut. Die Speicheldrüsen machen den Bissen mit Speichel flüssig. Die Nährstoffe im Apfelbissen werden aufgelöst. Der Bissen rutscht durch die Speiseröhre in den *Magen*. Der hat innen eine faltige, schleimige Haut. Der ganze Magen bewegt sich und knetet alles gründlich durch. Die Magendrüsen tun Magensäure zu dem Apfelbissen. Er löst sich immer mehr auf.

Durch den Magenausgang kommt der Brei in den *Dünndarm*. Er ist ungefähr sechs Meter lang und liegt mit vielen Windungen im Bauch. Das erste Stück vom Dünndarm heißt Zwölffingerdarm, weil es so lang ist wie zwölf Fingerbreiten nebeneinander.

Die *Gallenblase* und die *Bauchspeicheldrüse* schicken scharfe Säfte in den Zwölffingerdarm. Sie reißen die Zellwände der Apfelzellen auf. Der ganze Dünndarm bewegt sich und schiebt den Brei weiter. Jetzt sind überall an der Darmwand feine Zipfelchen, die Darmzotten. Sie saugen die Nährstoffe aus den Apfelzellen auf.

Am Ende vom Dünndarm sind keine Nahrungsstoffe mehr in dem Brei. Der Dünndarm schiebt ihn weiter in den *Dickdarm*. Der zieht das überflüssige Wasser aus den Abfällen. Wenn genug Nahrungsreste zusammengekommen sind, schiebt der Dickdarm sie aus dem Körper – ins Klo.

Die Apfelnährstoffe sind jetzt im Blut. Feine Äderchen in den Darmzotten haben sie aufgenommen und weitergeleitet. Mit dem Blut kommen die Nährstoffe zur Leber. Dort werden sie weiterverarbeitet. Die Leber wandelt sie um zu Stoffen, die der Körper braucht. Einen Teil davon speichert sie auf, zum Beispiel den Zucker, andere Stoffe gibt sie dem Blut wieder mit. Es bringt sie dorthin, wo sie gebraucht werden, damit der Körper neue Zellen aufbauen kann, zum Beispiel Hautzellen, Muskelzellen, Haarzellen, und damit er Drüsenstoffe herstellen kann (Wölfel 1980).

den

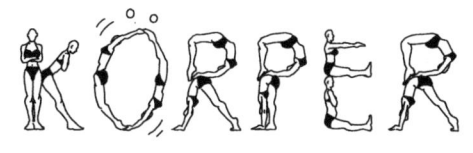

KÖRPER

pflegen

Wie beim Ernährungsverhalten, so werden auch bei der Körperpflege die Maßstäbe und Gewohnheiten im Elternhaus entwickelt und geprägt. Lehrer/innen sollten beim Thema Körperpflege die recht unterschiedlichen Voraussetzungen der Kinder berücksichtigen und in bezug auf die eigenen reflektieren; das heißt: auch ihr eigenes Modellverhalten als einen »Erziehungsfaktor« sehen. »Kinder und Jugendliche sollten in der Schule erfahren, daß Körperpflege in einem gewissen Umfang selbstverständlich ist, daß es vernünftige Gründe gibt für bestimmte Maßnahmen zur Körperpflege und daß es gesundheitliche Nachteile mit sich bringt, wenn man falsche Körperpflege betreibt. Darüber hinaus sollte Kindern auch bewußt werden, daß Körperpflege Auswirkungen auf die soziale Akzeptanz haben kann, um derentwillen es sich durchaus lohnt, sich zu pflegen.« (Etschenberg 1990, S. 82).

Die Kinder können in dieser Phase

– die Bedeutung und den Zweck der Körperpflege kennenlernen,
– Gründe für bestimmte Maßnahmen zur Körperpflege erfahren,
– gesundheitliche Nachteile einer falsch betriebenen Körperpflege verstehen lernen.

Die *Haut* ist das größte Organ des Menschen und braucht – im Gegensatz zu den übrigen Organen – regelmäßige Pflege. Sie muß sowohl von körpereigenen Ausscheidungen wie Schweiß, Talg, Urinresten usw. als auch von Stoffen aus der Umwelt (z.B. Krankheitserregern), die sich auf der Hautoberfläche und in Hautfalten ablagern, gereinigt werden. Außerdem müssen Störungen im Wasser-, Fett- und Säurehaushalt der Haut, oft bedingt durch Umwelteinflüsse, ausgeglichen werden (vgl. Etschenberg 1990, S. 82).

Schweiß gehört zu den körpereigenen Flüssigkeiten, die einerseits notwendig sind, um die Temperatur des Körpers zu regeln (Verdunstungskälte); andererseits ermöglichen die organischen Stoffe des Schweißes, die nicht verdunsten, die Ansiedlung von Bakterien und Pilzen – was mit einer unangenehmen Geruchsbildung verbunden sein kann. Dies ist einer der Gründe dafür, daß der gesamte Körper regelmäßig gereinigt werden sollte.

Außer den Schweißdrüsen gibt es in der Haut noch *Talgdrüsen*, die eine fettige Substanz absondern. Sie fetten die Haare ein und machen Haut und Haare geschmeidig und wasserabstoßend (vgl. Der Mensch, Ausgabe AB, 1971, S. 65). Da die Talgproduktion eines jeden Menschen unterschiedlich ist, muß jeder für sich selbst herausfinden, wie häufig er seine Haare waschen muß.

Zur Körperpflege, in einem recht engen Sinne, zählt nicht zuletzt auch die regelmäßig notwendige Pflege der Zähne. Traditionell spielte die Zahnpflege in Konzepten zur Gesundheitserziehung in der Grundschule eine zentrale – häufig auch die einzige – Rolle. »Karies und Baktus« hießen die Negativfiguren dieser der Abschreckungspädagogik verpflichteten Gesundheitserziehung, die Angst verbreitete, um die Kinder vom Süßigkeitenkonsum abzubringen. Wie schwierig es ist, von diesen Abschreckungsstrategien Abstand zu gewinnen, das zeigt sich beim Thema Körperpflege/Zahnpflege ganz besonders deutlich. Neben den alarmierenden Zahlen zu den Folgen von Fehlernährung kann als besonders erschreckend die Tatsache angesehen werden, daß 90 % aller Schulanfänger bereits kariöse Zähne haben (vgl. Krüsmann 1994, S. 11). Als Ursachen hierfür sind besonders zu nennen:

– der hohe Konsum an süßen Lebensmitteln, Süßigkeiten und süßen Getränken,
– die mangelnde Zahnpflege,
– unregelmäßige zahnärztliche Kontrolluntersuchungen.

»Gesundheitserziehung hinsichtlich der Zahngesundheit dient in erster Linie der Vorbeugung von Karies und Zahnbetterkrankungen« (Krüsmann, 1994, S. 11). Entsprechend sind Maßnahmen zur Prävention gegen Zahnkrankheiten anzustreben, die Ursachen und Folgen deutlich machen und die zur Veränderung von Verhalten führen:

- Zuckerhaltige Lebensmittel, insbesondere zuckerhaltige Süßwaren zwischen den Mahlzeiten und zuckerhaltige Getränke, sollten möglichst reduziert werden;
- eine richtige, gründliche Zahnpflege kann erläutert werden, d.h., die Putztechnik, verwendete Hilfsmittel, Putzdauer und Häufigkeit sowie Zeitpunkte des Putzens sollten erklärt werden;
- Untersuchungen durch den Zahnarzt müssen halbjährlich durchgeführt werden;
- die Folgen falscher Zahnpflege sowie einer falschen Ernährung können deutlich gemacht und anschaulich vermittelt werden.

Die Zähne

Das leidige Thema »Zähne – Zähne putzen – Finger weg von Süßigkeiten, sonst rächt es sich beim Zahnarzt ...«, ist es ein Schulthema oder Familienthema? Wir beginnen, indem wir die Kinder von ihren eigenen Zahngeschichten erzählen lassen. Dabei kommen Erzählungen vor vom ersten Wackelzahn bis hin zu Zahnschmerzkaries und Geschichten vom ersten Zahnarztbesuch. Einige Kinder bringen ihre ausgefallenen Zähne mit in die Schule. Wir untersuchen sie genau. Ihre unterschiedlichen Größen, Formen; Zähne mit Löchern und ohne.

Beim Essen eines Apfels achten wir genau darauf, welcher Zahn welche Aufgabe erfüllt: Wir beißen mit den Schneidezähnen Stücke von Nahrungsmitteln ab; wenn es größere Widerstände hierbei gibt, nehmen wir die Eckzähne hinzu (zum Reißen). Zum Zerkleinern, Zermahlen des Essens nehmen wir die Backenzähne; die Reibeflächen sind hier größer. So können wir sehr anschaulich die drei Zahnsorten: Schneidezahn, Eckzahn und Backenzahn unterscheiden und ihre Funktion kennenlernen.

Wir vergleichen das Gebiß eines Kindes vor und nach dem vollständigen Zahnwechsel und zeichnen unser eigenes Gebiß auf. Dabei nehmen wir einen kleinen Handspiegel zu Hilfe und erforschen unsere Zähne. Wir tauschen uns mit einer Partnerin aus, die vielleicht noch ein wenig mehr sieht, und vergleichen unsere Gebisse. Jetzt liegt es nahe, auch einmal zu überprüfen, wie sauber unsere Zähne sind. Mit Hilfe der bekannten Färbetabletten, die die Kinder zerkauen, kommt die Wahrheit an den Tag: Schmutz- und Speisereste, Zahnbeläge werden farblich deutlich sichtbar. Diese Tabletten zeigen den Kindern, was an Schmutzresten noch an den Zähnen haftet, ohne daß man als Erwachsener noch viel sagen muß. Betretene, erstaunte, überraschte Reaktionen bei den Kindern! Wir greifen nun zur Zahnbürste, die an diesem Tag alle Kinder mitbringen sollten, und putzen – wie gewöhnlich – unsere Zähne. Erleichterung darüber, daß der Schmutz unter dem Druck von Zahnpasta und Zahnbürste weichen muß! Zur Kontrolle noch einmal eine Färbetablette und – man glaubt es kaum, da blitzt es hier und da schon wieder blau aus den Mündern! Ratlosigkeit greift um sich. Anscheinend kommt es nicht nur darauf an, *daß* die Zähne geputzt werden, sondern auch darauf, *wie* dies gemacht wird. Nun sind die Kinder neugierig geworden und wollen die »Tricks« wissen, um auch die letzten Reste vom »Schmutznachweis« zu beseitigen. Es wird also Zeit, ihnen die richtige Technik des Zähneputzens zu vermitteln, z.B. auch Hilfsmittel wie die Zahnseide und deren Anwendung zu demonstrieren. Die Kinder bekommen eine Färbetablette mit nach Hause, um am Abend nochmals ihre Zähne zu beobachten und zu reinigen.

    In den nachfolgenden Stunden beschäftigen wir uns mit dem Innenleben unserer Zähne und lernen Begriffe wie »Zahnschmelz«, »Zahnnerv«, »Zahnfleisch« kennen, damit wir besser verstehen können, wie sich die Bakterien/Speisereste (besonders Zucker) durch die Zähne arbeiten und dadurch Löcher und Zahnschmerzen verursachen. Hier wird dann auch der Zusammenhang zur richtigen oder falschen Ernährung deutlich. In einem Film (vgl. S. 174) können wir uns noch einmal genau anschauen, wie Zucker und andere Speisereste unseren Zähnen zusetzen. Gemeinsam stellen wir Regeln auf, wie wir Karies vermeiden können.

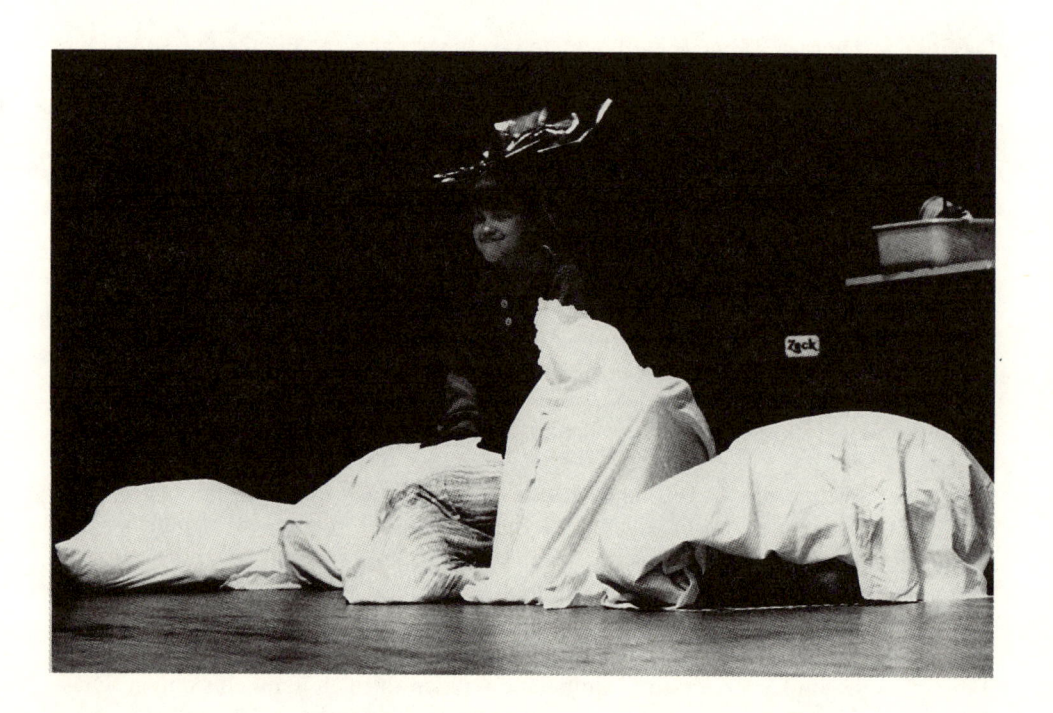

Name: **die Zähne**

im Magen

Leute, eßt viel Zucker. Das gibt Kraft und stärkt die Nerven!

...und ich verdiene daran!

im Mund

im Gehirn

Aufgabe ①: Bringe die Bilder in die richtige Reihenfolge. Trage die entsprechenden Bildnummern in die Kreise ein!

Aufgabe ②: Schreibe – wie beim Comic – in die Sprechblasen, was die Figuren wohl »denken«!

Name: **die Zähne**

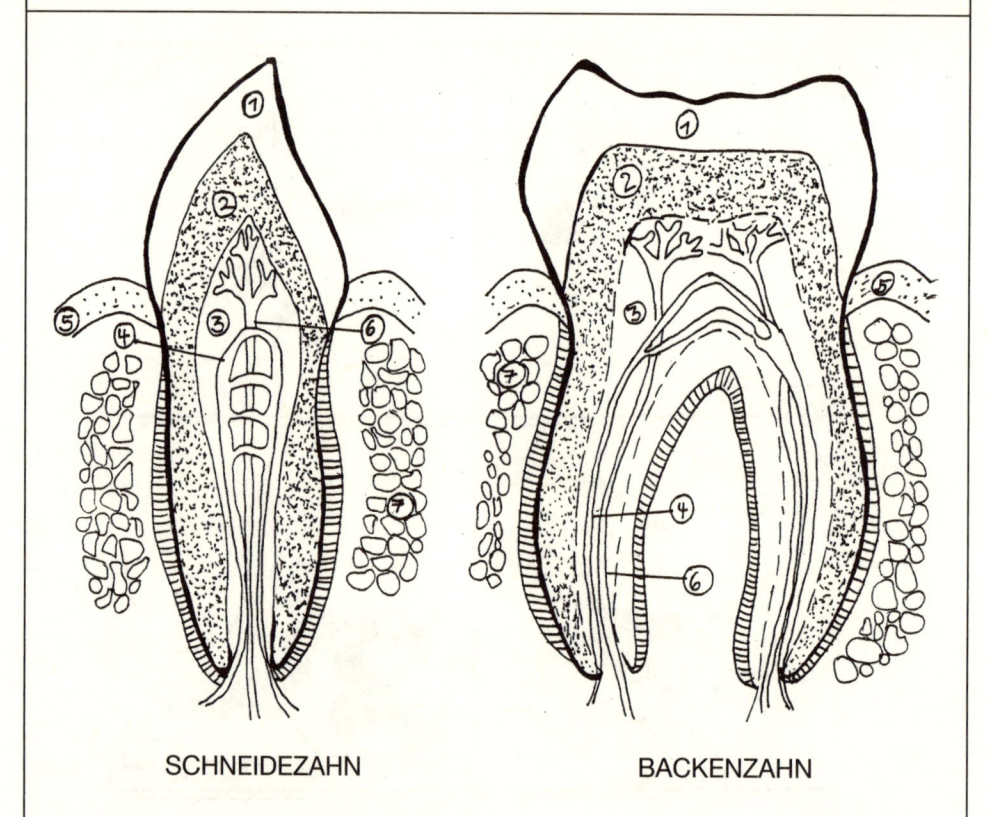

SCHNEIDEZAHN   BACKENZAHN

Zahnbein – Zahnhöhe – harter Zahnschmelz – Kieferknochen – Zahnnerv – Zahnfleisch – Blutäderchen

① _____   ⑤ _____
② _____   ⑥ _____
③ _____   ⑦ _____
④ _____

Aufgabe: Schreibe die Namen zu den Nummern! Male aus!

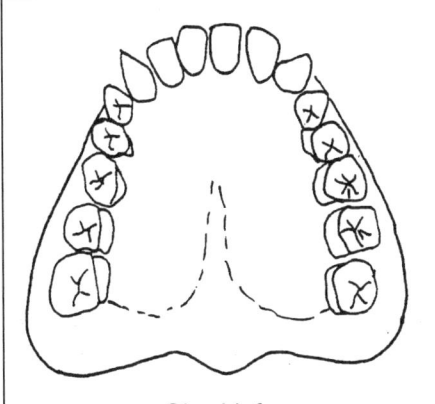

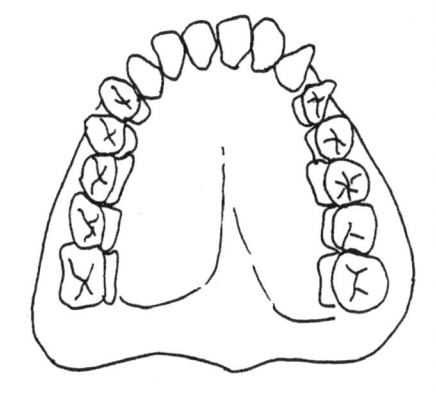

Name: **die Zähne**

Oberkiefer   Unterkiefer

Jugendliche und Erwachsene *nach* dem vollständigen Zahnwechsel (Dauergebiß)

△ Du brauchst Farbstifte und einen kleinen Taschenspiegel.

△ Wie viele Zähne hast du? Zeichne sie auf!

ENTWICKLUNG VON KARIES

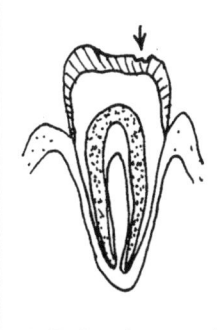

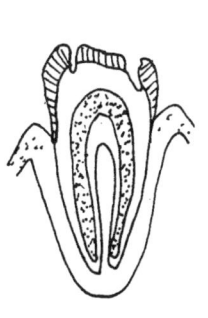

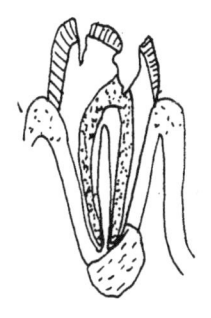

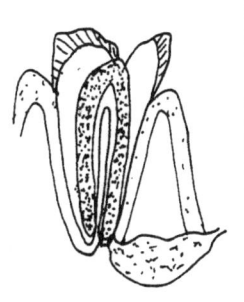

1. Bakterien und Speisereste bilden Zahnbeläge. Bereits nach 24 Stunden (ohne Zähneputzen) sind diese mit bloßen Auge sichtbar.

2. Von den Bakterien werden Speisereste – besonders Zucker – zu Milchsäure umgebaut. Milchsäure greift den Zahnschmelz an. Es entsteht Karies.

Aufgabe: Schreibe auf, wodurch Karies entsteht und wie man sie vermeiden kann!

Name: **der Reiß-, Beiß- und Mahltest: Experiment**

Besorge dir verschiedene Arten von Nahrungsmitteln, und kaue auf jedem einzelnen langsam herum.

Möhre	Bananen	Dauerwurst
Apfel	Käse	Nüsse	Vollkornbrot

_____
_____
_____
_____
_____
_____
_____
_____
_____
_____
_____
_____

Aufgabe: Paß auf und vergleiche, wie deine Zähne die einzelnen Speisen behandeln! Schreibe auf, wie viele verschiedene Zähne wir haben und wozu wir sie gebrauchen!

den

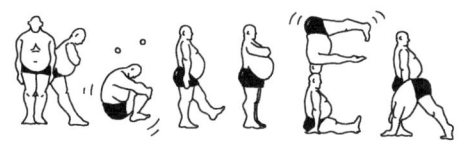

KÖRPER

versorgen

Den Körper versorgen, aber womit? Mit Nutellabrot und Fruchtsaftgetränk, Cola, Fanta, Bi-Fis, Kuchen und jeder Menge Kaugummi – oder mit Vollkornbrot und Möhre, Obst und Müsli? Die Spannbreite der Pausenverpflegungen, die Kinder mitbringen, ist groß. Dabei fällt auf, daß immer mehr Kinder mit Geld statt mit Nahrungsmitteln in die Schule kommen und daß der Umsatz von Corny-Riegeln und Vanillemilch beim Hausmeister steigt. Einige Kinder kommen täglich zur Schule, ohne gefrühstückt zu haben, und bleiben bis zur Mittagspause ohne Imbiß; andere finden in der Frühstückspause nicht die Zeit und Ruhe, ihr mitgebrachtes Brot zu verzehren.

Die Interviews oder Fragebogenaktionen, die wir vor dem Projektbeginn immer wieder durchführen, zeigen dieses breite Spektrum von Eßgewohnheiten der Schüler und Schülerinnen auf.

Daß Obst und Gemüse gesund sind, weil sie viele Vitamine enthalten, wissen nahezu alle Schulkinder. Daß Zucker den Zähnen schadet und Karies hervorruft, wissen sie ebenso. Insgesamt bleibt das Wissen der Kinder jedoch eher abstrakt und spiegelt sich nicht in ihren Einstellungen und Verhaltensweisen wider. So ist z.B. der Umgang mit Zucker für sie (für uns!) zu allererst ein psychologisches Problem. Schon früh werden Kinder an Süßes gewöhnt, häufig ist es Belohnung oder Ersatz für etwas anderes. Die Auswirkungen von Zucker (weißem Zucker/Haushaltszucker) auf den menschlichen Körper sind gravierend:

- Zucker wird bereits im Mund zu Säure umgewandelt, die den Zahnschmelz angreift.
- Zucker nimmt dem Körper das wichtige Vitamin B_1, das beim Abbau von Kohlenhydraten benötigt wird.
- Zuckerhaltige Lebensmittel führen nur kurzfristig zu einem Leistungsanstieg, dem bald ein deutlicher Leistungsabfall, Konzentrationsschwierigkeiten und Nervosität folgen.

Außerdem gehört Zucker zu den »leeren Kalorien«, weil bei seiner Herstellung sämtliche Vitamine, Ballaststoffe und Mineralstoffe verlorengehen. Gründe genug, daß Kinder den meist sehr erheblichen Zucker- und Süßigkeitenkonsum einzuschränken lernen. Die folgenden Unterrichtsbausteine geben den Kindern Aufschluß darüber, was sie ihrem Körper zuführen müssen, damit er funktioniert und gesund bleibt. Die Aufgaben der einzelnen Nährstoffe werden in Beziehung gesetzt zu spezifischen Körperfunktionen, und die entsprechenden Lebensmittel, die diese Nährstoffe enthalten, werden benannt. Daß auch hier das praktische Tun nicht zu kurz kommt, dafür sorgen Anregungen zu gemeinsamen Frühstücken, Back- und Kochzeiten und Mittagsmahlzeiten in der Stammgruppe. Dazu gehören kann auch die Durchführung einer »gesunden Klassenfahrt« und das Einüben von Lebensmitteleinkäufen. Die Kinder lernen in dieser Phase

- gesunde Mahlzeiten von den sogenannten »Müllmahlzeiten« zu unterscheiden, sie zuzubereiten und in Rezeptform aufzuschreiben.
- Sie lernen Lebensmittel und Nährstoffe kennen, die zu einer ausgewogenen, gesunden Ernährung gehören.
- Sie lernen den Zucker als Vitaminräuber kennen und seine Auswirkungen auf Zähne und schulisches Leistungsvermögen einzuschätzen.
- Sie lernen alternative Süßmittel kennen und diese bei der Zubereitung von Speisen zu verwenden.
- Sie lernen den Unterschied zwischen Weißmehl- und Vollkornmehl kennen und Vollwertprodukte herzustellen.
- Sie lernen, daß Schadstoffe, Farbstoffe und andere chemische Stoffe die Qualität von Lebensmitteln beeinflussen.
- Sie erfahren, daß gesundes Essen gut schmeckt.
- Sie erleben, daß Nahrung Energie erzeugt und dem Körper als Brennstoff dient.
- Sie lernen, daß Kinder, Frauen und Männer einen unterschiedlichen Nahrungsbedarf haben.
- Sie lernen und erfahren, daß falsche Ernährung zu Krankheit führt, richtige Ernährung die Gesundheit stabilisiert und daß die Ernährung sich auf die Laune auswirken kann.

Nährstoffe

Dieser Teil ist wahrscheinlich der theoretischste und schwierigste, der am wenigsten sichtbarste des gesamten Unterrichtsprojekts. Begriffe wie »Kohlenhydrate«, »Fett«, »Eiweiß«, »Mineralstoffe«, »Ballaststoffe«, »Spurenelemente«, »Vitamine«, »Zucker«, »Vollkorn« und »Vollwert« müssen eingeführt und behandelt werden.

In einem anschaulichen Modell hat die Deutsche Gesellschaft für Ernährung alle wichtigen Lebensmittel mit ihren Nährstoffen, die zu einer ausgewogenen Ernährung gehören, dargestellt und in sieben Gruppen zusammengefaßt. Ein abwechslungsreicher und vollwertiger Speiseplan enthält täglich Lebensmittel aus diesen sieben Gruppen.

Wir besprechen mit unseren Kindern einen vereinfachten, auf sechs Gruppen reduzierten Ernährungskreis (vgl. S. 54). Als Einführung in diese Thematik zeigen wir zunächst den Videofilm »Der stumme Freund« (Besprechung S. 174) und legen den Kindern als Gesprächsanlaß die Speisepläne von Jan und Peter vor.

Die anschließende Diskussion kann zu einer Tafelanschrift führen; das schon vorhandene Ernährungswissen unserer Schüler und Schülerinnen fließt darin ein.

	Jan		Peter
Frühstück:	1 Lutscher, Limo, 1 Packung Kekse	Frühstück:	1 Tasse Tee, 1 Müsli
Pause:	1 Tafel Schokolade, 1 Cola, 2 Waffeln	Pause:	1 Apfel, 1 Joghurt
Mittag:	3 Scheiben Schweinebraten, 4 Knödel, viel Soße, eine Schüssel Schokoladenpudding	Mittag:	Auflauf mit Gemüse + Kartoffeln und viel Salat, Quarkspeise
Abend:	3 belegte Brote, 2 Stück Kuchen, Limo und Bonbons	Abend:	1 Vollkornbrot mit Käse, 1 Glas Milch, 1 Banane, 1 Orange

Wie ernähre ich mich richtig?

- viel Obst und Gemüse und Müsli essen,
- viel Vitamine und Mineralstoffe einnehmen,
- auf Nahrung mit Stärke und Eiweiß achten,
- viel Vollkornmehl (möglichst aus biologischem Anbau) und wenig Weißmehl verwenden,
- nicht so viel Fett essen,
- wenig Zucker verwenden, besser mit Honig und anderen Süßstoffen süßen,
- wenig Salz verwenden, besser mit Kräutern würzen,
- viel trinken, Mineralwasser, Tee, Milch, Säfte ohne Zuckerzusatz,
- viele Lebensmittel ohne Farb- und Konservierungsstoffe kaufen,
- wenig Dosenessen verwenden,
- nicht so viel Fleisch essen, am besten ist Fleisch aus artgerechter Tierhaltung,
- abends nicht so viel essen, auch nicht vor dem Sport und vor dem Schwimmengehen.

Im Laufe des Unterrichts kehren wir immer wieder zu dieser Tabelle zurück und greifen einzelne Aspekte auf:

- Wir lernen das Innenleben eines *Hamburgers* kennen, bereiten einen alternativen, d.h. gesunden Hamburger zu und erfinden Antiwerbung zu Hamburgern.
- Wir lernen unsere *Zunge* mit den *Geschmacksnerven* kennen: Kinder testen mit verbundenen Augen scharfe, süße, saure, bittere Lebensmittel.
- Wir lernen die *Nährstoffe* kennen, die in der *Körper»fabrik«* verarbeitet werden. Die Körper»fabrik« stellen wir in einem Theaterspiel dar. Wir veranschaulichen den Ernährungskreis und ordnen in einer Collage Lebensmittel den verschiedenen Nährstoffgruppen zu.
- Wir lernen die fünf Getreidesorten kennen, ordnen die Körner den Halmen zu, betrachten den Keimling. Wir mahlen Getreide mit der Getreidemühle. Wir unterscheiden zwischen Weißmehl, Vollkornmehl und Vollwertmehl; wir erarbeiten eine Tabelle »Was kann ich mit Vollkornmehl backen?« Wir backen Vollwertprodukte: Plätzchen, Brötchen, Pizzaschnecken und ähnliches.
- Wir informieren uns über *Zucker*. Wir sehen den »Bonbonfilm« an. Wir malen Bilder vom Zucker als Vitaminräuber, gestalten einen Zuckercomic. Wir stellen alternative Süßmittel zum Zucker vor, probieren diese und verwenden sie bei den Rezepten. Wir lernen die Unterschiede und Gemeinsamkeiten von Zucker und Honig kennen sowie ihre Auswirkungen auf die Zähne. Den »Bonbonfilm« gestalten wir als Theaterspiel. Wir arbeiten häufig an Rollenspielen.

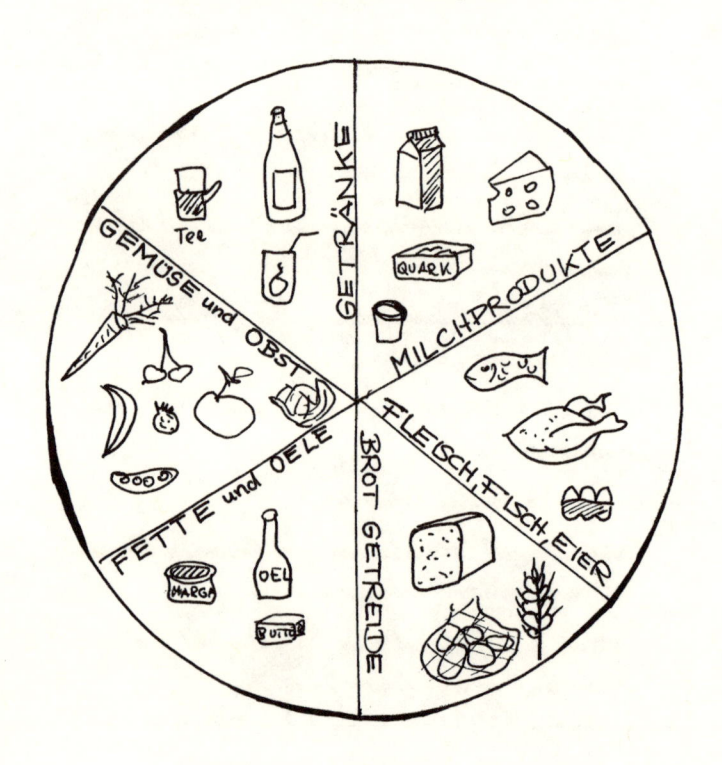

Die Nährstoffe

Ein Körper ist wie eine kleine Fabrik. Das Herz, der Magen, der Kreislauf sind Maschinen, die ständig funktionieren müssen. Viele emsige Hände müssen zupacken, damit die Maschinen richtig laufen, die ganze Fabrik auf Touren kommt und nichts kaputtgeht. Ohne Nahrung und die in ihr enthaltenen Nährstoffe würde nichts laufen. Doch schauen wir uns einmal genauer die fleißigen Mitarbeiter an!

Frau Vitamin C ist die Betriebsärztin. Sie schützt die Mitarbeiter vor Erkältungen und anderen Krankheiten. Sie fördert die Leistungskraft.
Frau Vitamin C ist reichlich in frischem Obst, Saft und Gemüse enthalten, z.B. Kiwi, Sanddorn, Sauerkraut.

Frau Vitamin A ist auch eine ganz wichtige Verwandte. Sie sorgt dafür, daß alle Mitarbeiter gut sehen können und eine schöne Haut und kräftige Haare haben. Sie lebt gern in allen Obst- und Gemüsesorten, die eine rote Farbe haben, wie z.B. Möhren, Paprika, Tomaten, sowie in Leber, Eiweiß, Milch.

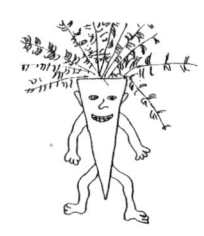

Da sind Herr und Frau Eiweiß. Sie sind die Meister, helfen Knochen und Muskeln aufzubauen und wehren Krankheitskeime ab.
Sie sind im Fleisch, in Fisch, Eiern, Milch, Nüssen, Hülsenfrüchten und Vollkornprodukten zu finden.

Als nächstes haben wir die starke Frau Kohlenhydrat. Sie heizt die Fabrik richtig ein, denn sie gibt mächtig Kraft. Wenn Frau Kohlenhydrat da ist, flutscht die Arbeit nur so.
Sie steckt in Brot, Reis, Müsli, Kartoffeln, Nudeln, Obst und Gemüse. Dort ist sie auch gut aufgehoben.

Leider hat sie noch einen frechen Zwillingsbruder, den Herrn Zucker, der sich in Süßigkeiten, Limo und Kuchen versteckt. Diesen Nichtsnutz sollte man nicht in die Fabrik hineinlassen.

Einige Verstecke des Herrn Zucker:
1 »Milchschnitte«   2 Stück Würfelzucker
1 Glas »Fanta«   5 Stück Würfelzucker
1 Tüte Gummibären   64 Stück Würfelzucker
1 Negerkuß   4 Stück Würfelzucker
1 »Mars«   14 Stück Würfelzucker

Herr Eisen arbeitet im Blut und ist für die frische Luft in den vielen Abteilungen in der Fabrik zuständig. Er sorgt dafür, daß alle Mitarbeiter genügend Sauerstoff zum Atmen haben und die Maschinen regelmäßig durchgepustet und nicht schmutzig werden.
Herrn Eisen findet man im Fleisch, Gemüse und in Vollkornprodukten.

Frau Vitamin C hat viele Schwestern, die auch Vitamin heißen und eifrig mithelfen, daß alle gesund und zufrieden bleiben. Besonders Frau Vitamin B$_1$ ist eine nicht zu ersetzende Mitarbeiterin. Sie arbeitet immer mit Frau Kohlenhydrat zusammen. Ohne sie wären alle Betriebsangehörigen reichlich nervös und könnten gar nicht mehr richtig denken. Außerdem helfen sie mit, die Kraft aus der Nahrung zu holen.
Besonders gern lebt sie in Vollkornprodukten, in der Milch, in Nüssen, in Hülsenfrüchten und in Leber.
Ihr größter Gegenspieler ist der freche Herr Zucker. Er ist der nichtsnutzige Kaputtmacher, der alles durcheinanderbringt und die Fabrik lahmlegen will. Oft muß Frau Vitamin B$_1$ mit ihm erbitterte Kämpfe austragen und nimmt dann selbst Schaden dadurch. Weil Herr Zucker die Zähne kaputtmacht, ist er ein großer Feind von Herrn Calcium.

Der Arbeiter Fett gibt der Fabrik eine Menge Kraft. Außerdem ist er der Oberheizer, der alles kräftig wärmt. Er ist leider sehr gefräßig und spielt auch gern Verstecken, so daß man ihn nicht oft sieht.
Seine liebsten Verstecke sind die Wurst, Pommes, Gebäck, Kuchen und Schlagsahne. Also aufgepaßt! Wenn Herr Fett zu dick wird, geht die Herzkreislaufmaschine oft kaputt, und die ganze Fabrik kommt ins Stottern.
Wenn er sich nicht versteckt, hält Herr Fett sich in Butter, Margarine und Öl auf.

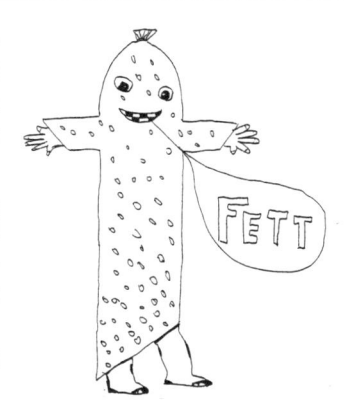

Herr Calcium ist der Hausmeister. Er muß aufpassen, daß alles heil bleibt. Den ganzen Tag *repariert* er das *Fabrikgebäude*, also die Knochen, und braucht dafür viel *Zement*. Ohne ihn würde die ganze Fabrik über kurz oder lang zusammenkrachen. Er steckt besonders gern in der Milch, im Käse und grünem Gemüse.

Schließlich haben wir noch die fleißigen Ballaststoffe, die als Müllarbeiter den ganzen Abfall aus der Fabrik transportieren.
Ohne sie würden Wege verstopfen, der Verkehr zusammenbrechen und die ganze Fabrik vor Bauchschmerzen aufstöhnen.
Sie sind im Vollkornbrot, Müsli, Obst, Gemüse und Hülsenfrüchten häufig anzutreffen.

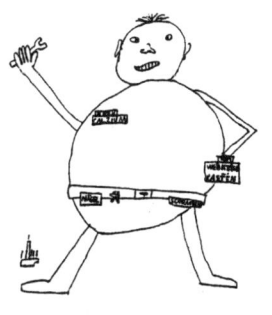

Name: **die Nährstoffe**

	Text	Bild
Vitamin K: gut für das Blut *kommt vor in:* Kohl, Leber, Spinat, Eier, magerem Fleisch		
Vitamin E: gut für Körperzellen und die Fortpflanzung *kommt vor in:* Getreide, Keimen, Blattgemüse, Leber, Eigelb, Butter		
Vitamin D: gut für Knochen und Zähne *kommt vor in:* Lebertran, Fischöl, Steinpilzen, Spinat, Butter		

Aufgabe: Denke dir zu diesen Vitaminen einen Text aus, und schreibe ihn auf! Male eine passende Nährstoffigur dazu!

Name: **der »Hamburger«**

①

②

③

Aufgabe ① : Schreibe die Zutaten und Bestandteile eines Hamburgers auf!

Aufgabe ② : Denke Dir zwei Werbeslogans für den Hamburger aus!

Aufgabe ③ : Stelle Dir einen Hamburger nach eigenem Rezept zusammen!

Name: **die Getreidesorten**

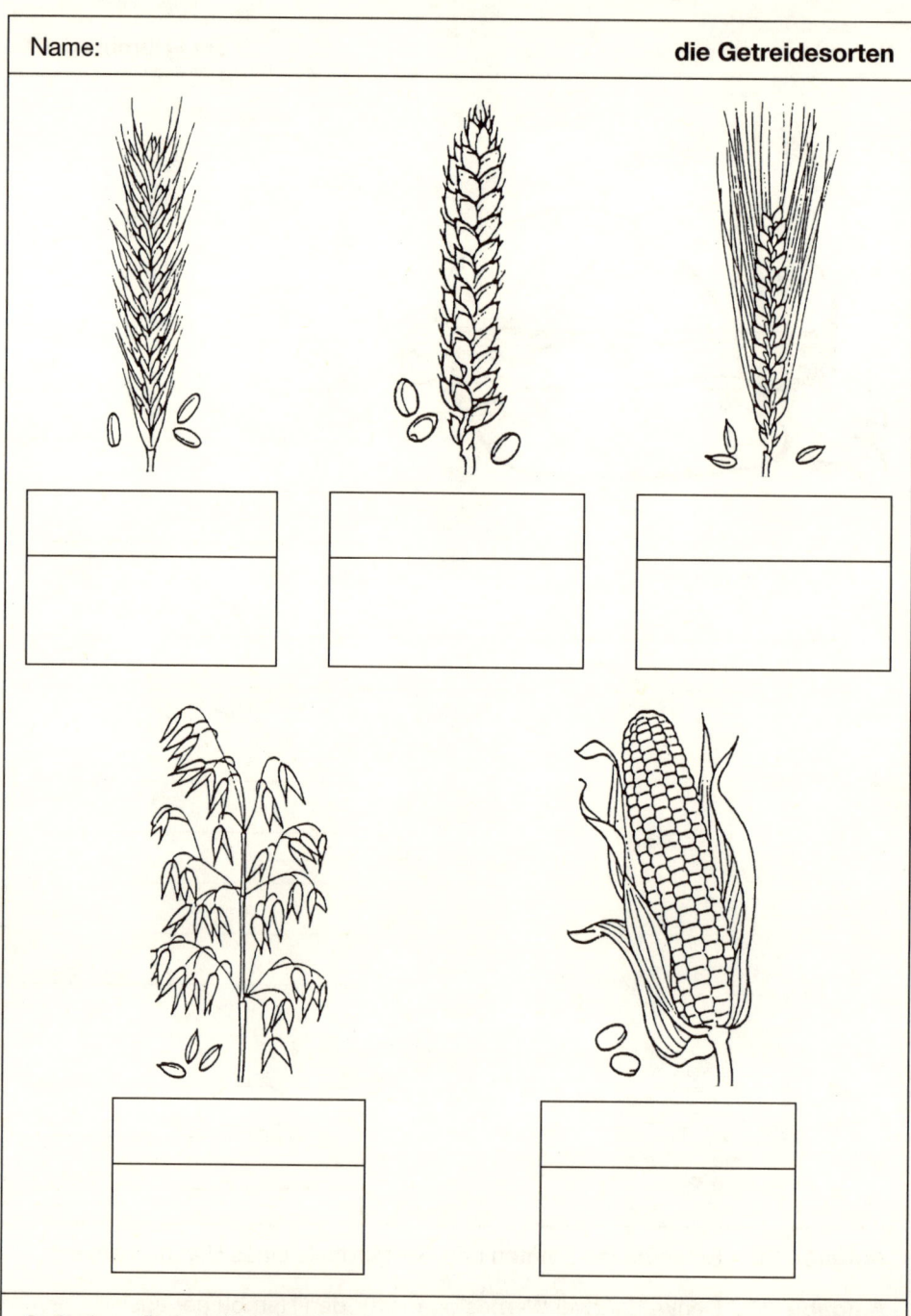

Aufgabe: Ordne die mitgebrachten Körner den Getreidehalmen zu, und klebe sie mit Tesafilm auf!

Name: **das Getreidekorn**

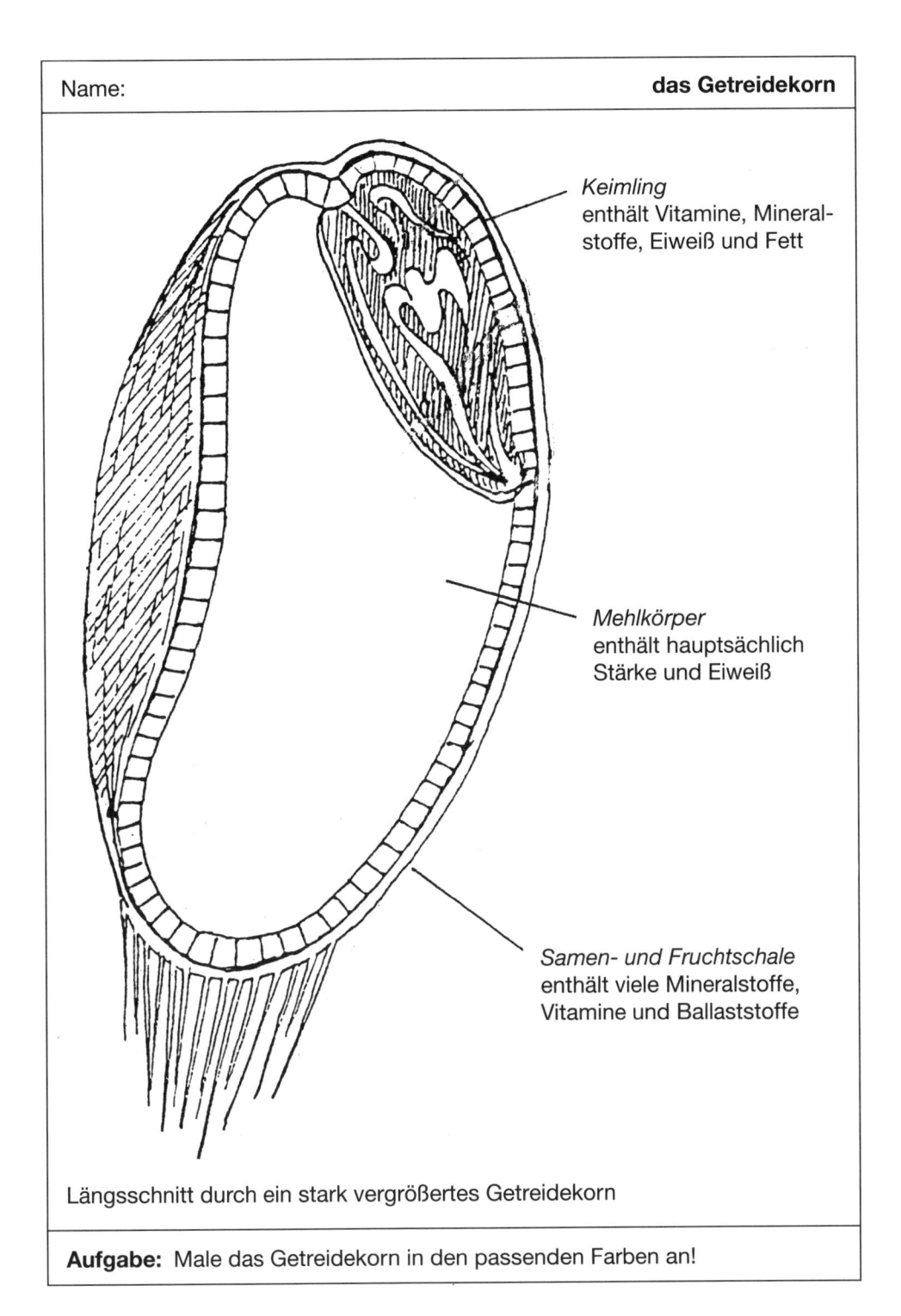

Keimling
enthält Vitamine, Mineralstoffe, Eiweiß und Fett

Mehlkörper
enthält hauptsächlich Stärke und Eiweiß

Samen- und Fruchtschale
enthält viele Mineralstoffe, Vitamine und Ballaststoffe

Längsschnitt durch ein stark vergrößertes Getreidekorn

Aufgabe: Male das Getreidekorn in den passenden Farben an!

Experimente

Nachweis von Nährstoffen

Wichtige Nährstoffe wie Fette, Eiweiß und Kohlenhydrate (hier Stärke), die wir mit den unterschiedlichsten Nahrungsmitteln zu uns nehmen, lassen sich für Kinder im Primarstufenalter durch sehr einfache Experimente nachweisen. In welchen Mengen sie jedoch im Essen vorkommen, kann man nur durch komplizierte chemische Untersuchungen im Labor feststellen. Solche Untersuchungen würden zum Beispiel ergeben, daß in einer Mahlzeit mit Salat und Nudeln mit Tomaten-Hackfleisch-Soße und einem Pudding zum Nachtisch 20 % Eiweiß, 46 % Kohlenhydrate, 34 % Fette enthalten sind (vgl. Arzt/Steinhage 1989, S. 13).

> Beim *Fett-Test* können die Kinder Fette nachweisen, indem sie ein Stück Käse, eine Scheibe Wurst, etwas Butter, Nüsse, eine Gurken-, Möhren-, Apfelscheibe oder andere Obst- und Gemüsesorten auf Packpapier drücken. Nach dem Trocknen bleiben die Fettflecken bestehen und weisen im Papier einen lichtdurchlässigen Fleck auf, während der Wasseranteil von Obst und Gemüse wegtrocknet.

> Der *Stärketest* zeigt, daß ein Tropfen Jodtinktur auf einer Speiseprobe sich blauschwarz verfärbt, wenn das Lebensmittel Stärke enthält. Stärke kann man am einfachsten bei Kartoffeln, Brot, Nudeln und Mehl nachweisen (vgl. Allison 1979, S. 88, 89).

> Beim *Eiweißtest* nehmen wir ein Reagenzglas und schütten etwas Eiweiß mit Wasser hinein und erwärmen es langsam. In der Lösung bilden sich nach kurzer Zeit Flocken. Kocht man eine Hühnerbrühe oder Fisch, so ist der Schaum, der sich absetzt, geflocktes Eiweiß. Man sagt, das Eiweiß »gerinnt«.

> Für den *chemischen Eiweißtest* braucht man Ätzkali oder Ätznatronlösung (Kalium- oder Natriumhydroxyd). Eine Speiseprobe wird hineingelegt und einige Tropfen Kupfersulfat werden daraufgeträufelt. Wenn die Speiseprobe Eiweiß enthält, ist eine rötliche oder blaue Verfärbung zu sehen. Feste Eiweiße werden mit Salpetersäure nachgewiesen. Gibt man auf festes Eiweiß einige Tropfen davon, so tritt eine Gelbfärbung ein. Eiweiß ist vor allem in tierischen Nährstoffen, in Eiern und Milchprodukten enthalten, aber auch in Getreideprodukten und Bohnen.

Nachweis von Energie

Bei unseren Experimenten mit Zucker haben wir nicht Traubenzucker und Fruchtzucker in Lebensmitteln nachgewiesen; diese Experimente sind erst für Schüler der Sekundarstufe geeignet und in allen Chemiebüchern nachzulesen. Wir haben den Kindern vielmehr gezeigt, daß Kohlenhydrate (hier Zucker) Hauptenergielieferanten sind. Der Zucker ist »Treibstoff« für unseren Körper, und er nutzt ihn genauso, wie Maschinen ihren Treibstoff nutzen: Er verbrennt ihn. Durch diesen Verbrennungsvorgang erhalten wir die Energie für unsere Bewegung.

> Beim *Zuckerenergietest* wird ein Stück Würfelzucker auf einen Löffel gelegt und angezündet. Der Zucker muß jedoch vorher mit Asche behandelt werden, damit er brennt. Auch der Körper braucht einen Zusatzstoff (Vitamin B_1), um Zucker verbrennen zu können (vgl. Arzt/Steinhage 1989, S. 14).

In einem Stück Würfelzucker steckt die Energie für ungefähr 40–50 Kniebeugen. Zucker ist ein Superenergielieferant für schnell verfügbare Energie. Die negativen Folgen dieses Schnellstarters stellen wir in der Informationsschrift »Süße Sachen – bittere Folgen« dar (Kap. IV).

Vielleicht gelingt zu diesem Thema der folgende Test!?

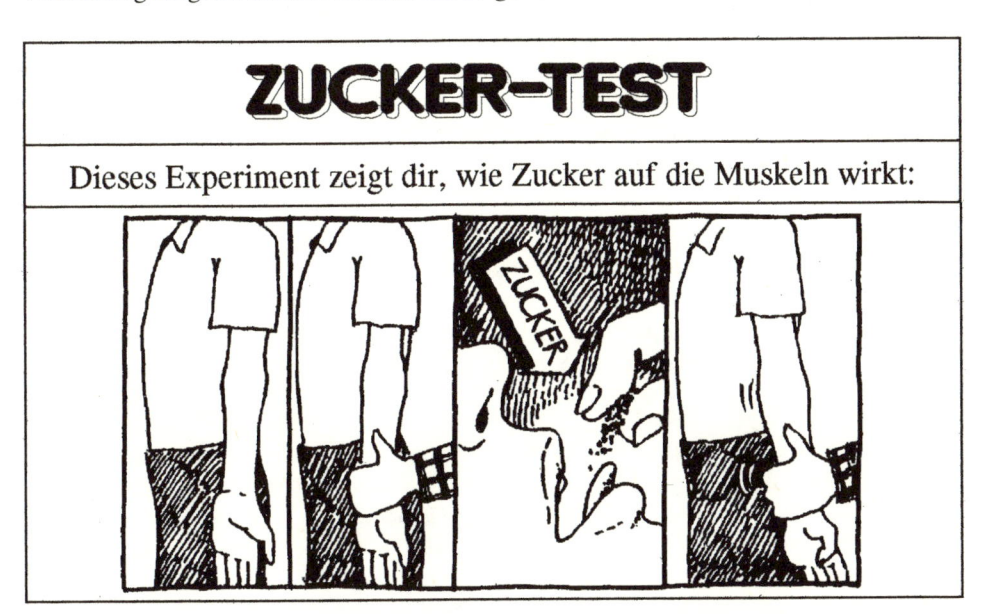

ZUCKER-TEST

Dieses Experiment zeigt dir, wie Zucker auf die Muskeln wirkt:

»Laß Dir dabei von einem Freund, einer Freundin oder jemandem aus deiner Familie helfen. Du stellst dich mit hängenden Armen so hin, daß die Handflächen nach außen zeigen und die Handrücken am Bein anliegen.

Jemand umfaßt Dein Handgelenk und versucht nun, Deinen Arm vom Körper wegzuziehen, während Du kräftig Widerstand leistest. Egal ob es dem anderen gelingt oder nicht. Darauf kommt es gar nicht an. Wichtig ist, ob Du Deine Armmuskeln so straffen kannst, daß keiner Deinen Arm hochbringt. Versuch das jetzt mal.

Dann soll der andere den Versuch wiederholen. Aber diesmal streust Du Dir vorher eine Prise Zucker auf die Zunge und schluckst sie runter. Wenn man Dir jetzt den Arm hochzieht, kannst Du es nicht verhindern. Was aber nicht beweisen soll, wer von Euch beiden der Stärkere ist. Das Experiment soll Dir zeigen, wie Deine Oberarmmuskeln reagieren, mit und ohne Zucker. Sobald der Zucker auf der Zunge liegt, arbeiten die Muskeln nicht mehr so wie vorher.

Dein Körper wehrt sich nämlich gegen den Zucker. Du spürst sofort, wie Deine Arme schwächer werden. Interessant, nicht? Vielleicht reizt es Dich jetzt, diese Probe mal mit jemandem zu machen, der stärker ist als Du: von dem Du schon vorher annimmst, daß Du seinen Arm nie im Leben hochziehen kannst. Wart mal ab, ob es Dir nicht gelingt, wenn er eine Zuckerprise auf der Zunge hat.

Sportler müssen topfit sein. Aber angenommen, ein Tennisspieler oder Langstreckenläufer würde sich vor dem großen Ereignis mit Süßigkeiten stärken; dann hätte er in der ersten Hälfte des Rennens oder Matches vermutlich einen tollen Spurt. Aber schon bald würde er mit dem sogenannten ›absinkenden Zuckerspiegel‹ Bekanntschaft machen. Dann hapert es nämlich mit dem Brennstoff, die Energie flaut ab, und er fühlt sich gar nicht mehr so beflügelt. Ziemlich sinnlos, sich dann durchs Ziel zu schleppen, nachdem die Zuschauer alle schon heimgegangen sind.

Außer zur Energieerzeugung und zum Aufbau von Fett hat Zucker nicht den allermindesten Nährwert. Keine Vitamine, keine Mineralstoffe, rein gar nichts.

Warum naschen ihn dann die Leute so häufig? Pure Gewohnheit! Bist du jemals als kleines Kind für etwas, was du gut gemacht hast, mit einer Süßigkeit belohnt worden? Passiert das vielleicht immer noch? Für Kinder sind Süßigkeiten nun mal was Besonderes. So fängt es dann an mit dem Zuckerfimmel.« (Burns 1981, S. 59)

Daß auch *andere Lebensmittel Energie* enthalten, kann man folgendermaßen demonstrieren: »Heiße Fette und Öle brennen, sobald sie mit einer offenen Flamme in Berührung kommen. Schon die alten Römer wußten dies: Sie konstruierten Öllampen. Aber auch Zucker, Mehl oder Brot, ja selbst Fleisch kann man zum Brennen bringen:

Versuch: Du benötigst etwas Butter, Margarine oder Speiseöl, einen halben Teelöffel Mehl, etwas Zucker, ein Stück Brot und ein Stück Fleisch. Die Temperaturen, die zum Entzünden der aufgeführten Nährstoffe notwendig sind, können, mit Ausnahme der Fette, nur mit einer Gasflamme erreicht werden. Eine Kerzenflamme eignet sich dafür nicht.

Wenn Du keinen Gasherd zur Verfügung hast, kannst Du für diesen Versuch im Notfall auch die stark eingestellte Flamme eines Gasfeuerzeugs verwenden. Nur bei dem Stückchen Fleisch, das sehr viel Wasser enthält, benötigst Du zum Entzünden die Flamme eines Gasherdes.

Nimm einen alten Teelöffel, fülle ihn nacheinander zur Hälfte mit Zucker, Mehl, Butter oder Öl und halte ihn längere Zeit in die Gasflamme. Du wirst beobachten, daß alle genannten Nährstoffe nach einiger Zeit anfangen zu brennen. *(Vorsicht!)*

Am leichtesten lassen sich Fette und Öle anzünden. Sie brennen schon bald nach der Berührung mit der Gasflamme von selbst weiter. Der Zucker schmilzt zunächst und fängt dann ebenfalls an zu brennen. Etwas schwieriger ist es, das Mehl zu entzünden. Bei dem Stückchen Brot mußt du noch länger warten, bis es zu brennen beginnt. Am schwierigsten ist es, das Fleischstückchen zu entzünden. Sollte es dir gelingen, wirst du feststellen, daß die Flamme nur sehr klein ist und schon bald verlöscht. Nahrungsmittel haben nämlich unterschiedliche Brennwerte oder Energiegehalte. Am energiereichsten sind die Fette und Öle. Auch Zucker enthält noch sehr viel Energie. Weniger energiereich sind Mehl, Brot und schließlich Fleisch.

Nun wirst Du vielleicht einwenden, daß der menschliche Körper aber gerade Fleisch dringend benötigt. Das stimmt auch. Allerdings wird das Fleisch und das in ihm enthaltene Eiweiß nicht zur Energiegewinnung benötigt. Eiweiß ist vielmehr ein wichtiger Aufbaustoff für den Organismus. Wenn dem Körper viel Energie zugeführt werden soll, dann muß man fett- und zuckerhaltige Nährstoffe essen. Eiweiß wird vom Körper in erster Linie zum Aufbau der Zellen und zum Wachstum benötigt.« (Moisl 1983, S. 62)

Schulfrühstück

Ein- oder zweimal in der Woche bereiten wir ein gesundes Schulfrühstück zu. Frischkornbrei, gesunde Hamburger, eine Quarkspeise, selbstgebackene Vollkornbrötchen mit herzhaften oder alternativ gesüßten Aufstrichen gehören zur Frühstücksauswahl. Vier bis sechs Kinder bilden jeweils eine Kochgruppe (Vorbereitungsgruppe), die zunächst durch einen Erwachsenen angeleitet wird. Im Verlauf des Projekts können die Kinder – zumindest ab dem 3. Schuljahr – einige Rezepte alleine zubereiten, wobei die eingewiesenen Kinder ihr Wissen an neu hinzukommende Schüler und Schülerinnen weitergeben. Die Erwachsenen helfen noch bei der Organisation der einzukaufenden Lebensmittel, die Durchführung des Frühstücks liegt dann jedoch in den Händen der Kinder. Die so entwickelte Frühstückskultur wird nach Abschluß des Projekts nicht abrupt abgebrochen, sondern wird in einem mit den Kindern vereinbarten Turnus weitergeführt: einmal im Monat, zu jedem Kindergeburtstag, zu besonderen festlichen Anlässen.

Auch andere, weniger aufwendige Frühstücksregelungen können mit Kindern abgesprochen werden. In einer Gruppe kaufen Schüler und Schülerinnen jeden Morgen vor dem Unterricht einige Vollkornbrötchen aus einer Frühstückskasse ein. In der Pause können die anderen Kinder der Gruppe ihnen dann die Brötchen abkaufen. So muß kein Kind hungern, wenn es kein Frühstücksbrot hat.

In einer anderen Gruppe versammeln sich alle Kinder am Ende der 2. Stunde (10

Minuten vor der eigentlichen Pause) um den Frühstückstisch. Das mitgebrachte Obst und Gemüse wird zusammengelegt, kleingeschnitten und auf einem Obstteller herumgereicht. So hat jedes Kind eine Auswahl und kann sich ein Stück Banane, ein Stück Apfel, eine Kiwischeibe und einen Paprikaschnitzel nehmen. Jedes Kind darf sich dabei mit Obst und Gemüse versorgen, auch wenn es an diesem Tag selbst nichts mitgebracht hat.

Kochen, Backen und Rezepte

Im November und Dezember ist das Backen von Plätzchen sehr beliebt. Unter dem Motto »Alternative Weihnachtsbäckerei« wird den Kindern gezeigt, daß auch Süßigkeiten, die mit Vollkornmehl und Honig, Haferflocken und Rosinen hergestellt werden, schmecken können. Der ganz große Hit ist ein Schokoladenfondue und der Bananenkuchen.

Wir versuchen auch, einige warme Mittagsmahlzeiten herzustellen. Es erscheint uns wichtig und lohnend, gemeinsam mit den Kindern über nahrhafte warme Mahlzeiten nachzudenken und diese dann auch auszuprobieren. Es gibt viele Kinder, die noch nie Vollkornnudeln oder Pizzateig mit Vollkornmehl probiert haben.

Für die Kochaktionen ist eine gut ausgestattete Küche ideal, aber nicht unbedingt notwendig. Unsere Schulküche wird gerade renoviert und ist deshalb nicht benutzbar. Wir helfen uns damit, daß die Kinder Besteck und Teller mit in die Schule bringen. Ein elektrischer Zweiplattenkocher und einige Schultische stellten unsere ganze Küche dar. Grünkernsuppe und Quarkspeise, Pellkartoffeln mit Kräuterquark und ein Rohkostteller sowie Vollkornnudeln mit Tomatensoße lassen sich auch unter diesen Bedingungen zubereiten.

Unerläßlich finden wir bei diesen Essenszubereitungen die Mithilfe von Eltern. Vier bis sechs Kinder bereiten mit Hilfe einer Mutter oder eines Vaters die Mahlzeiten zu, während für die anderen Kinder der Unterricht normal weiterläuft. Die Kinder freuen sich sehr über den Besuch und die Mitarbeit ihrer Eltern in der Schule und sind stolz, wenn sie das gelungene Essen den anderen Kindern präsentieren können. Bis auf ganz wenige Ausnahmen schmecken die Mahlzeiten allen Kindern sehr gut. Aufpassen muß man bei der Zubereitung von Salaten. Oft mögen Kinder eine bestimmte Gemüsesorte nicht (Tomaten, Paprika, Pilze …) und verschmähen deshalb den ganzen Salat. Wir haben deshalb Rohkostteller bereitet und die Soßen in einer Schüssel extra dazugereicht. So kann sich jedes Kind sein Gemüse aussuchen und seinen eigenen Salat mischen. Viele Kinder probieren die in der Schule zubereiteten Mahlzeiten auch zu Hause, mit Hilfe ihrer Eltern, aus. Sie benutzen dabei ihre selbstgeschriebenen Rezepte.

Kochbücher für Kinder

(zusammengestellt vom Kinderbuchladen »Die Kronenklauer« in Bielefeld)

Sylvia Schneider/Birgit Rieger: Iss was!? Das unicef-Buch vom gesunden Essen. Arena Verlag 1993

Renate Feigh: Wir Kinder kochen vollwertig. bund-Verlag 1993

Eva Bobzin: Wann sind die Spaghetti gut? Carlsen Verlag 1993

Heute koche ich. Das große Buch für kleine Köche. Brunnen Verlag 1993

Sybil Gräfin Schönfeld/Uta Schmidt: Spaghetti, Rösti, Kaiserschmarren. Leckere Rezepte aus aller Welt. Otto Maier 1993

Ute Andresen/Erhard Dietl: Wir essen. Otto Maier 1992

Angelika Wegert: Lecker speisen auf Gruppenreisen. Verlag an der Ruhr 1992

Dr. Oetker: Kochen mit Käpt'n Blaubär. Otto Maier 1994

Mein erstes großes Backbuch. Tessloff Verlag 1990

Peter Lustig: Kochbuch für Feinschmecker. Mann Verlag 1988

Chr. Björk/L. Anderson: Linus läßt nichts anbrennen. Bertelsmann Verlag 1980, auch als Taschenbuch

D. Desmarowitz: Vollwert-Kinderkochbuch. Otto Maier 1991

Aus einem kleinen Apfel ... 28 Rezepte kinderleicht. Buchverlag Junge Welt 1991

Frischkornbrei (4 Personen)

Zutaten:

- 6-8 Eßl. Weizenkorn oder Sechskornmischung
- 4 Äpfel
- 4 Bananen
- ½ Becher Sahne oder Joghurt
- Honig oder Ahornsirup zum Süßen
- Anderes Obst, Körner, Nüsse oder Rosinen kann man noch hinzufügen.

Zubereitung:

Das gemahlene Korn über Nacht mit etwas Wasser einweichen. Am Morgen das Obst, die geschlagene Sahne und die übrigen Zutaten hinzufügen.
Die Banane dafür sehr schaumig schlagen, damit mehr Süße entsteht.
Die Äpfel reiben oder in Stücke schneiden.

Guten Appetit!

Lilian

Bananenkuchen

100 g Rosinen ⎫ in Wasser aufkochen
125 ccm Wasser ⎭

3 reife Bananen mit der Gabel zerdrücken

100 g Butter   ⎫ zu einer schaumigen
50 g Honig   ⎬ Masse verrühren
1 EL Dickmilch ⎭

Rosinen s.o. ⎫ hinein-geben und
Bananen s.o. ⎬ verrühren
2 Eier   ⎭

½ TL Salz   ⎫ hinzufügen und
200 g Vollkornmehl ⎬ noch einmal gut
                    ⎭ durchmischen

In einer Kastenform ca. 50-60 Min. im nicht vorgeheizten Ofen backen. E-Herd: 160°, G-Herd: Stufe 1

Rezepte

Alle selbsterprobten Rezepte werden von den Kindern aufgeschrieben. Sie können dabei unterschiedliche Darstellungsweisen wählen.

- Einige Kinder heften lose Blätter in einen sorgfältig gestalteten Umschlag ein.
- Andere Kinder schreiben die Rezepte in ein Heft, manche schneiden am Heftrand eine Registratur ein. Viele ordnen die Rezepte bestimmten Bereichen zu. Ihr Heft beginnt mit einem Inhaltsverzeichnis. Auch Ringhefte werden verwendet, so daß die Rezepte leicht geordnet werden können.
- Manche Kinder legen eine Rezeptkartei an. Jedes Rezept wird auf eine Karte geschrieben und mit Hilfe einer Registratur geordnet.

Auch im Aufbau werden die Rezepte von den Kindern unterschiedlich gestaltet:

- Einige schreiben zunächst die Zutaten nebeneinander und anschließend die Zubereitung auf.
- Andere schreiben zunächst nur die Zutaten untereinander und daneben gleich, wie sie zu verarbeiten sind.

Beim Schreiben der Rezepte geben sich die Kinder sehr viel Mühe. Sie schreiben in ihrer besten Schrift, manche bevorzugen Druckschrift, andere kombinieren Druckschrift mit Schreibschrift. Bei der Textgestaltung verwenden sie verschiedene Farben. Besonders viel Wert legen sie darauf, die Rezepte und die Umschläge ihrer Kochbücher zu illustrieren.

Den Kindern macht das Schreiben von Rezepten sehr viel Freude. Viele Kinder sind so stolz auf das Buch, daß sie es ihren Eltern oder Großeltern zu Weihnachten schenken.

Eßkultur

Jede Lehrerin und jeder Lehrer hat während der Klassenfahrten oder beim Mittagessen in der Schule schon einmal laute und hektische Mahlzeiten miterlebt. Vor allem das Bedürfnis von Schülern und Schülerinnen, sofort den Tisch zu verlassen und das Geschirr abzuräumen, wenn sie ihr Essen beendet haben, bringt viel Unruhe und Störung für die weiteressenden Kinder und Erwachsenen. Die gegenteilige Erfahrung einer beruhigten und gemütlichen Eßsituation, in der man genießen und sich in Ruhe unterhalten kann, machen Schülerinnen und ihre Lehrer vermutlich viel zu selten.

Ein ruhiges und geselliges Essen mit einer Gruppe zu gestalten ist nicht einfach; es bedarf sowohl der Eingewöhnung und Einübung von bestimmten Tischmanieren wie auch sehr fester, von allen Kindern akzeptierter Regelungen. Diese können nach unserer Erfahrung nicht erst in der Essenssituation selbst besprochen werden. Das führt gewöhnlich zu unergiebigen Diskussionen und Maßregelungen, weil es auf ganz unterschiedliche zu Hause angewöhnte Verhaltensregeln trifft. Schon vor einer ersten gemeinsamen Mahlzeit fragen wir die Kinder also nach ihren Tischsitten zu Hause und nach Vereinbarungen, die für alle gelten können. Gemeinsam überlegen wir, welche Regeln es für die Gruppe geben muß, damit alle Kinder und Erwachsenen in Ruhe essen und genießen können. Wir sprechen darüber, wie wichtig das richtige Kauen für die Verdauung der Speisen ist. Wir erwähnen auch die Arbeit und Mühe, die sich die Köche und Köchinnen – oft sind es ja die Kinder selbst – bei der Zubereitung der Mahlzeiten gegeben haben, und denken über die Anerkennung nach, die sie verdienen. In der Essenssituation selbst achten wir Erwachsenen auf die Einhaltung der vereinbarten Regelungen.

So wichtig diese Vorabsprachen und gemeinsam vereinbarten Regeln sind, sie haben doch nur dann Sinn, wenn sie wirklich akzeptiert und im Effekt als angenehm erlebt werden. Auch die Kinder müssen das ausgedehnte und schmackhafte, von Gesprächen begleitete Essen als ein soziales Ereignis erleben und wertschätzen können. Es kommt also nicht darauf an, nur gutes Benehmen zu zeigen; es kommt vielmehr darauf an, genießen zu lernen.

»Man ißt mit den Augen«, sagt man. Häufig denken sich die Kinderköche während der Zubereitung der Speisen eine raffinierte Garnierung oder einen besonderen Tischschmuck aus. Das tun Kinder häufig von sich aus; sie schmücken mit Blumen, gestalten Tischkarten, oder sie schneiden kleine Tischdecken. Solche Aufmerksamkeit wird in der Regel auch gespürt und belohnt: Mit einem kräftigen Applaus bedanken sich alle Gäste bei den Köchinnen und Köchen für das gelungene Essen.

Gesunde Klassenfahrt

Eine »gesunde Klassenfahrt« muß nicht unbedingt während des Unterrichtsprojekts stattfinden; sie kann auch als Vorlauf zum Unterrichtsthema oder im nachhinein veranstaltet werden. Sie muß auch nicht unbedingt als »gesunde Klassenfahrt« ausgewiesen und angekündigt sein. Fast anderthalb Jahre nach Beendigung des Gesundheitsprojektes unternehmen wir mit den Kindern des vierten Schuljahres eine solche Fahrt; die Rahmenbedingungen dafür heißen: ein »autonomes Haus«, »Selbstversorgung« und »gesundheitsbewußte Ernährung«.

Die Essenszubereitung wird täglich von Kochgruppen getragen, die in der Regel aus fünf Kindern und zwei Erwachsenen bestehen. Jede Kochgruppe ist während der zehntägigen Fahrt einen ganzen Tag lang für das Essen aller Personen verantwortlich. An den anderen Tagen darf sie sich bewirten lassen. Morgens wird ein kaltes Buffet aufgebaut, das bis zum Nachmittag stehenbleibt. Dort können die Kinder bei Bedarf jederzeit »nachfassen«. Abends wird warm gegessen.

Die Kochgruppen haben sich schon drei Wochen vor der Fahrt gebildet und ihre Mahlzeit bei einem der Kinder zu Hause ausprobiert. Jede Gruppe hat sich selbst ein Essen zusammengestellt, wobei wir Erwachsenen beratend zur Seite stehen und, wo nötig, die Kenntnisse aus dem Projekt auffrischen. So kommt der folgende Essensplan zustande, in dem sich spontane Kinderwünsche und Gesundheitsvorstellungen mischen:

morgens: Müsli, Joghurt, Honig, Marmelade, Quark, Käse, Obst, Wurst; Tee, Kakao, Milch; Vollkorn- und Früchtebrot; Pflanzenmargarine
mittags: wie morgens
abends: – Apfelpfannkuchen, Milch;
– Kartoffelauflauf mit Käse und Wurst, Gurkensalat, Quarkspeise;
– Spaghetti Bolognese, Tomatensalat, Milchmix;
– Bratkartoffeln mit Ei und Käse, Gurkensalat, Früchtequark;
– Nudelauflauf mit Schinken und Käse, gemischter Salat, Früchtekompott;
– Ratatouille (Paprika, Mais, Tomaten, Zucchini), Reis, Äpfel;
– Bratwurst, Kartoffelsalat, Gurken, Früchtequark;
– Pizza (Vollkornteig, Tomaten, Zwiebeln, Käse ...), Milchmix;
– Kartoffelauflauf mit Käse und Schinken, gemischter Salat, Früchtequark.

Wir bemühen uns, wo es machbar und vom Preis her vertretbar ist, gesunde Lebensmittel aus biologischem Anbau einzukaufen. Zucker und Weißmehl werden nicht benutzt. Gesüßt wird mit Honig und mit Früchten. Das Mehl wird selbst gemahlen. Wir kaufen viel Obst (Äpfel, Bananen) und Gemüse (Möhren, Gurken, Tomaten, Paprika, Zucchini), Joghurt, Quark und sogar frische Milch schon vor Antritt der Fahrt in großen Mengen und deshalb günstig ein. Auf Fleisch verzichten wir weitgehend, weil es teuer, in der Produktion »energieaufwendig« und durchaus entbehrlich ist.

Das Essen ist gesund und schmackhaft; auch die Kinder sind zufrieden. Wir alle essen während der Fahrt sehr gut und reichlich und geben pro Tag und Person dafür wenig aus. Die Selbstverpflegung ist keine Belastung, sondern für alle ein Gewinn. Das Hantieren mit den riesigen Geräten und Töpfen der Großküche macht Spaß. Es ist erstaunlich, mit welchem Eifer die Kinder an ihre Aufgaben herangehen und wie stolz sie (und auch die Erwachsenen!) sind, einen ganzen Saal voller Leute verköstigen zu können. Außerdem sind wir bei der Gestaltung des Tagesplanes viel flexibler; es bestehen keine vom Haus aus festgelegten Essenszeiten.

Einkaufen

Zum Einkaufen werden Kinder manchmal mitgenommen. Was dann gekauft wird, können sie eventuell dadurch mitbestimmen, daß sie sich beim Gang durch den Supermarkt spontan noch etwas wünschen. In die Planung und Abrechnung von Einkäufen, überhaupt in die Ökonomie des Haushaltes sind Kinder jedoch selten eingeweiht. – Das Einkaufen für die Schule kann dieses Defizit vielleicht ein wenig kompensieren: Der Teestubenbetrieb (vgl. S. 106) wird von den Kindern weitgehend selbstverantwortlich gestaltet. Hier lernen sie, die Ökonomie *ihres* Haushalts zu überschauen, Abrechnungen zu machen, Einkäufe zu planen, eine Kasse zu verwalten. Mehrfach in der Woche müssen sie einkaufen. Jeweils zwei oder drei Kinder, die mit dem Einkaufen »dran« sind oder sich freiwillig für diesen »Dienst« gemeldet haben, treffen sich schon vor dem Schulbeginn. Sie nehmen ihre Tasche, das Einkaufsgeld und den schon am Vortag geschriebenen Einkaufszettel mit und ziehen los – zunächst in Begleitung eines Erwachsenen, später auch allein: zum Bäcker, wo sie die dreißig bis fünfzig Vollkornbrötchen, die sie am Vortag bestellt haben, abholen, dann in einen kleinen Supermarkt, um Margarine, Käse, Honig, Möhren und Äpfel zu kaufen. Nach dem Einkauf rechnen die Kinder ihre Ausgaben ab, stellen fest, wie der Kassenstand ist, und notieren beide Angaben in dem Kassenbuch. Wenn die Teestube ihren Verkauf an diesem Tag abgeschlossen hat, müssen auch die Einnahmen wiederum verrechnet werden.

Einkaufen ist aber nicht nur im Rahmen des Teestubendienstes notwendig und sinnvoll; auch außerhalb dieses Dienstes gehen wir zum Einkaufen, dann mit allen Kindern der Gruppe. Den Einkauf planen wir im Unterricht. Wir sprechen vorbereitend über das Taschengeld und die Konsumgewohnheiten der Kinder, auch darüber, was wir besorgen werden. Beobachtungsaufgaben werden vorbereitet. Man kann sie den Kindern auch als »Hausaufgaben« mitgeben, die sie beim nächsten Einkauf selbständig in den Geschäften ihres Wohngebietes erledigen: Sie sollen zum Beispiel herausfinden, in welche Bereiche die Supermärkte gegliedert sind, wo und wie Süßigkeiten angeboten werden, ob es spezielle Abteilungen gibt, die vor allem für Kinderkunden eingerichtet sind, und andere, die nur den Erwachsenen gelten. Die Kinder merken bald, daß es in den meisten Supermärkten mehrere Stellen gibt, an denen Süßigkeiten griffbereit liegen. Zwar gibt es immer auch eine Abteilung, in der das ganze Zuckersortiment angeboten wird, an zahlreichen anderen Stelle aber werden zusätzlich Sonderangebote offeriert, auch Oster- oder Weihnachtsnaschereien. Besonders fällt den Kindern auf, wie viele Süßigkeiten im Bereich der Kasse aufgetürmt sind. Im Gespräch wird ihnen schnell klar, warum das so ist, und sie erzählen gern von den Dramen, die sich in den Kassenbereichen der Supermärkte zugetragen haben: wie sie selbst sich gegenüber ihren Eltern verhalten haben, welche Szenen ihre Geschwister dort inszenieren und was sie bei anderen Familien gesehen haben. Die Supermarkterlebnisse lassen sich als Rollenspiele wirkungsvoll nachstellen.

den

KÖRPER

erleben

»Bewegung«, »Spiele«, »Fitneß«, »Sinneswahrnehmung«, »Entspannung«, »Massage«, »Yoga«, »Körpererfahrung« – so und so ähnlich heißen die Stichworte in Konzepten der Gesundheitsförderung und Gesundheitserziehung, die körperorientiert arbeiten und die mehr wollen, als nur die Krankheit vermeiden: Aktiv, durch Körperarbeit und körperbewußte Wahrnehmung soll ein Gleichgewicht erreicht werden zwischen den körperlichen und psychischen Kapazitäten des Menschen und den gesellschaftlichen Anforderungen, denen er sich stellen will und muß.

Wir können Gesundheit so umschreiben, daß sich ein Mensch körperlich, geistig und psychosozial wohl fühlt und seine Fähigkeiten in einer entsprechenden Situation so einsetzen kann, daß ein Gleichgewicht besteht zwischen den damit verbundenen Herausforderungen und den individuellen Möglichkeiten. (vgl. Dannhauer 1993, S. 4). »Gesundheitserziehung hat die Aufgabe, die Bereitschaft und die Fähigkeit jedes einzelnen Menschen zu entwickeln, eigenverantwortlich und aktiv gestaltend auf diesen Balancezustand hinzuwirken.« (Kultusministerium NRW, AOK NRW, 1989, S. 1) Aktiv gestaltend und eigenverantwortlich an ihrer Gesundheit mitwirken können Kinder nur, wenn sie ihren Körper bewußt erleben, Körpersignale direkt wahrnehmen und richtig verstehen lernen und wenn sie sich dabei weder unter- noch überfordern.

Die Lebenswelt der Kinder heute zeichnet sich häufig durch Reizüberflutung und Hektik einerseits und durch Bewegungsmangel und fehlende Spielmöglichkeiten andererseits aus. Es ist deshalb so wichtig, die Konzentrations-, Wahrnehmungs- und Entspannungsfähigkeit der Kinder zu fördern und ihnen vielseitige Bewegungsmöglichkeiten zu bieten. Körperwahrnehmung ist zugleich die Basis von Selbstbewußtsein. Nur wenn das Kind seinen Körper, seine Bedürfnisse, wenn es sich selbst spürt, ohne daß seine Aufmerksamkeit durch von außen eindringende Reize abgelenkt wird, kann es ein gesundes Selbstvertrauen entwickeln.

Da diese angesprochenen Themenkreise vielen Kindern heute recht fremd sind, lenken wir ihre Aufmerksamkeit zunächst in spielerischen Übungen auf den Körper.
Die Kinder sollen

- ihren Körper besser beobachten und kennenlernen,
- die Grenzen ihrer Leistungsfähigkeit wahrnehmen und berücksichtigen,
- Entspannungstechniken erlernen,
- den Unterschied zwischen An- und Entspannung bewußt erleben,
- Massagetechniken erlernen und gegenseitig anwenden,
- ihre Wahrnehmungsfähigkeit schulen, d.h., verschiedene Duftnoten, Geschmacksarten, Geräusche differenzieren und benennen können,
- Freude an der Bewegung und am Miteinanderspielen haben,
- Yogaübungen erlernen und selbständig anwenden.

Bewegung

Bewegung, Spiel und Sport sind in der Laborschule nicht primär auf sportliche Spitzenleistungen hin orientiert; sie fördern vielmehr das Wohlbefinden *aller* Kinder und unterstützen ihre psychische und physische Entwicklung. Dem Schulfach Sport – wir sprechen vom »Erfahrungsbereich Körpererziehung, Sport und Spiel« (Schmerbitz/Schulz/Seidensticker 1992) – kommt im Rahmen der Gesundheitsförderung somit eine wichtige Funktion zu: Der Sportunterricht bietet innerhalb des regulären Unterrichts oder auch außerhalb der engen Stundenplangrenzen, in der Freizeit und in den Pausen also, die Freiräume, Materialien und Methoden für eine schulische Spiel- und Bewegungskultur an.

Dies ist eine um so wichtigere Aufgabe, als »Kindheit heute« durch eine weitgehende Einschränkung der Spiel- und Bewegungsräume gekennzeichnet ist. Bewegungsangebote und Spielmöglichkeiten sind unter den Bedingungen des städtischen

Lebens für viele Kinder eingeschränkt worden. Die Straße ist kein Spielplatz mehr; Kinder können nicht mehr einfach vor ihrer Haustür spielen; das Wohngebiet, der Stadtteil und die Region bieten kaum mehr Spielräume für alltägliche Bewegung an. Gleichzeitig werden bewegungsarme Freizeitbeschäftigungen beständig attraktiver, so das Fernsehen, der Videokonsum, die spielerische Beschäftigung mit dem Computer. Entsprechend verbringen viele Kinder viel Zeit, auch Freizeit, im Sitzen. Die Folgen des Bewegungsmangels sind bekannt und vielfach beklagt: Haltungsschwächen, Übergewicht, Mängel in der Kondition und in der motorischen Koordination. Kinder müßten im Gegenteil – auch dies ist als Forderung bekannt – mehrmals am Tag ihre Muskeln beanspruchen und das Herz-Kreislauf-System belasten, um langfristig gesund und leistungsfähig zu bleiben.

Im Sportunterricht des dritten und vierten Schuljahres machen wir ganz unterschiedliche Bewegungsangebote:

– Lauf- und Fangspiele (Zauberzeck, Schwarz-Weiß, Feuer-Wasser-Blitz, Brückenwärter etc.),
– Tänze und Bewegungen zu Musik,
– gymnastische Spiele und Übungen,
– Ballspiele,
– Bewegungsspiele im Gelände (Spielplatz, Schulgelände, Rollschuhplatz, Wald, Kiesgrube),
– Hüpfspiele (Gummitwist, Felderhüpfen, Seilspringen),
– Bewegungsangebote und -spiele im Wasser.

Viele Spiele werden zunächst im Sportunterricht erklärt, ausprobiert und auch variiert; die Kinder treffen daraus, so ist unsere Erfahrung, jeweils ihre eigene Auswahl und übernehmen besonders attraktive und einfach organisierbare Spiele in ihre freie Spielzeit während der Pausen.

Zum Projekt »Körper, Ernährung, Gesundheit« kann der Sportunterricht besonders viel beitragen. Wir versuchen, das alltägliche Spiel- und Bewegungsrepertoire der Kinder zu erweitern und sie dabei auch zu sensibilisieren für die Körperreaktionen, die nach intensiver Bewegung auftreten. Das folgende Stundenbild zeigt diesen Zusammenhang von Bewegungsangebot und Körpererfahrung:

Die Sportstunde beginnt mit einem gemeinsamen Fangspiel. Alle Kinder flitzen durch die Halle, um ja nicht gefangen zu werden. Anschließend versammeln wir uns im Kreis. Wir sprechen über die Veränderungen, die sich in und an unseren Körpern sehen und spüren lassen. Die Kinder lenken ihre Aufmerksamkeit auf den eigenen Körper und sehen sich die der anderen genau an. Sie stellen fest, daß manche Kinder ganz rot im Gesicht sind und daß bei einigen die Haare naß geworden sind, daß das Herz »im Hals« klopft, daß sie ganz außer Atem sind und sogar Seitenstiche bekommen haben.

Die Kinder lernen in diesem Sinne auf Körperreaktionen zu achten und ihre Beobachtungen auch zu verbalisieren. Sie können das später regelmäßig und auch genauer tun, indem sie zum Beispiel zunächst den Ruhepuls messen (am Hals, in der Schlüsselbeinkuhle oder am Handgelenk: eine halbe Minute lang zählen, dann verdoppeln!), dann drei Minuten lang laufen und danach den Pulsschlag erneut zählen. Sie stellen selbst fest, daß der Belastungspuls viel höher ist als der Ruhepuls. Sie beobachten auch, wie lange der Körper braucht, um wieder den Ruhepuls zu erreichen, und sie überprüfen, ob diese Zeitspanne bei allen Kindern gleich lang ist.

Für körperliche Phänomene wie diese suchen Kinder Erklärungen. Sie bilden Hypothesen, lesen in Sachbüchern nach oder fragen die Erwachsenen, die sie für kompetent halten. So suchen wir nach Erklärungen für die Veränderungen der Haut (Rötung, Blässe und Schwitzen) und sprechen darüber, was im Körper passiert, wenn jemand Seitenstiche bekommt: Aus der Milz und der Leber (Blutspeicher) wird bei Bedarf, zum Beispiel bei schnellem Laufen, Blut ausgepreßt, das der Körper – neben der beanspruchten Muskulatur (den Beinen) – braucht, und zwar zum Transport von Sauerstoff. Verläuft die Entleerung der Blutspeicher sehr schnell, so empfindet man »Seitenstechen«. Manche Kinder erwähnen auch, daß sie nach dem Sporttreiben oft Hunger haben; andere berichten, daß sie sich müde und »kaputt« fühlen. Auch darüber sprechen wir: »Wie kommt das?« »Wie fühlt sich das an?« »Ist das eine angenehme Müdigkeit?«

Neben den kurzzeitigen Körpererfahrungen und -beobachtungen, die Kinder im Sportunterricht machen und im Sachkundeunterricht dann vertiefen können, gibt es eine Reihe von langfristigen Auswirkungen des Sports auf den Körper:

– Das Herz-Kreislauf-System wird leistungsfähiger,
– die Muskulatur wird funktionstüchtiger,
– das Gelenksystem wird beweglicher,
– die motorischen Fähigkeiten werden verbessert,
– die Verdauungsprozesse werden gefördert,
– überschüssige Fettreserven werden abgebaut.

In der Regel können Kinder des Grundschulalters im Sportunterricht ihre körperliche Kondition verbessern. Das Sporttreiben ist aber nicht nur notwendig, um Kraft und Ausdauer zu steigern, sondern auch, um den erreichten Stand körperlicher Beweglichkeit und Leistungsfähigkeit zu erhalten und zu kultivieren. Auch dies kann man Kindern erklären und mit Beispielen deutlich machen; auch dies können sie nachvollziehen und durch bewußte Wahrnehmung ihrer körperlichen Entwicklung an sich selbst beobachten.

Nicht zuletzt wirken sich eine lebendige Spiel- und eine anregungsreiche Sportkultur positiv auf das psychische Wachstum der Kinder aus, zum Beispiel auf die Stärkung ihres Selbstbewußtseins. Auch in dieser Hinsicht trägt der Sportunterricht zur schulischen Gesundheitsförderung bei:

– Das Kind erfährt beim Sport unmittelbar seine eigene Stärke und Leistungsfähigkeit.
– Bewegung löst vielfältige Lustgefühle aus und steigert die Lebensfreude (Bewegungsmangel führt zu Unlust).
– Körperliche Anstrengung bewirkt Zufriedenheit und wohlige Müdigkeit.
– Im Sport erlebt das Kind das Spektrum und auch die Grenzen seiner Leistungsfähigkeit und Leistungsbereitschaft; es lernt, sich selbst genau einzuschätzen.

Anspannung – Entspannung

Still werden, Spannungen lösen, Ruhe und Erholung empfinden – solche Prozesse sind unabdingbar, um geistig und körperlich gesund zu bleiben, die eigenen Kräfte aufzuspüren und zu entfalten und so fähig zu werden, Aufmerksamkeit bewußt zu steuern, Wesentliches wahrzunehmen und zu tun.

Ein Gespür für den Spannungszustand der eigenen Muskulatur entwickelt sich, wenn Spannung und Entspannung im Wechsel wahrgenommen werden können. Anspannungsphasen sollen dabei nicht zu lang sein. Auf eine ruhige, gleichmäßige Atmung wird geachtet, z.B.: »Achte auf deinen Atem ... wie du einatmest ... und ausatmest ... verändere nichts an deinem Atem ... laß dich tragen von deinem Atem ...« Wir unterstützen die Entspannungsübungen durch eine kurze Einstimmung mit Ruheformeln, in denen konzentrative (autogene) Impulse verpackt sind, die Ruhe, Schwere und Wärme vermitteln. Es ist wichtig, entsprechende Texte betont langsam, ruhig und auch etwas monoton vorzulesen. Die Ruheformeln (nachzulesen bei Müller 1983, S. 32) sprechen wir zu Beginn einer Geschichte, sie sind aber kein »Muß.«

Das Vorgeben von Regeln erleichtert den Einstieg in solche Geschichten.

– Es darf während der Übung nicht gesprochen werden.
– Jeder achtet nur auf sich selbst.
– Wer husten, niesen muß, darf dies tun.
– Wer sich selbst nicht konzentrieren kann (phasenweise), verhält sich ruhig und stört die anderen nicht.
(Vgl. Geer/Hahn 1990, S. 5.)

Wichtig ist auch eine *Zurücknahme* nach den Übungen, um den Kreislauf wieder auf Aktivität umzupolen. »Atme tief ein ... balle deine Hände zu Fäusten, und drücke sie fest gegen den Boden ... recke dich, und öffne die Augen.« Damit die Kinder nicht sofort danach losstürmen und die gewonnene Ruhe wieder verlieren, bitten wir sie, noch einen Moment in dieser Ruhe auf ihrem Platz zu bleiben. Nach den Phantasiereisen lassen wir die Kinder über Gefühle und Gedanken, die während des Vorlesens aufgekommen sind, sprechen oder malen.

Bei den Entspannungs- und Körperwahrnehmungsübungen halten wir es für sinnvoll, mit den Kindern vorher intensive Bewegungsübungen zu machen, die aber nicht zu sehr »aufkratzen« dürfen. Danach bitten wir um Ruhe, bieten eine weiche, bequeme Unterlage (Matten, Decken) an und unterstützen die Entspannung mit einer leisen, meditativen Musik.

Muskelmensch: Die Kinder bewegen sich nach Musik. Beim Musikstopp gibt die Lehrerin jeweils an, welche Muskeln angespannt werden sollen: z.B. »rechte Faust ballen«, »Po anspannen« usw.

Luftmatratze: Ein Kind liegt entspannt am Boden. Sein/e Partner/in »pumpt« die »Luftmatratze auf«, bis sie ganz gefüllt ist, d.h., das liegende Kind spannt nach und nach seinen Körper an. Die Partner ertasten jeweils die Muskelspannung und kontrollieren sie.

Roboter: Im Wechsel zur ruhigen »Laufmusik« läuft roboterhafte, rhythmisch zerhackte Musik, die den Laufrhythmus unterstützt und zum entspannten Laufen animiert. Auf die Robotermusik hin bewegen sich die Kinder »abgehackt«; sie spannen ihre Muskeln so stark wie möglich an. Zur Laufmusik bewegen sie sich locker wie eine Puppe, die keine Muskeln hat.

Der Schneemann schmilzt: Die Kinder stellen sich vor, ein frisch gebauter Schneemann zu sein: groß, prall, steif und kalt. Er verharrt so, bis die ersten Sonnenstrahlen kommen und ihn Stückchen für Stückchen schmelzen lassen, bis er ganz aufgelöst am Boden liegt.

Massage

Bei der Massage wird die Aufmerksamkeit über die taktile Wahrnehmung auf den Körper gelenkt. Günstig kann es sein, den Körperkontakt indirekt über ein Material herzustellen oder ihn in Spielform einzubauen. Auch in Geschichten eingekleidete Massagen machen den Kindern sehr viel Spaß und helfen, Berührungsängste abzubauen. Bei allen Massagetechniken sollen die Kinder immer die Gelegenheit und Freiheit haben zu äußern, welche Berührungen sie wünschen und wie »stark« die Massage sein darf.

Bei den »normalen« Massagen können als Materialien eingesetzt werden: Igelbälle, Tennisbälle, Lufahandschuhe, Schwämme, Frotteewaschlappen, um auch hier über taktile Wahrnehmung unterschiedliche Materialerfahrungen zu machen.

Den Kindern sollte immer freigestellt werden, ob sie die Massagen auf nackter Haut wünschen oder nicht, und sie bestimmen auch den zu massierenden Körperteil. Auf nackter Haut können dann natürlich auch Massageöle eingesetzt werden.

Wir haben uns bei den Massagepartien auf die Rückenmuskulatur rechts und links der Wirbelsäule beschränkt (Nierenbereich aussparen) (Bielefelder Lehrergruppe 1979).

20 Kinder verteilen sich paarweise in der Gymnastikhalle. Leise Musik klingt im Hintergrund, in der Mitte des Raumes liegt eine Decke mit einer Duftlampe, mit verschiedenen Massageölen und Massagegeräten (z.B. Igelbällen). Es herrscht eine entspannte, gelöste, freundliche Atmosphäre zwischen den Kindern. Sie genießen das Massiertwerden sichtlich, fast alle haben den Oberkörper frei gemacht. Bisweilen hört man ein Flüstern, wenn zwei Kinder ihre Wünsche absprechen. Die massierenden Kinder gehen vorsichtig vor; sie experimentieren behutsam mit dem Material oder mit den Techniken.

Pizzamassage: Die Kinder finden sich paarweise zusammen. Ein Kind legt sich auf den Boden, das andere kniet neben ihm. Nachdem das massierende Kind den Körper ausgestrichen hat, beginnt die »Teigzubereitung«: Der Teig wird geknetet, geklopft, leicht hin- und hergerollt und belegt. Der Teig wird in den Ofen geschoben, und der Umluftbackofen wird angeschaltet: Das massierende Kind pustet. Wenn genug Wärme im Ofen ist, wird der Teig gebacken, d.h., das aktive Kind legt sich langsam und vorsichtig mit seinem Körper auf den Körper des anderen Kindes.

Der Ofen wird ausgeschaltet, die beiden Körper lösen sich langsam voneinander. Der Teig kühlt aus und wird zum Schluß noch einmal ausgestrichen.

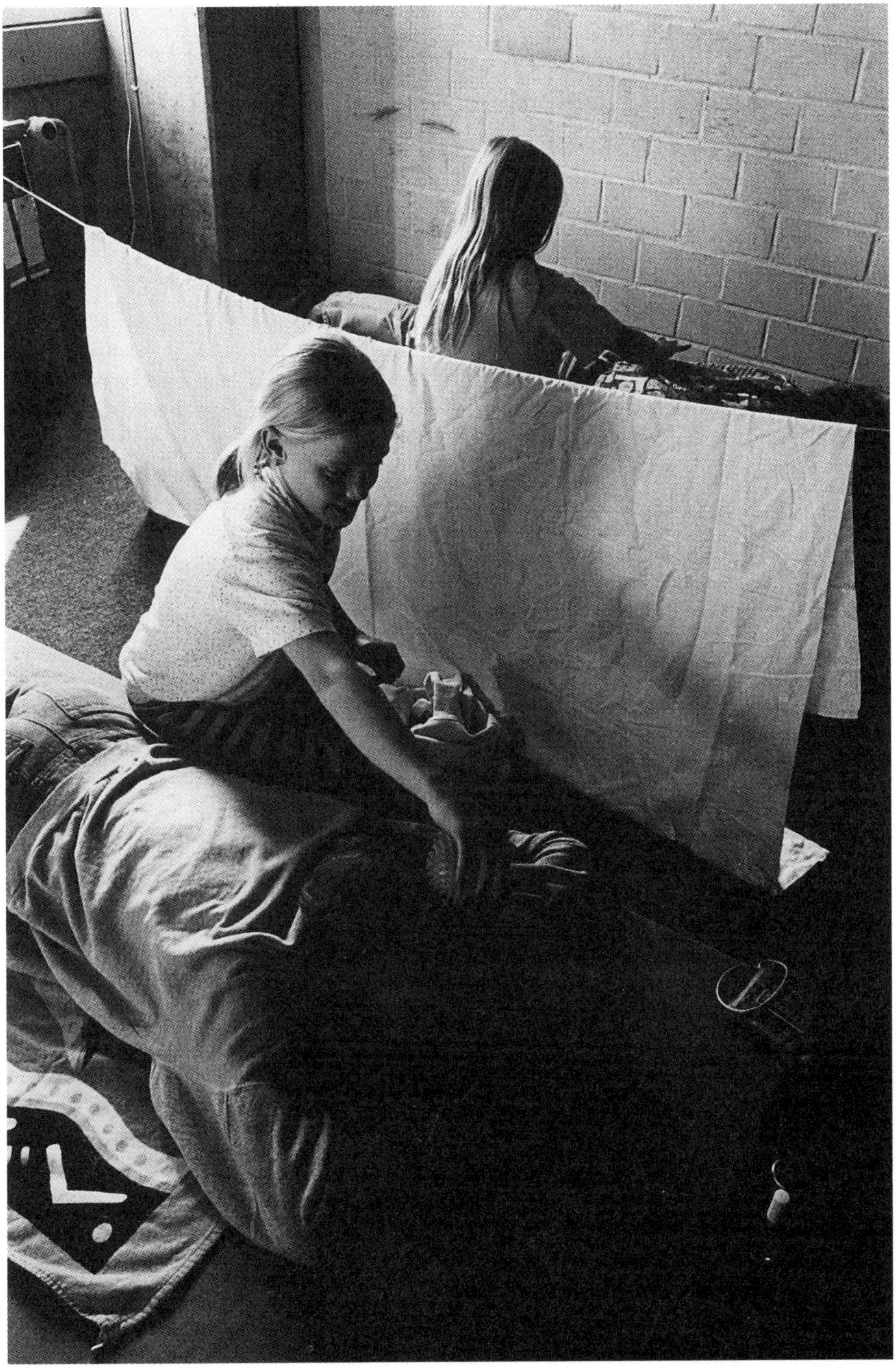

Autowaschanlage: Die Kinder bilden eine Gasse. Jeweils zwei Gegenüberkniende haben eine Aufgabe in der Waschanlage: Dreck abspritzen, einseifen, abspülen, trokkenrubbeln, fönen, nachpolieren usw. Das zu behandelnde Kind bestimmt die Automarke, den Verschmutzungsgrad und das Tempo, mit dem es durch die Waschanlage fährt.

Sinnesschulung

Da bei den Kindern oft Phasen einer bewußten differenzierten Wahrnehmung fehlen, ist es wichtig, die Sensibilität für differenzierte Sinneswahrnehmung zu fördern, und zwar durch Sinneserlebnisse, die sie im Kleinen, Alltäglichen machen können. Wenn es uns gelingt, die Sinneswahrnehmung der Kinder zu schärfen, werden sich ihre Wahrnehmungsmöglichkeiten differenzieren, und ihr Erfahrungshorizont wird sich erweitern, so ist unsere Hoffnung. In unserem Projekt beschränken wir uns zunächst auf die Sinne »Schmecken«, »Riechen«, »Hören«; wir stellen den Unterricht unter das Motto: »Nichts sehen und doch etwas erleben.«

Bei der *akustischen Differenzierungsfähigkeit* geht es u.a. darum, bestimmte Geräusche, Töne oder Laute vom akustischen Hintergrund abzulösen (vgl. Kiphard 1980). Als ein Beispiel für die Hörsensibilisierung stellen wir das »Hördosenmemory« vor: Leere Fotodosen sind u.a. mit Materialien wie Korken, Reis, Maiskörnern, Sand etc. gefüllt, wobei zwei Dosen den gleichen Inhalt haben. Durch Schütteln sollen die zusammengehörenden Dosen herausgefunden werden. Zur schnelleren Kontrolle für die Lehrerin sind unter den Dosen Zeichen angebracht. Es ist interessant zu beobachten, welche Strategie jedes einzelne Kind anwendet, um das »Geheimnis zu lüften.« Da jeweils nur *ein* Kind die Memoryaufgabe bearbeiten kann, sollte diese Übung vorzugsweise in eine Förderstunde (mit nur wenigen Kindern) durchgeführt werden; auf alle Fälle müssen die übrigen Kinder einer ruhigen Beschäftigung nachgehen können, damit die Konzentrationsfähigkeit des hörenden Kindes nicht zu sehr beeinträchtigt wird.

Zum Thema *Riechen* führen wir einen Schnupperkurs durch: Mit verbundenen Augen sollen die Kinder verschiedene Düfte und Gerüche erkennen und benennen. Als Angebot stehen zur Auswahl: verschiedene Lebensmittel (z.B. Banane, Melone ...), Gewürze (z.B. Zimt, Nelken ...) und Duftöle (z.B. Zitrone, Orange, Lavendel ...). Es ist erstaunlich, wie schwer es ist, mit verbundenen Augen Gerüche zu identifizieren, die man sonst ganz selbstverständlich benennen kann.

Um den *Geschmackssinn* zu schulen, veranstalten wir ein kleines »Happening«. Wir sitzen alle im Kreis um einen zugedeckten Korb, in dem sich diverse Lebensmittel, Gewürze, Süßmittel verbergen. Sie sollen mit verbundenen Augen, allein über den Geschmackssinn, erraten werden. Von Lebensmitteln wie z.B. Erdbeeren, Käse, Zwiebeln wird einzelnen Kindern also jeweils ein Häppchen zum Probieren gereicht. Bei flüssigen Geschmacksproben wie Essig, Süßstoff etc. nehmen wir als Hilfsmittel ein Wattestäbchen, das wir tränken und auf die Zunge legen. Dabei probieren wir auch die unterschiedlichen Zonen auf unserer Zunge aus (süß, bitter, salzig, sauer) und versuchen, unterschiedliche Empfindungen zu erreichen und zu formulieren. Die

Name: **unser Geschmack**

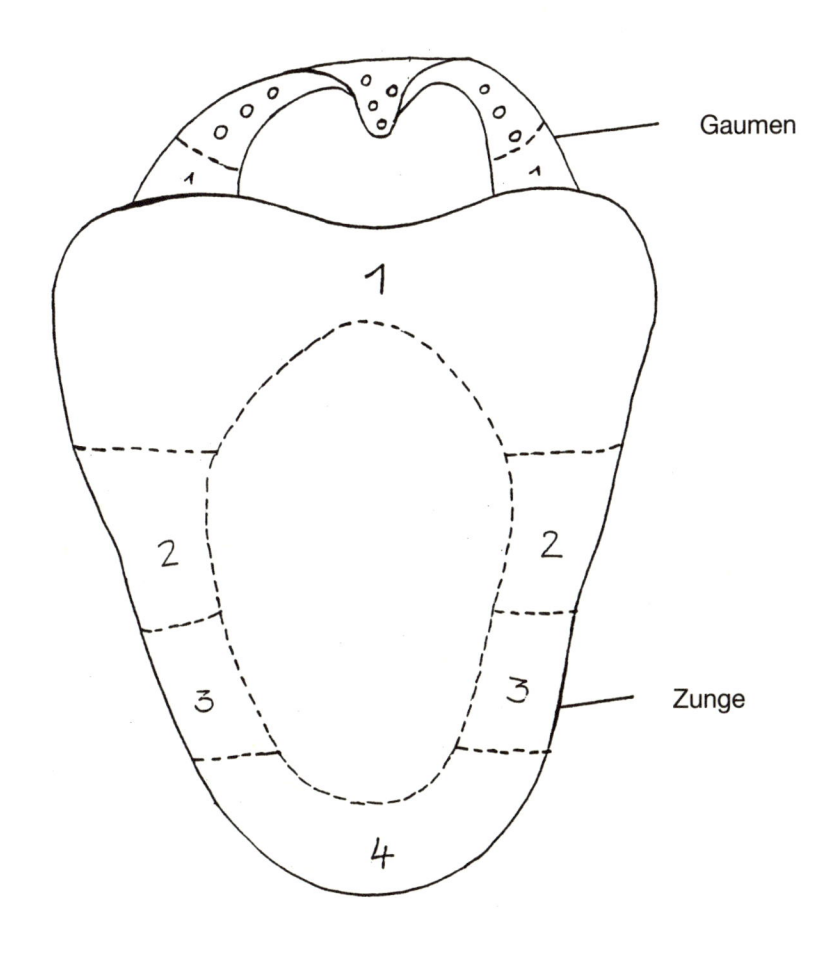

Gaumen

Zunge

Süß   ☐ = 4

Salzig ☐ = 3

Sauer ☐ = 2

Bitter ☐ = 1

Aufgabe: Male die Felder in den entsprechenden Farben an!

Name: **unser Geschmack**

	süß	salzig	sauer	bitter	
1. Orange					
2. Senf					
3. Zitrone					
4. Joghurt					
5. Essig					
6. Banane					
7. Salz					
8. Möhre					
9. Bittermandel					
10. Lauch					

Aufgabe: Probiert die verschiedenen Speisen, und kreuzt an, ob sie süß, salzig, bitter oder sauer schmecken!
Wenn alles ausgefüllt ist, vergleicht ihr, wie wem was geschmeckt hat!

Übung bereitet den Kindern in der Regel viel Vergnügen. Sie sind oft auch bereit, »heftigere« Proben wie Knoblauch, scharfen Senf oder gar Pepperoni anzutesten. Die Treffsicherheit beim Identifizieren der Lebensmittel über den Geschmackssinn liegt deutlich höher als beim Riechen, auch das bemerken die Kinder schon nach den ersten Versuchen.

Fitneß

Eindeutig leistungsorientiert ist der Fitneßtest, den wir mit Schülerinnen und Schülern durchführen. Er muß nicht zwangsläufig zur Ausdifferenzierung einer Leistungshierarchie innerhalb der Schulklasse führen; er dient vielmehr dazu, das individuelle körperliche Leistungsvermögen in verschiedenen Dimensionen zu messen, genau kennenzulernen und gezielt zu steigern. Dabei können Schülerinnen und Schüler, wenn sie das Prinzip des Tests verstanden haben, weitgehend individuell oder in Partnergruppen arbeiten.

Ein brauchbarer Test findet sich in Tom Schneider: Wir sind fit, Ravensburg 1979, S. 40–51. Bei diesem Test werden nicht nur die Ausdauerfähigkeit, sondern auch die Behendigkeit, der Gleichgewichtssinn, die Beweglichkeit, die Schnelligkeit, die Kraft und die Stärke abgetestet. Die Schüler erfahren, daß es nicht nur auf Ausdauer ankommt. Es wird ihnen deutlich, in welchem Bereich sie sich verbessern könnten.

Zeitschätzläufe

Eine vorher verabredete kurze Zeitspanne laufend möglichst genau treffen (eine Minute, zwei Minuten, drei Minuten). Wichtig ist dabei, daß den Schülern und Schülerinnen sofort eine zweite Gelegenheit gegeben wird, um ihr Laufverhalten korrigieren zu können. Die Schüler lernen ökonomisch zu laufen, d.h. nicht zu schnell zu beginnen und sich dadurch zu früh zu verausgaben. Bei Zeitschätzläufen haben »starke« und »schwache« Schülerinnen eine gleich große Chance.

Ausdauerlauf

Steigerung der Laufzeit (Ziel: mindestens 15 Minuten ununterbrochen laufen): Mit 5 Minuten beginnen, nur so laufen, daß man sich noch dabei unterhalten kann, eventuell Gehpausen einschalten. Wichtig ist dabei, daß die Intensität der Belastung (das Lauftempo) nur so hoch sein darf, daß noch im steady state, im Gleichgewicht von Sauerstoffaufnahme und Sauerstoffverbrauch, gelaufen werden kann. Ein zu hohes Lauftempo würde dazu führen, daß statt der aeroben die anaerobe Ausdauer (Kurzzeitausdauer) trainiert wird. Die Dauer der Belastung fällt auch bei Kindern kaum ins Gewicht, solange das Lauftempo niedrig genug bleibt. Gelaufen werden sollte mindestens 3× in der Woche im Freien.

Laufbahn mit Hindernissen

Schüler entwickeln eine eigene Laufbahn: Sie laufen zum Beispiel Slalom um Plastikhütchen oder um Gymnastikreifen herum. Beim Verwenden von Kästen, Bänken, Kastenteilen u.ä. ist nicht nur Schnelligkeit, sondern auch Geschicklichkeit und Gewandtheit erforderlich.

Schwimmen

Hierbei kommt es darauf an, eine bestimmte Zeit zu schwimmen (vielleicht 3 Min.) und diese Zeit allmählich zu steigern.

Radfahren

Die Kinder werden ermuntert, zu Hause viel radzufahren.

Circletraining

Die einzelnen Stationen beim Circletraining sollten so aufgebaut sein, daß möglichst unterschiedliche Muskelpartien trainiert werden. Schüler bauen selbständig die einzelnen Station auf, üben für sich alleine, zählen die Punkte des Partners und bauen zum Schluß des Trainings ihre Stationen wieder ab. Bei einer Gruppe von 20 Kindern empfiehlt es sich, 10 Stationen zu haben, so daß immer 1 Paar für 1 Station verantwortlich ist. Zunächst durchläuft der 1. Partner alle Stationen (der 2. trägt die Punkte in eine Liste ein), anschließend wird gewechselt. An jeder Station wird 30 Sek. gearbeitet, 20 Sek. Erholung dienen dem Wechsel der Station und dem Eintragen der Punkte. Die Übungen an den einzelnen Stationen sollen so ausgewählt werden, daß jeder Schüler, auch der leistungsschwache, sie mitmachen kann. Jeder Schüler kann die Übungsintensität selbst dosieren. Das Circletraining sollte 1× wöchentlich über 4 bis 6 Wochen durchgeführt werden.

Mögliche Stationen

1. Über 3 Bänke von Wand zu Wand laufen.
   Jeder Anschlag an der Wand = 1 Punkt.
2. Füße unter die 1. Sprosse der Sprossenwand klemmen.
   Rumpfbeugen vorwärts, ganz zurücklegen.
   Bodenberührung = 1 Punkt, Fußberührung = 1 Punkt.
3. Schlußsprünge über einen Medizinball oder in einen Reifen.
   Jeder Sprung = 1 Punkt.
4. An die Sprossenwand hängen, Beine über einen Kasten grätschen und schließen.
   Beine geschlossen über den Kasten = 1 Punkt.

5. Medizinball hochheben und Boden berühren.
   Ball oben = 1 Punkt, Ball auf dem Boden = 1 Punkt.
6. Slalomlaufen um Hütchen.
   1 Runde = 1 Punkt.
7. Bank überspringen (oder Kastenteil quer) und durchkriechen.
   1 Runde = 1 Punkt.
8. Medizinball wird vom Partner an die Wand geworfen und vom Übenden aufgefangen = 1 Punkt.
9. Hampelmann springen.
   Jedes Zusammenschlagen der Hände = 1 Punkt.
10. Sich mit den Armen über die Langbank ziehen.
    1 Länge = 1 Punkt.

Yoga

Auch Yoga kann in einem Projektdurchgang »Körper, Ernährung, Gesundheit« vorkommen, wenn die Lehrerinnen und Lehrer entsprechend qualifiziert sind und die Schülerinnen und Schüler Interesse daran haben. Daß auch in der Grundschule ein Bedarf an dieser Art von Körperarbeit besteht und daß sie gesundheitsfördernd ist, scheint uns unstrittig. Wir haben den Yogakurs aus den Sportstunden der Größeren in die Grundschulklassen »importiert«. In einem 8. Schuljahr war nämlich ein Yogakurs angeboten worden für Schülerinnen und Schüler, die so etwas vorher noch nie gemacht hatten. Sie blieben diesem Angebot gegenüber skeptisch und ablehnend, zumal sie immer wieder erfahren mußten, wie schwierig Yogaübungen sein können. Vielen Jugendlichen fehlte einfach die notwendige Gelenkigkeit. Wir überlegten daraufhin, ob es nicht günstiger sei, schon im Grundschulalter mit Yoga zu beginnen, um die Beweglichkeit und Gelenkigkeit der Schülerinnen und Schüler schon früh zu schulen bzw. zu erhalten. – Soweit zur Vorgeschichte.

Unser Yogakurs beginnt mit Übungen zur Anspannung und Entspannung. Die Kinder spannen einzelne Körperteile also an und versuchen, sie dann sofort wieder zu entspannen. Wir beginnen mit den Füßen, den Beinen, gehen weiter zum Gesäß, zu den Armen, dem Rücken, dem Kopf und dem Gesicht. Dabei achten wir auf die Atmung, die ruhig und gleichmäßig durch den Körper fließt bis in den Bauch. Die Kinder bleiben abschließend eine Weile in entspannter Lage liegen. Danach recken und strecken sie sich und setzen sich hin. In den ersten Stunden sprechen sie darüber, wie sie diese Übung empfunden haben, ob es ihnen gelungen ist, sich zu entspannen, ob sie ruhig und gleichmäßig atmen konnten. An die Entspannungsphase schließen wir einige einfache Yogaübungen an: »den Baum«, »das Katzenstrecken«, »das zusammengerollte Blatt«, »das Kirschenpflücken«, »die Waage«, »den Fisch«, »das Dreieck«, »den Schulterstand«. An diese Übungen, zum Ende der Schulstunde, schließt sich wieder eine Entspannungsphase an.

Jede Yogastunde läuft nach dem gleichen Schema ab. Die Kinder gewöhnen sich bald an den Verlauf und folgen ihm selbstverständlich. Erklärungen über den Fortgang einer Stunde werden bald überflüssig, und die Kinder können sich noch intensiver auf sich selbst konzentrieren. Unsere Erfahrungen mit Yoga, auch für jüngere Kinder, sind durchweg positiv. Die Kinder begegnen vielen Übungen mit Neugier und Interesse, und sie lernen dabei ganz offensichtlich. Sie lernen, sich zu entspannen, richtig zu atmen, ihren Körper zu beherrschen, sich auf sich selbst zu konzentrieren und in den eigenen Körper hineinzuhorchen. Sie fangen an, ein stärkeres Gefühl für sich selbst zu entwickeln.

den

KÖRPER

beobachten

Menschen sehen unterschiedlich aus: Erwachsene werden als »die Großen« bezeichnet, Kinder als »die Kleinen«. Man sieht ihnen an, ob sie jung sind oder alt. Alte Menschen haben eine faltigere Haut, oder sie gehen gebückt; junge Menschen bewegen sich vielleicht dynamischer. Manche Männer haben Glatzen, andere keine. Es gibt lange und dünne Personen, dicke und schlanke, Menschen mit weißer Hautfarbe und mit brauner. Den Kindern fallen solche Unterschiede – wie allen anderen Menschen auch – natürlich ins Auge. Darüber offen zu reden – so offen wie zum Beispiel in der Geschichte »Des Kaisers neue Kleider« – wird ihnen aber selten gestattet. Auf einen besonders dicken Menschen mit dem Finger zu zeigen und dann auch noch auszusprechen, daß dieser Mensch besonders dick ist, darf zumindest von anderen nicht gehört werden. Das darf man allenfalls denken. Beobachtungen zur Beschaffenheit des fremden Körpers und zu der des eigenen stehen also unter der Zensur des guten Anstands.

Erwachsene haben oft Mühe, das, was sie für »den guten Anstand« halten, gegenüber Kindern durchzusetzen. Im Verlauf der Auseinandersetzung mit ihren Erzieherpersonen erfahren die Kinder, was sie in dieser Gesellschaft über die Beobachtung des eigenen Körpers und die der fremden Körper sagen dürfen und was nicht. Sie lernen, was sie öffentlich aussprechen dürfen und was nur »unter vier Augen«; sie beginnen zu verstehen und auszuprobieren, wie sie sich in dieser Frage regelbewußt verhalten und womit sie provozieren können. Ihre Körperwahrnehmung wird also sozial gesteuert, und die Verbalisierung solcher Wahrnehmung unterliegt sozialen Regeln, die nicht immer unproblematisch sind. Um nämlich eine eigene Körperwahrnehmung entwickeln und das Körperbewußtsein stärken zu können, sollten Kinder nicht um jeden Preis zu schweigsamem Respekt vor der offensichtlichen Körperlichkeit erzogen werden, sondern auch dazu, dem eigenen Körper gegenüber aufmerksam zu bleiben und über Körperliches reden zu können; das kann den Respekt gegenüber dem eigenen und dem fremden Körper einschließen. Unterrichtsgespräche sollten in diesem Sinne offen sein für die Verbalisierung von Körperwahrnehmungen; sie können dazu auch Anregungen geben.

Unter der Rubrik »den Körper *erleben*« haben wir bereits eine ganze Reihe von Unterrichtsanregungen gegeben, die insbesondere im Sportunterricht aufgegriffen werden können. Unter der Rubrik »den Körper *beobachten*« stellen wir hier nur einige Anregungen zusammen, die sich auf den recht neutralen, dem Mathematikunterricht zuschlagbaren Themenkreis des »Messens und Wiegens« beziehen: Körpergröße und Körpergewicht lassen sich in objektivierten Maßeinheiten ausdrücken. Dieser Zugang führt zu einer stark versachlichten Beobachtung des Körpers; er kann die Kinder in den entsprechenden Arbeitschritten (sich gegenseitig messen und wiegen, Maße und Gewichte vergleichen) aber zu einem fairen und offenen Umgang mit ihrer Körperlichkeit anregen. An Vorwissen können sie dabei gut anknüpfen: Einige Kinder haben schon gehört, daß bestimmte Menschen einen schweren und andere einen leichten Knochenbau haben. Daß zwischen der Körpergröße und dem Körpergewicht eine Relation besteht, ahnen sie. Auch haben sie vielleicht schon etwas vom »Normalgewicht« und vom »Übergewicht« gehört. Der Begriff »Kalorie«, der irgendwie mit dem Körpergewicht zusammenzuhängen scheint, weil er immer dann auftaucht, wenn es ums Dick- und ums Schlanksein geht, ist Kindern meist geläufig, sie wissen aber selten, was darunter genau zu verstehen ist.

Ergänzend zu dem Bereich »den Körper *erleben*« können die Kinder im Bereich »den Körper *beobachten*« lernen,

- die Körpergröße und das Körpergewicht zu beobachten,
- die Beobachtungen in Maßeinheiten auszudrücken,
- zwischen den Beobachtungen Beziehungen herzustellen (größer als, kleiner als, doppelt so groß wie, halb so schwer wie etc.),
- Körpergröße und Körpergewicht in Beziehung zu den Tätigkeiten des Körpers und zu der Ernährung (notwendigen Energie) zu setzen,
- über die entsprechenden Beobachtungen offen zu reden.

Messen, Wiegen und Berechnen

Das Krankenzimmer ist rappelvoll. An den Waagen (zur Krankenwaage haben wir zusätzlich eine Körperwaage mit Skala und eine mit Digitalanzeige gestellt) und an der Meßlatte stehen Zweierpärchen Schlange. Sie messen und wiegen sich gegenseitig. Sven muß sich mächtig recken, um ablesen zu können, wie groß Ugur ist. Ursula will Ute ganz genau messen, deshalb muß diese sich auf die Krankenhauswaage stellen, auf der man auch Hundertgrammabstände austarieren kann. Alle Schülerinnen und Schüler haben einen Zettel und Stift dabei, um ihre Ergebnisse festzuhalten. Mike schreibt auf: Jan wiegt 29 kg und ist 135 cm groß. Lisa schreibt: Claudia wiegt 31 kg und 500 g und ist 1,33 m groß. Die Ergebnisse werden auf einem großen Plakat zusammengetragen, verglichen, in unterschiedliche Schreibweisen umgerechnet und kommentiert.

Vorausgegangen ist dieser »mathematischen Aktion« ein Gespräch über den Zusammenhang von Körpergewicht und -größe, über Nahrungsaufnahme und Kalorienbedarf. Die Kinder konnten Begriffe wie »Normalgewicht«, »Idealgewicht«, »Unter-

Name: **Rechnen mit Zeitspannen**

① von 12 h bis 14 h = 2 Std.
   von 15 h bis 19 h = ☐ Std.
   von 17.30 h bis 19 h = ☐ Std. ☐ Min.
   von . . . . .
   . . . .

②
Zeitspanne in Stunden	Tätigkeit	Kraftstoffverbrauch in Kalorien
1	Liegen	10
½	Liegen	
3	Liegen	
1	Laufen	200
½	Laufen	
5	Laufen	

Aufgabe ① : Errechne die Zeitspanne!

Aufgabe ② : Berechne den »Kraftstoff«-Verbrauch. Benutze dazu die Tabelle »Kraftstoff«-Verbrauch!

Name: **»Kraftstoff«-Verbrauch**

Tätigkeiten	große Kalorien pro Stunde
Liegen	10
Sitzen	20
Essen	30
Stehen	40
Spülen	40
Fahrrad reparieren	60
Schreiben, rechnen, lesen	30
Mit Legos, Fischertechnik bauen	20
Einkaufen	100
Laufen, radfahren	200
Schwimmen	400
Tanzen	400
Fußball *spielen*	800

Name: **Rechnen mit Kalorien**

Du hast zuviel Hähnchen, Pommes und Kuchen gegessen.
Es waren zusammen 1000 Kalorien zuviel.
Du mußt sie abarbeiten.
Was tust Du?

Ich würde: 2 Stunden Radfahren = 400 Kalorien
            + 1 Stunde Schwimmen   = 400 Kalorien
            + ½ Stunde Tanzen   = 200 Kalorien
                                     1000 Kalorien

1. Möglichkeit:

2. Möglichkeit:

Aufgabe: Schreibe 2 Möglichkeiten auf, um 1000 Kalorien abzuarbeiten!
Benutze die Tabelle »Kraftstoff«-Verbrauch!

Name: **»Kraftstoff«-Verbrauch**

Speedy, die schnellste Maus von Mexiko, hatte einen aufregenden Tag. Sie ist 2 Stunden mit dem Rad gefahren, ist 1 Stunde mit Duffy um die Wette geschwommen, hat sich daraufhin eine halbe Stunde zum Schlafen hingelegt, mußte eine viertel Stunde spülen, hat mit Lothar Matthäus 1 und eine halbe Stunde trainiert und mußte noch für ihr Abendbrot einkaufen, was eine Stunde gedauert hat.

Aufgabe: Berechne, wieviel Kraftstoff Speedy verbraucht hat! Benutze die Tabelle »Kraftstoff«-Verbrauch! Schreibe die Kalorien untereinander, und rechne schriftlich!

Name: **Rechnen mit cm und m**

cm = Zentimeter
m = Meter
1 m = 100 cm

Name	in cm	m	cm	m
Susanne	132	1	32	1,32
Christian	123			
Heidi	137			
Klaus		1	25	
Harald				1,33
Monika	135			
Ulf		1	31	
Peter				1,30
Angela		1	34	
Dominique	145			
Bettina		1	32	
Marie				1,32
Roland	138			
Nicole		1	44	
Manuel	123			1,23
Stefanie	137			
Boris				1,35
Marius	139			
Julia		1	34	
Sascha				1,43
Speedy		0	25	

Aufgabe: Schreibe die fehlenden Aufgaben in die Tabelle!

Name: **größer und kleiner als**

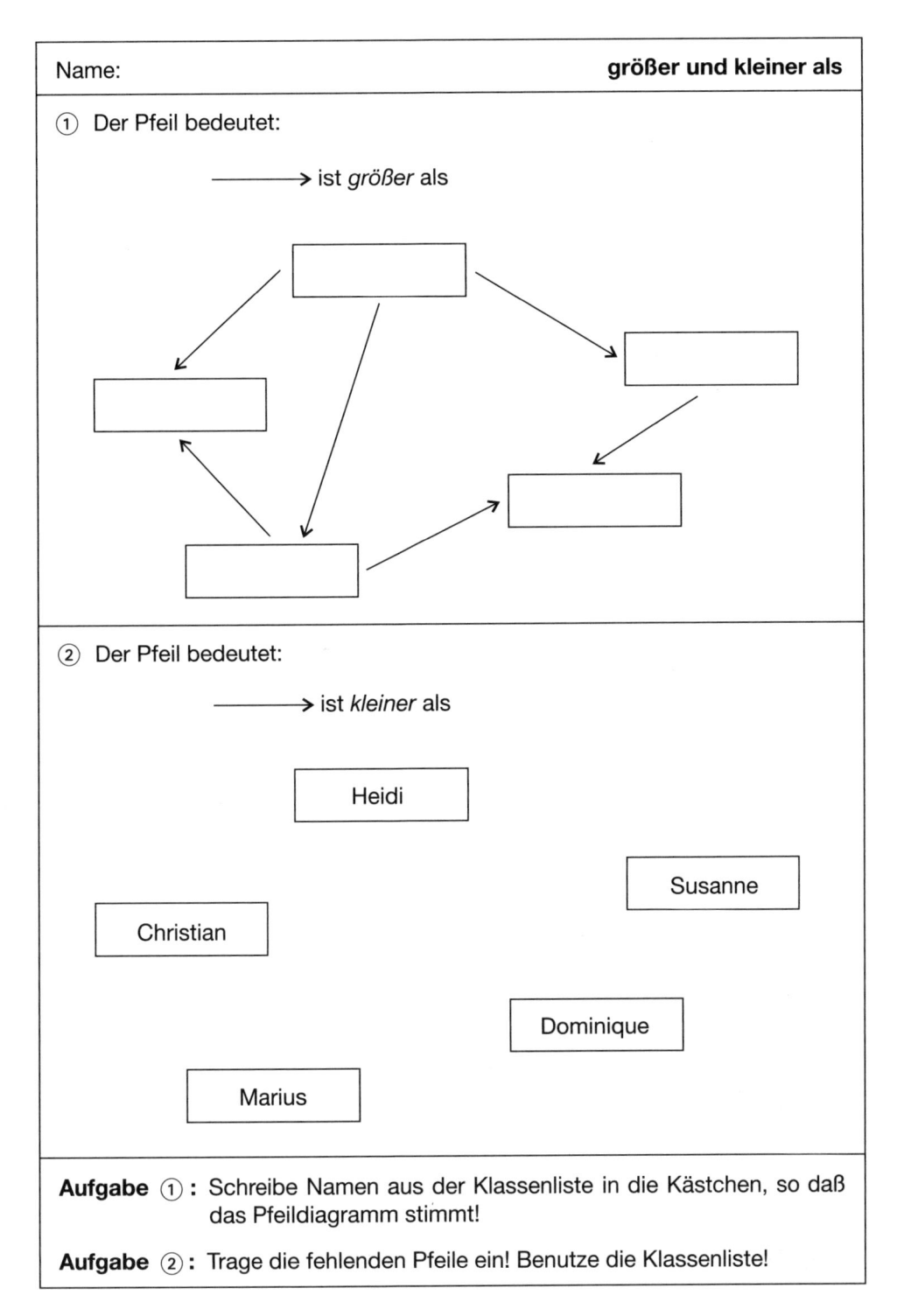

① Der Pfeil bedeutet:

⟶ ist *größer* als

② Der Pfeil bedeutet:

⟶ ist *kleiner* als

Heidi

Susanne

Christian

Dominique

Marius

Aufgabe ① : Schreibe Namen aus der Klassenliste in die Kästchen, so daß das Pfeildiagramm stimmt!

Aufgabe ② : Trage die fehlenden Pfeile ein! Benutze die Klassenliste!

Name: **Rechnen mit cm und m**

①

Name 1	cm	Name 2	cm	Unterschied
Roland	132	Monika	123	9 cm

② Folgende Kinder + Speedy legen sich in der Sporthalle hintereinander und werden als Schlange gemessen.

Sascha	Julia	Harald	Monika	Speedy

```
  Sascha  _____
+ Julia   _____
+ Harald  _____
+ Monika  _____
+ Speedy  _____
```

Aufgabe ① : Trage Namen aus der Klassenliste ein, und berechne die Unterschiede!

Aufgabe ② : Berechne die Schlange der Kinder. Benutze die Klassenliste, und rechne schriftlich!

Aufgabe ③ : Berechne die Gesamtlänge aller Kinder aus der Klasse!

Name:　　　　　　　　　　　　　　　　　　　　　　**Rechnen mit g und kg**

g = Gramm
kg = Kilogramm
☐ g = 1 kg

Name	in kg	in g
Susanne	26	
Christian		22000
Heidi		28000
Klaus	23	
Harald	30	
Monika		30000
Ulf	28	
Peter		26000
Angela		24000
Dominique	37	
Bettina		26000
Marie		37000
Roland	33	
Nicole	34	
Manuel		31000
Stefanie		24000
Boris		31000
Marius	29	
Julia		30000
Sascha	27	

Aufgabe: Schreibe die fehlenden Angaben in die Tabelle!

Name: **Rechnen mit g und kg**

① Die Kinder der ersten Tischgruppe werden gewogen.
Es steigen nacheinander Julia, Marie, Susanne und Stefanie auf die Waage.

Frage: Wieviel wiegt der Tisch 1 zusammen?

Rechnung:

☐ ☐ ☐ ☐ ☐

Antwort: _____

_____

② Die Waage kracht bei 200 kg.
Ich stelle folgende Kinder auf die Waage:

_____

_____

zusammen: ☐ kg

③ Die Waage kracht bei 200 kg.
Ich stelle folgende Kinder auf die Waage:

_____

_____

zusammen: ☐ kg

Aufgabe ①: Berechne das Gesamtgewicht der Kinder in den einzelnen Tischgruppen!

Aufgabe ②: Stelle so viele Kinder wie möglich auf die Waage, ohne daß sie kracht!

Aufgabe ③: Stelle so wenige Kinder wie möglich auf die Waage, ohne daß sie kracht!

und Übergewicht« beisteuern, manchmal auch erläutern. Es werden nun Vermutungen geäußert wie: »Der ›kleine Dicke‹ darf eigentlich nicht soviel essen. Aber er muß doch weiterwachsen, also braucht er doch viel Nahrung« oder »Meine Mutter macht zur Zeit ›Brigitte-Diät‹. Sie will abnehmen und ißt nur 1000 Kalorien pro Tag.«

Die mathematischen Anteile innerhalb des Projekts haben sehr unterschiedliche Bedeutung. Teils haben sie »tragende Funktion«; ohne sie sind bestimmte Sachinhalte nicht verständlich. Teilweise haben sie aber lediglich Übungscharakter und können beliebig eingesetzt, ergänzt bzw. weggelassen werden. An einigen Stellen des Projektverlaufes nehmen sie großen Raum ein, hier könnten sie den gesamten Mathematikunterricht abdecken.

Der Zusammenhang zwischen dem »Kraftstoffverbrauch« (Kalorienverbrennung) und der Art und Dauer von Tätigkeiten kann thematisiert werden:

– Rechnen mit Zeitspannen (ganze und halbe Stunden),
– Nachschlagen in einer »Tabelle der Tätigkeiten«,
– Errechnen des Kalorienverbrauches, Übungen dazu (Beispiel: Emil ist 2 Stunden radgefahren, ist 1 Stunde geschwommen und war eine halbe Stunde tanzen. Errechnet seinen Kalorienverbrauch!).

Der Zusammenhang zwischen dem Kraftstoffbedarf (Kalorienbedarf) und Körpergröße und -gewicht kann thematisiert werden:

– Messen und Wiegen,
– Umrechnen (mm, cm, m, km, g, kg),
– Relationen (»ist größer als«, »ist leichter als«),
– Unterschiedsberechnungen,
– Exkurse zum Messen und Wiegen,
– ausführliche Einführung der Längen- und Gewichtsmaße (historisch, naiv, Basteln von Waagen usw.).

den

KÖRPER

in seiner Umwelt erleben

Wie sich Kinder und Erwachsene fühlen, ob gesund oder krank, ob entspannt oder abgespannt, ob zufrieden oder unzufrieden, das hängt sicher auch davon ab, ob sie sich gesund ernähren, Bewegung suchen und für ihren Körper etwas zu tun wissen. Das aber ist nicht alles! Zwar liegen Gesundheit und Krankheit im Einflußbereich eigener Verantwortung, aber es ist nicht der gute Wille des einzelnen allein, um den sich alles dreht. Vielmehr trägt auch die Umwelt, in der Personen sich bewegen, zu

Gesundheit und Krankheit erheblich bei: die Wohnung, der Wohnort, der Arbeitsplatz und also auch die Schule mit ihren Sitzordnungen, Pausenordnungen, Lernverfahren und mit der Architektur des Lernbetriebes.

Als ein Ort, an dem Kinder und Jugendliche einen großen Teil ihrer Lebenszeit verbringen, sollte die Schule mitverantwortlich sein für deren Gesundheit. Leider ist sie jedoch im Gegenteil für psychische und physische Erkrankungen der ihr Anvertrauten mitverantwortlich zu machen: Die Arrangements des Stundenplanes, des gleichschrittigen Lernens, die Einrichtung und Ausgestaltung von Schulräumen, die Zersplitterung des Lernens und die körper- und bewegungsfeindlichen Formen des Lehrens und Lernen werden als krank machende Faktoren genannt. Unter ihnen leiden nicht nur die Schülerinnen und Schüler, sondern letztlich auch ihre Lehrerinnen und Lehrer.

Schulische Gesundheitserziehung und -förderung würden sich selbst ad absurdum führen, wenn sie in einem gesundheitsfeindlichen Klima darüber zu belehren versuchten, was gesunde Lebensführung sei. Es muß vielmehr darum gehen, auch die Bedingungen der Institution Schule aufzugreifen, das schulische Umfeld also zu thematisieren und bei Bedarf auch neue – eben gesündere – Arrangements des Schulbetriebes anzustreben. Voraussetzung für eine entsprechende Auseinandersetzung der Schule mit sich selbst ist aber eine Sensibilisierung der Betroffenen. Kinder wie auch die anderen in der Schule beschäftigten Personen können lernen, die schulische Umwelt unter den Gesichtspunkten von Gesundheit und Krankheit zu beobachten. Welches, so lernen sie zu fragen, sind Bedingungen, unter denen ich mich wohl fühlen und gut lernen kann? Wie muß das Klassenzimmer aussehen, in dem es Spaß macht zu arbeiten? Wieviel Bewegungsfreiheit kann Kindern in der Schule gegönnt werden, und wieviel Ruhe brauchen sie auch? Wie sieht ein abwechslungsreicher Stundenplan aus? Wann können Kinder sich in ihrer Lerngruppe wohlfühlen? Und vor allem: Wie lernen es Kinder und Erwachsene, den Schulraum in diesem Sinne als einen Übungsraum zu begreifen, in dem es durchaus legitim ist, auch nach dem persönlichen Wohlbefinden, nach Gesundheit und Krankheit zu fragen?

Soziales Wohlbefinden

Schülerinnen und Schüler haben ein Recht darauf, in der Schule nicht nur Wissen vermittelt zu bekommen, sondern sich auch sozial akzeptiert zu fühlen. Erst wenn der Inhalts- und der Beziehungsaspekt gleichberechtigt nebeneinander Gültigkeit haben, wird Unterricht sinnvoll und auch effektiv (Cohn 1976). Ein für alle Kinder angenehmes soziales Klima aufzubauen ist insofern eine notwendige Aufgabe; sie schafft nicht nur die Grundlage für persönliches Wohlbefinden, sondern auch die für ein effektives Arbeiten.

Wir nehmen uns im Unterricht viel Zeit für Gespräche, vor allem dann, wenn Klassen neu gebildet werden. Es sind nicht nur die im Alltag institutionalisierten Phasen – der »Morgenkreis«, die »Gruppenversammlung« –, die dafür Zeit lassen, sondern durchaus auch andere, oft spontan notwendige Gesprächssituationen. Aktuell auftretende Konflikte werden darin besprochen. Kinder berichten, wenn es ihnen nicht gutgeht, wenn sie traurig sind, wenn sie sich über etwas besonders freuen oder ärgern. Sie werden in solchen ganz selbstverständlich zu jedem Schultag gehörenden Gesprächen sensibel gemacht für die eigenen Empfindungen und Wahrnehmungen und für die der anderen. Sie lernen, in sich hineinzuhorchen, ihren Mitschülerinnen und Mitschülern zuzuhören und sie zu verstehen. Immer wieder haben wir die Erfahrung gemacht, daß das Lernen in einem angenehmen sozialen Klima »wie von selbst« gehen kann und daß die durch Gespräche »verbrauchte« Zeit schnell wieder wettgemacht wird.

Für ein Kind kann soziales Wohlbefinden in der Gruppe u.a. bedeuten,

– daß es sich in der Gruppe angenommen fühlt,
– daß seine Schwächen und Stärken den anderen bekannt sind und von ihnen akzeptiert werden,
– daß es über seine Probleme sprechen kann,
– daß es sowohl traurig als auch fröhlich sein kann,
– daß es getröstet wird und trösten kann.

Ein angenehmes soziales Klima wächst im Alltag einer Gruppe, wenn Lehrerinnen und Lehrer tagtäglich darauf achten, daß solche Bedingungen eingehalten und von den Kindern akzeptiert werden. Es bedarf dazu in der Regel keiner künstlichen Zusatzprogramme. Bei Bedarf können jedoch auch gezielte Spiele und Übungen weiterhelfen. Um ein angenehmes soziales Klima zu stabilisieren, machen wir von Zeit zu Zeit auch gruppendynamische Spiele und Übungen (Vopel 1977/1978; Gudjohns

1978). So gibt es in unregelmäßigen Abständen zum Beispiel die »warme Dusche«. Bei diesem Spiel sitzt ein Kind in der Mitte des Kreises; jede Person aus dem Kreis sagt diesem Kind, was er oder sie gut an ihm findet. Eine »kalte Dusche«, bei der auch negative Beurteilungen formuliert werden, ist nur dann zu empfehlen, wenn das soziale Gruppenklima bereits so gefestigt ist, daß die Vorwürfe konstruktiv formuliert werden und tatsächlich auch Verhaltensänderungen bewirken können. Dazu müssen die einzelnen Gruppenmitglieder bereits sehr stabil sein, und die Gruppe muß eine Kultur der Kritikfähigkeit und des Vertrauens entwickelt haben.

Wie in diesem Spiel, so ist auch in der alltäglichen Beurteilung von schulischen Leistungen und Schwächen, von Rückschritten und Fortschritten ein nichtautoritäres Feedback sowohl unter den Kindern notwendig als auch zwischen den Lehrpersonen und den Kindern. Dieses Feedback darf in beide Richtungen gegeben werden: Nicht nur die Kinder erfahren in schriftlichen Zeugnissen (Beurteilungen) die Kritik und Anerkennung ihrer Lehrerin; sie selbst bekommt vielmehr umgekehrt auch ein Zeugnis von den Kindern. Ein Lehrer bekommt seine »warme Dusche«, und er muß die »kalte« zu ertragen lernen. Zu einem guten Gruppenklima gehört es in diesem Sinne auch, daß soziale Ansprüche und Normen nicht nur als »Einbahnstraße« formuliert werden – vom Lehrer zum Schüler und nie umgekehrt auch zurück –, daß sie vielmehr reversibel sind.

»Dritte Haut«

»Keiner kann aus seiner Haut«, sagt man, zumindest nicht aus der »ersten Haut«, die den Körper umgibt. Die Kleidung hingegen, die den Körper einhüllt, wechselt je nach Bedarf und mit der Mode. Sie wäre nach dieser naiven Zählung die »zweite Haut«. Als »dritte« haben wir metaphorisch die »Haut« bezeichnet, die den Körper noch entfernter einfaßt: die Raumluft, das Licht, der Lärm oder die Ruhe, die Farben und Gerüche, die Wärme oder die Kälte. Diese »dritte Haut« wahrzunehmen heißt, sensibel für den Lern- und Erfahrungsraum werden, in dem Schülerinnen und Schüler sich mitsamt ihren Lehrerinnen und Lehrern bewegen.

Unsere Schule ist eine architektonisch etwas unkonventionelle Schule, in der sich Stilelemente aus der Gesamtschularchitektur der 70er Jahre mit Vorstellungen vom offenen Großraumbüro mischen. Dieser auf Besucher nach wie vor irritierend wirkende Stil macht die Schule allerdings weder kinder- noch erwachsenenfreundlich noch gar besonders gesundheitsfördernd. Es ist ein Großraum, der durch breite »Brücken« – Wiche genannt – in drei »Felder« gegliedert wird. Auf jedem »Feld« sind vier Stammgruppen à 20 Kinder untergebracht. Sie erhalten Tageslicht zum Teil nur von oben, über das hohe Scheddach; nicht alle Kinder können durch ein Fenster direkt nach draußen sehen. Nur wenige Gruppen haben an den Längsseiten des Gebäudes mit einem Fensterplatz auch einen Ausgang nach draußen. Die Fensterplätze sind die begehrtesten und manchmal umkämpften Plätze.

Unsere Schule hat die angedeuteten Probleme; andere Schulen haben andere oder auch ähnliche. Sie leiden zum Beispiel unter dem *Lärm*, der um sie herum ist, und unter dem, den sie selbst erzeugen. Es zu oft zu laut, so ist es auch bei uns. Wir haben dann den Eindruck, als wenn die Kinder die Lautstärke schon gar nicht mehr wahrnehmen oder sich an sie gewöhnt haben. Regelmäßige Ermahnungen scheinen in solchen Phasen kaum mehr etwas zu bewirken.

Auf den unerträglichen Lärmpegel versuchen wir die Kinder dadurch wieder aufmerksam zu machen, daß wir ihnen den Auftrag geben, eine Woche lang Lärmmessungen durchzuführen. Ihre Beobachtungsergebnisse sollen sie mit verschiedenen Farben in einem Stundenplan eintragen (z.B. gelb = leise; hellgrün = leichte Geräuschkulisse; dunkelgrün = laut; blau = Lärm). Die Kinder benutzen dazu ein Lärmmeßgerät, das wir uns ausgeliehen haben. Eine Kleingruppe arbeitet allerdings auch ohne dieses Meßgerät. Die Kinder dieser Gruppe messen nicht objektiv; sie versuchen den subjektiv wahrgenommenen Lärmpegel in einem Stundenplanformular festzuhalten. Der Vergleich zwischen den objektiven und den subjektiven Messungen zeigt dann sehr interessante Abweichungen. Offensichtlich werden die Geräusche je nach Unterrichtsinhalt verschieden wahrgenommen und verschieden interpretiert. In Phasen, in denen hohe Konzentration notwendig ist, scheint es schwierig, bei Lautstärke zu arbeiten. Durch Lärm vergleichsweise weniger gestört fühlten sich Kinder beim Malen oder Zeichnen, so belegen es ihre eigenen Meßergebnisse.

Um dann weiter herauszubekommen, ob der Lärm in unserem Großraum vergleichsweise größer ist als in anderen Räumen, verlegen wir den Unterricht eine Zeitlang in einen Seminarraum der benachbarten Universität. Die in einem geschlossenen Raum ganz andere Lernsituation soll die Kinder zum Vergleich anregen. Schon nach wenigen Stunden formulieren sie Beobachtungsergebnisse, mit denen weder wir selbst noch die Kinder anfänglich gerechnet hatten: Im Vergleich zu den offenen Unterrichtsflächen des Großraumes empfinden sie den geschlossenen Seminarraum als entschieden lauter. Sie sagen: »Da bleibt der ganze Krach im Raum, die Wände prallen ihn ab.« »Und wenn die Stunde im geschlossenen Raum beendet wird, dann wird es ganz besonders laut, weil die Pause gleich kommt.« Ist das tatsächlich ein objektiver Unterschied zwischen dem Unterrichten im offenen und dem im geschlossenen Raum? Oder nehmen die Kinder hier wieder völlig subjektiv wahr? Liegt es vielleicht nur daran, daß die Laborschulkinder es einfach nicht gewohnt sind, hinter geschlossenen Türen Unterricht zu machen, oder daß sie es nicht wahrhaben wollen, daß es in »ihrer« Schule lauter sein könnte als woanders?

Um Sensibilität auch für *die Materialien* zu entwickeln, die uns umgeben, erfühlen die Kinder unterschiedlich strukturierte Gegenstände, ertasten sie und versuchen sie mit verbundenen Augen zu erraten. Später bauen wir »Fühlboxen«, kleine Kästen, die innen mit den verschiedensten Materialien gefüllt oder ausgekleidet sein können. In die Boxen kann man nicht hineinsehen; sie haben nur eine kleine Öffnung für die Hand, die sich vorsichtig ins dunkle Innere vortastet.

Außerdem erproben die Kinder den Tastsinn der Füße. Sie laufen auf verschiedensten Untergründen und Materialien mit nackten Füßen und ertasten Gegenstände. Auch dieses Spiel wird besonders spannend, wenn man sich dabei die Augen verbindet. Werden mehrere Materialstationen hintereinandergelegt, so entsteht ein »Barfußgang« (Kükelhaus/Lippe 1982), über den ein Kind das andere als »Blindenführer« so vorsichtig geleitet, daß nichts passiert. Die tastenden Füße melden der Person, die nicht sehen kann: Jetzt laufe ich auf einer Sandpapierfläche, dann über Stein, danach,

	sehr laut
	laut
	leise
	sehr leise

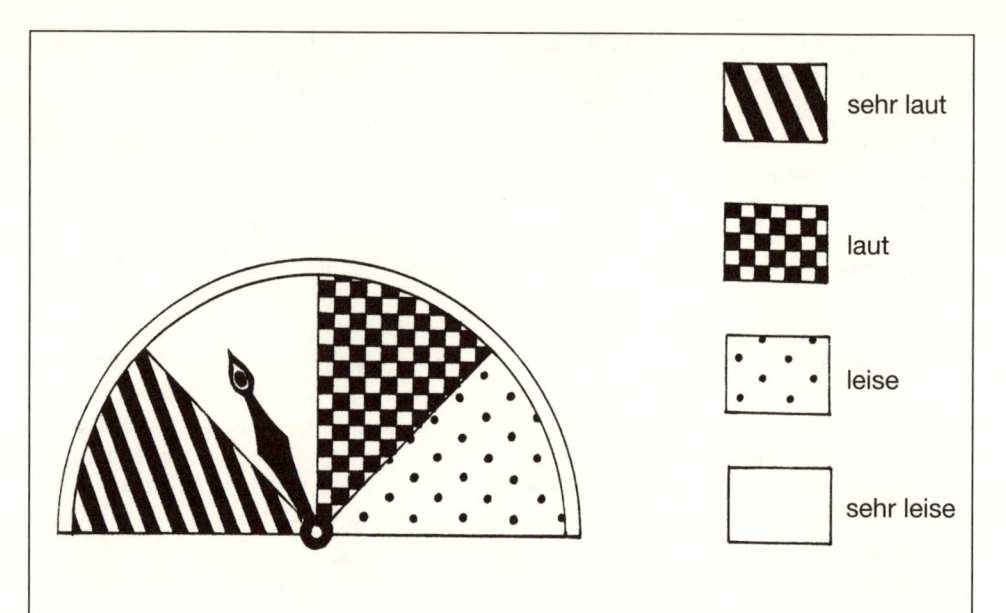

Montag	Dienstag	Mittwoch	Donnerstag	Freitag

Barfußgang

Man zieht die Schuhe aus und geht in den Barfußgang. Man macht die Augen zu und läßt sich von
einem anderen führen. Mal kitzelt es, mal ist es
weich, mal piekt es, mal ist es hart und kalt. So
geht es bis zum Ende. Dann macht man die
Augen wieder auf und zieht sich die Schuhe an.

das könnten Holzbretter sein, jetzt kommen Faserplatten, dann Holzwolle, dann ein Boden wie aus Spänen, danach ein Nagelbrett (Nägelköpfe oben!), jetzt eine Wasserwanne, das Handtuch ist die Endstation. Die Kinder phantasieren, wie es wohl wäre, wenn man immer auf so unterschiedlichen Böden laufen würde. Sie versuchen herauszubekommen, welches wohl ihr »Lieblingsboden« ist.

Weiter beschäftigen wir uns in dieser Phase mit *Farben* und *Farbspektren*. »Welches ist eure Lieblingsfarbe?« überlegen wir mit den Kindern und: »Wie wirken bestimmte Farben auf eure Augen und vielleicht sogar auf das Verhalten?« Einige Kinder stellen tatsächlich fest, wie beruhigend und erholsam es für die Augen ist, ins Grüne zu sehen, und wie stark andere Farben – z.B. die sogenannten »Neonfarben« – »aufkratzen« oder »blenden«. Gemeinsam überlegen wir, in welchen Farbtönen die Wände gestrichen werden müßten, damit von ihnen eine angenehme Wirkung ausgeht.

Schließlich überprüfen wir die *Lichtverhältnisse* in der Schule. Nur einige Schülergruppen haben in unserem Schulgebäude das Privileg, nach draußen sehen und ganz ohne künstliches Licht arbeiten zu können. Die meisten nehmen nicht einmal wahr, wie das Wetter draußen ist; sie sehen nicht, ob die Sonne scheint oder ob Wolken aufziehen. Den Regen hören sie lediglich auf das Shetdach prasseln, ohne auch ihn zu sehen. Wir wechseln nun während unserer Beobachtungen mehrfach den Arbeitsraum, machen mal hier, mal dort im Großraum Unterricht und reden am Ende der Unterrichtsstunden jeweils auch über die Lichtverhältnisse. Einhellig sind die Kinder der Meinung, daß es besonders angenehm ist, wenn sie durch ein Fenster nach draußen sehen und ganz ohne Kunstlicht arbeiten können. Außerdem stellen sie fest, daß in vielen Bereichen der Schule den ganzen Tag über das Neonlicht brennt; sowohl Lehrer als auch Schüler vergessen häufig, das Licht auszumachen, wenn es nicht mehr benötigt wird. Die Kinder debattieren darüber, wie das Kunstlicht auf die Augen und auf die Wahrnehmung wirkt und ob es schädlich ist. Sie lernen, daß es für die Sinneswahrnehmung wichtig ist, nicht nur ein ständig gleichbleibendes Licht zu haben. Der Lichtwechsel bzw. das Wahrnehmen von Unterschieden trägt zum subjektiven Wohlbefinden bei. Die Kinder beantragen beim Schulträger Hängelampen über ihren Arbeitstischen – leider erfolglos. Lediglich in der Teestube werden solche Lampen über den Tischen installiert. Einige Kinder bringen sich seitdem Schreibtischlampen mit.

Da die Shetdachfenster in der Glasdecke nicht individuell, sondern nur zentral geöffnet werden können, ist die *Luft* im Schulgebäude manchmal sehr schlecht. Elternvertreter haben sich an diesem Problem schon die Zähne ausgebissen: Die Verwaltung reagiert auf Anfragen gewöhnlich mit dem Hinweis, man werde dem Problem nachgehen. Wenig später kommt dann der Hinweis, es sei alles in Ordnung. Wer in dem Großraum aber tagtäglich lebt und arbeitet, merkt bald, daß die Luftverhältnisse alles andere als »überprüft« und »in Ordnung« sind – sie könnten jedenfalls entschieden besser sein! Denn die Fenster werden nur zentral und in den Pausen geöffnet, und auch das wird häufig noch vergessen. Wie verbraucht die Luft hier nach einer Doppelstunde sein kann, erfahren die Kinder, wenn sie nach einem kurzen Frischluftgang von draußen wieder ins Gebäude zurückkommen. Mehrfach testen sie Luftunterschiede auf diese einfache Weise. So wird ihnen allen bald klar, wir wichtig es ist, nicht nur auf die Qualität der Raumluft zu achten, sondern auch einen Teil der Pausen draußen zu verbringen, selbst dann, wenn das Wetter mal nicht so blendend ist.

Eine zentral gesteuerte *Heizung* wärmt den Raum – und überheizt ihn meist! Auch den Kindern ist es häufig viel zu warm. Sie achten jetzt aber vermehrt darauf, die einzelnen Heizkörper zu drosseln, wenn es zu warm wird. Neben der Luftqualität ist es die Raumtemperatur, das lernen sie, die zu ihrem Wohlbefinden beiträgt. Und wieder einmal wird hierbei deutlich: Sich um ein gesundes Raumklima bemühen heißt sehr häufig zugleich Energie sparen!

Gesundes Klassenzimmer

Da die Kinder und auch ihre Lehrerinnen und Lehrer den größten Teil des Tages in der Schule verbringen – auf eine Ganztagsschule trifft das natürlich besonders deutlich zu –, ist es ganz wichtig, daß sie sich in ihrem Klassenzimmer wohl fühlen. Schulen, in denen Beton, Neonlicht und kahle Flächen vorherrschen, strahlen wenig Geborgenheit aus. Vielleicht sind Aggression und Vandalismus in den Schulen auch als Reaktion auf die Kälte zu verstehen, die von solchen Gebäuden ausgeht (vgl. Jahresheft »Gesundheit« 8/1990, S. 70). »Es geht darum«, so formulierte H. v. Hentig (1976, S. 52) seine alternativen Vorstellungen von einer humanen Schule, »menschenwürdige Lebenseinheiten herzustellen, in denen zugleich gelebt wird und gelernt werden kann, wie man lebt«.

Die Laborschule, die H. v. Hentig selbst mitkonzipiert hat, entspricht unseres Erachtens allerdings den Vorstellungen von einer »menschenwürdigen Lebenseinheit« noch nicht. Zumindest das Gebäude, in dem sich die Kinder vom dritten Schuljahr an aufhalten, ist alles andere als ein menschenwürdiger Lebens- und Erfahrungsraum.

Trotz der unverrückbar schwierigen äußeren Rahmenbedingungen versuchen wir, den Raum so zu gestalten, daß er einigermaßen wohnlich wirkt, daß man darin lernen *und* leben kann. Wir begrünen einzelne Abschnitte des Großraumes mit Pflanzen, richten für den Gesprächskreis eine Sitzecke aus Bänken ein. Ein Teppich wird ausgelegt, auf dem sich Kinder auch einmal langlegen können, um ein Spiel zu spielen, um zu lesen oder sich zu entspannen. In einigen Ruheecken liegen Polster zum Sitzen oder Hinlegen. An den beweglichen Stellwänden hängen Bilder. Auch achten wir darauf, daß Tische und Stühle der Körpergröße der Kinder entsprechen; so sollen Haltungsschäden der Schülerinnen und Schüler vermieden werden. Und das die Augen so belastende Kunstlicht aus den Leuchtstoffröhren lassen wir möglichst nur dann brennen, wenn es anders nicht geht.

Eltern sind nach unseren Erfahrungen gerne bereit mitzuhelfen, wenn es um die Aus- und Umgestaltung des Lernraumes geht, in dem ihre Kinder arbeiten. Sie spendieren Ableger von Zimmerpflanzen; sie helfen mit, eine gemütliche Sitzecke einzurichten; sie bauen Regale, verschenken Spiele, die sie zu Hause nicht mehr brauchen, und ebenso Bücher. Oft sind Eltern solche gemeinschaftlich gestalteten Aktionen sogar lieber als Elternabende, an denen ausschließlich über pädagogische Probleme debattiert wird. Hier können sie zupacken und zeigen, daß sie auch was anderes können als reden. Auf das, was als Ergebnis dann zu bewundern ist, dürfen sie stolz sein: Es ist etwas »Pädagogisches« entstanden und doch etwas »Handfestes«.

Stundenplan und Pausen

Kein Kind kann es aushalten, mehrere Stunden hintereinander nur am Tisch zu sitzen und sich nur auf Aufgabestellungen zu konzentrieren, die auf einem Blatt aufgezeichnet sind. Ein Stundenplan sollte möglichst so gestaltet sein, daß ruhige Phasen, in denen Konzentration nötig ist, in denen geschrieben, gelesen oder auch gerechnet wird, abwechseln mit Bewegungsphasen. »Kopffächer« wie Mathematik und Deutsch müssen durch Spielphasen aufgelockert werden; Kinder brauchen zwischendrin Zeiten, in denen sie sich austoben können. Das können entweder Sportstunden sein oder auch Pausen, die in eigener Verfügung ausgestalten werden. Folgen zwei konzentrationsintensive Schulstunden unmittelbar aufeinander, dann kann der Unterricht auch durch gymnastische Übungen oder durch Bewegungsspiele im Klassenzimmer aufgelockert werden.

Spätestens in den Pausen sollten Kinder dann aber Gelegenheit haben, frische Luft zu tanken und sich ausreichend zu bewegen. Ein großes Freigelände umgrenzt unsere Schule. Darauf liegen die Spielplätze mit Schaukeln, mit Reckstangen, mit einer Drehscheibe und einer Seilbahn; auch der Bauspielplatz ist hier, auf dem man sich Werkzeug ausleihen und Buden bauen kann. Bei schlechtem Wetter sind die Sporthallen auch in den Pausen geöffnet. Draußen gibt es einen Sportplatz, den Rollschuhplatz, die Tischtennisplatten, Basketballkörbe sowie einige Bänke zum Ausruhen. Lauf- und Ballspiele können auch in größeren Gruppen gespielt werden, dazu ist Platz genug. Den Schulgarten kann man während der Pausen besuchen. Geöffnet hat ebenfalls der kleine Schulzoo, in dem Kinder sich zu zweit um ein Tier kümmern. Es gibt dort Kaninchen, Ratten, Mäuse, Meerschweinchen, Hamster, Vögel und Schildkröten; sie alle müssen gepflegt werden, bekommen ihr Futter und frische Streu in den Käfig. Dafür sind die Kinder verantwortlich, das können sie in den Pausen erledigen. Während der Pausenzeit leihen sie sich auch Bälle, Springseile, Federball- und Tischtennisschläger, Rollschuhe, Skateboards und Stelzen aus.

Für ruhebedürftige Kinder gibt es nach wie vor zuwenig Rückzugsmöglichkeiten. Sie können in den Pausen zwar im Schulgebäude und im Umkreis ihres Arbeitsraumes bleiben, wo dann Raum und Zeit für ruhige freie Beschäftigungen sein soll; sie können auch in die Schulbibliothek gehen, um hier zu lesen oder sich ein Spiel auszuleihen. Weitere Ruheräume aber, in denen man sich hinlegen und abschalten könnte, fehlen leider. Sie wären gerade in einem so offenen Gebäude dringend notwendig, denn das Lernen im Großraum ist für einige Kinder besonders anstrengend. So zeigt auch unsere Schule, daß zusätzliche Bewegungsangebote nur *eine* Möglichkeit sind, den Schulalltag aufzulockern; eine andere Möglichkeit besteht im Gegenteil darin, Zonen für Ruhe und Entspannung auszugrenzen und vor Störungen zu schützen.

Teestube

Eines unserer Projektziele sind die Veränderungen der Eßgewohnheiten von Schülerinnen und Schülern. Wir gehen dabei von ihren Frühstücksgewohnheiten aus, weil wir beobachten:

- daß unsere Schülerinnen und Schüler sich zuwenig Zeit lassen, um zu frühstücken, bzw. daß sie zu Unterrichtsbeginn hungrig sind,
- daß die mitgebrachten Frühstücksbrote (für das ausgefallene Frühstück zu Hause), vom Standpunkt der Vollwerternährung aus gesehen, von minderwertiger Qualität sind,
- daß die als Ersatz für die ausgefallenen Frühstücksbrote mitgebrachten Gelder in dem nahen Kiosk in Süßigkeiten, Chips und Zuckerwasser umgesetzt werden.

Wir setzen diesen Gewohnheiten das Angebot einer Teestube entgegen. Zustatten kommt uns dabei,

- daß wir ein konkretes Raumangebot direkt angrenzend an die Unterrichtsflächen des 3. und 4. Schuljahres haben,
- daß für die Schülerinnen und Schüler aus den 3. und 4. Schuljahren außer dem Schulzoo und dem Bauspielplatz kein betreutes altersgemäßes Pausenangebot besteht,
- daß die Sozialarbeiterinnen im Anerkennungsjahr, die in unserem Jahrgang mitarbeiten, die Idee einer projektbezogenen Teestube als sozialpädagogisches Schwerpunktangebot engagiert aufnehmen und angehen.

Auf Schwierigkeiten stößt zunächst die Finanzierung der Teestube, da es hierfür keine Gelder gibt. Wir strecken selbst etwas Geld vor, um Lebensmittel wie Müsli, Kakao, Marmelade, Sirup, Honig, Brötchen und Milch zu besorgen. Das Geld nehmen wir uns, sobald der Betrieb angelaufen ist, nach und nach zurück. Anfangs ist die Teestube nur dürftig ausgestattet: Ein Eimer dient als Spülbecken, wir haben weder einen Kühlschrank noch Regale, um Sachen unterzustellen. Mit der Installierung einer Spüle (nach drei Monaten) und dem Aufstellen von Schränken macht die Teestube dann einen gewaltigen Schritt nach vorn. Endlich können nun die Lebensmittel für uns und die Kinder überschaubar geordnet werden. Außerdem gestalten wir den Raum jetzt neu, hängen Lampen auf, bauen ein Blumenbrett. Die Eltern bitten wir in einem Brief, Geschirr und Besteck zu spenden und im Keller mal nachzusehen, ob da vielleicht noch ein alter Kühlschrank steht. Dem Aufruf wird rege Folge geleistet. Nach etwa einem dreiviertel Jahr besitzt die Teestube endlich den heißersehnten Kühlschrank und außerdem neue Tischdecken. Die Teestube ist endlich etabliert.

Jeden Tag in den Frühstücks- und in den Mittagspausen hat die Teestube geöffnet. In der Zeit zwischen 10.30 und 11.00 Uhr kommen die Kinder, um zu frühstücken. Zu ausgedehnteren Unternehmungen (Kuchen backen, basteln usw.) reicht in dieser Pause die Zeit nicht. In der Mittagspause aber, zwischen 13.00 und 14.00 Uhr, machen die Sozialarbeiterinnen zusätzliche Angebote. Den Rahmen dieser Angebote haben sie unter sich abgesprochen:

montags: malen, basteln, spielen,
mittwochs: kochen, backen, spielen,
donnerstags: vorlesen, spielen.

Und so kann ein Teestubentag aussehen: *Es ist Mittwoch, 10.30 Uhr – die Frühstückspause beginnt. Die drei Kinder des Teestubendienstes, Uwe, Jonas und Silvia, sind ca.*

eine Viertelstunde eher aus dem Unterricht gegangen, um gemeinsam mit einer Sozialarbeiterin die Vorbereitungen für den Pausenverkauf zu treffen: Brötchen müssen geschmiert und belegt werden (mit Honig, Rübensirup, Käse, Ei, Tomaten), Müsli muß gemixt und Kakao angerührt werden, zwei gespendete Melonen werden aufgeschnitten. Milch und Vollkornbrötchen haben sie morgens um kurz nach acht Uhr besorgt – sie mußten dafür ca. zwanzig Minuten eher in der Schule sein. – Die Schlange wird lang und länger. Uwe sitzt an der Kasse und rechnet das Wechselgeld ab, Silvia gibt in einer Extraschlange große und kleine Müsli aus, und Jonas gießt Kakao ein. Zwischendurch spült immer eins der Kinder ab. Die Sozialarbeiterin hat Zeit, sich um Kinder zu kümmern, die ihr Frühstück beendet haben; sie plauscht, bietet Spiele an, gibt Tips. Nach ungefähr zwanzig Minuten wird der Verkauf eingestellt. Die drei Kinder spülen ab und treffen noch einige Vorbereitungen für die Mittagspause. Sie kommen nur fünf Minuten später in ihren Unterricht.

Nicht immer läuft alles so konfliktfrei wie an diesem Tag. Schwierigkeiten gibt es zum Beispiel manchmal mit Kindern, die in der Schlange ungeduldig warten, die einen besseren Service verlangen und »diensthabende« Kinder beschimpfen. Sofort bedient zu werden und frei konsumieren zu können, das scheint für viele Kinder eine Selbstverständlichkeit zu sein. Wir machen etliche Anläufe, um ihnen zu verdeutlichen, daß sie nicht nur Konsumenten unseres schmackhaften pädagogischen Angebots sind, sondern daß sie dieses Angebot selbst gestalten können und mitverantworten müssen: »Statt zu meckern, solltet ihr helfen« oder »Dann müssen eben mehr Kinder bedienen, kommt, packt mit an« oder »Gut, dann macht ihr morgen den Dienst«. Auch wir Erwachsenen müssen unsere Rolle definieren, um nicht zu Oberkellnern degradiert zu werden. In der Teestube sind wir Erwachsenen Ansprechpartner, die Anregungen geben und Wünsche der Kinder berücksichtigen.

In die Verantwortung der Kinder gehören der tägliche Verkauf und der Abwasch; sie erledigen das weitgehend selbständig, so daß die Sozialarbeiterinnen in der Teestube Zeit für Gespräche, Spiele und andere Angebote haben. Jedes Kind macht mehrmals Teestubendienst. Auch deshalb verstummen die anfänglichen Meckereien über »langsame Bedienung« mit der Zeit. Wer schon einmal hinter der Theke gestanden hat, weiß, welcher Streß da entstehen kann.

Als laufende Aufgabe stellt sich uns Erwachsenen die Beschaffung der Lebensmittel. Zwar übernehmen die Kinder den täglichen Einkauf von Milch, Brötchen und Obst, der Großeinkauf von Lebensmitteln wie Honig, Müsli usw. bleibt jedoch uns überlassen. Um diesen Einkauf, der nur alle paar Wochen anfällt, erledigen zu können, muß man möglichst über ein Fahrzeug verfügen.

Einige Zeit hat die Teestube gebraucht, um sich als ein Pausenangebot zu etablieren. Inzwischen kommen morgens regelmäßig etwa 50 Kinder aus sechs bis sieben Gruppen, um ihr Frühstück einzunehmen. In der Mittagspause kommt ein Stamm von etwa 20 Kindern, nicht gerechnet Emil, einer unserer Werkstattmeister, den die Kinder aufgrund seines Massenbedarfs von acht bis zehn halben Brötchen zum Selbstschmieren verdonnert haben. Unser Ziel, mit einer größeren Zahl von Schülerinnen und Schülern gesunde Frühstücksgewohnheiten einzuüben und damit unser Projekt auch verhaltenswirksam zu machen, haben wir erreicht. Man mag angesichts all des Giftes in den Lebensmitteln über solche Erfolge lächeln; wir werten es dennoch als Erfolg,

Preisliste

1 ungeschmiertes Brötchen	65 Pf
½ geschmiertes Brötchen	60 Pf
1 Müsli *	60 Pf
1 Kakao *	50 Pf
1 Apfelsaft *	50 Pf
1 Mineralwasser *	40 Pf
1 Möhre je nach Größe	10 od 20 Pf
1 Apfel	50 Pf
1 Lakritzstange (ohne Zucker)	30 Pf

* Müsli und Getränke bitte nur in der Teestube verzehren und das Geschirr selbst zurückbringen

!

- wenn Kinder sich über den Zuckerpott entrüsten, der sich auch nach der Unterrichtseinheit über »Honig und Zucker« immer noch auf dem Verkaufstisch befindet,
- wenn die anfänglich zwar ob ihrer Kleinheit abgelehnten Vollkornbrötchen nach ihrem (organisationsbedingten) vorübergehenden Nichtangebot plötzlich heiß gefragt sind,
- wenn Eltern berichten, daß ihre Kinder neuerdings den geliebten Zucker im Tee ablehnen und ihn entweder »pur« oder »mit Honig« verlangen,
- wenn Kinder plötzlich auf uns Lehrer zeigen, weil wir uns klammheimlich um eine Tafel Schokolade versammelt haben.

Die Teestube hat sich also bewährt, und es ist zu hoffen, daß die Kontinuität dieser Einrichtung gewahrt bleibt. Dies ist nicht nur für das »Überleben« der veränderten Ernährungsgewohnheiten wichtig, sondern auch für die Ausbildung institutioneller Traditionen: Kinder kommen in der Laborschule mit vielen – oft zu vielen – neuen Ideen und Attraktionen in Berührung, denen es aber häufig an Bestand und geduldiger Einübung fehlt. Als ein Ort, an dem Kinder Eigentätigkeit und selbstverantwortliches Handeln einüben können, hat die Teestube eine so lange Geschichte, daß sie auch aus Krisen und Stillständen wieder herausfinden sollte.

den

KÖRPER

darstellen

Starr oder bewegt, asketisch oder sinnenfroh, hager oder üppig, vereinzelt oder in Gruppen, männlich oder weiblich, kraftstrotzend oder gebeugt, in Siegerposen oder in gedemütigten Haltungen – der menschliche Körper wird in den Künsten in seiner ganzen Ausdrucksvielfalt dargestellt. Er taucht auf der Bühne auf, in der Malerei, in der Druckgrafik, auf Fotos, Plakaten, in Comics, in Plastiken und im Ballett: eine menschliche Expression festhaltend, die Beziehungen zwischen Menschen darstellend oder auch die Beziehung einer Gesellschaft zu menschlicher Körperlichkeit überhaupt. Eine Epoche zeigt ihr Körperideal, verhüllt oder entblößt, geschlechtslos oder sexistisch, individuell oder normiert. Künstlerische Darstellungen – wie auch die trivialen – bilden den Körper als gesunden oder kranken ab, verletzt und strahlend jung, aber nur selten auch alt. Sie zeigen so ein tabuisiertes Verhältnis gegenüber Alter und Tod an, das Ideal der biologisch-strahlenden Jugend oder aber die tiefsitzende Furcht vor Krankheit und Verletzung. Insofern sind Körperbilder nicht nur unmittelbarer Ausdruck; sie bringen auf Befragen hin vielmehr etwas zum Ausdruck, was unter der Bildoberfläche zu liegen scheint: das historisch-gesellschaftlich sich verändernde Verhältnis von Menschen zu sich selbst.

Wie der menschliche Körper in den Künsten dazu taugt, Geisteshaltungen als Körperhaltungen zu formulieren, so kann er in der Erziehungsarbeit auch Einstellungen zu Gesundheit und Krankeit sichtbar machen. Haltungen, die Menschen zu ihrem Körper ausbilden, können sie im Medium von Geschichten, von Szenen, von Plastiken, von Zeichnungen und Bildern besonders prägnant ausdrücken, wenn sie Gelegenheit dazu erhalten. »Mit allen Sinnen lernen«, diese pädagogische Formel meint doch auch: etwas auf verschiedene Weise darstellen können, sich vergegenwärtigen dürfen, es begreifbar machen und in verschiedenen Medien so abbilden, daß zu Lernendes sinnlich erlebbar, zumindest nacherlebbar wird. In der Arbeit mit Kindern ist es vermutlich besonders wichtig, daß diese Übertragung der Körperthematik auf ein darstellendes Medium häufig und abwechslungsreich gelingt. Kinder können sich nicht damit zufriedengeben, das aufzuschreiben oder auswendig zu lernen, was sie über den Körper wissen und mit ihm empfinden. Sie suchen nach Möglichkeiten künstlerischer Expression, nutzen diese besonders gern und können – selbst darstellend und agierend – an die Bilderflut trivialer Medienproduktionen (Fernsehen, Videos, Illustrierte) anknüpfen.

Läßt man sich auf eine entsprechende Arbeitsweise erst einmal ein, so tun sich bald ungeahnt vielgestaltige Darstellungsmöglichkeiten auf, wie wir im folgenden anhand einiger Beispiele zeigen werden. Das Körperthema kann Thema freier oder gelenkter Textarbeit werden. Es kann zum Malen und auch zum plastischen Gestalten Anregungen geben, auch zur Arbeit mit dem Medium Video. Besonders viel Spaß hat nicht nur den Kindern, sondern auch uns das Experimentieren mit dem Medium des darstellenden Spiels und des Theaters gemacht. Die Beispielsammlung hierfür fällt entsprechend umfangreich aus.

Theaterspiel: Gesundheit auf der Bühne

Ein Theater zu gestalten, das kann heißen, nicht nur mit der Stimme, sondern auch mit dem Gesicht, mit dem ganzen Körper eine Geschichte »zur Sprache« zu bringen. Gleich, ob das Bühnenstück um »Gesundheit und Krankheit« oder um einen ganz anderen Stoff kreist, in jedem Falle werden Kinder darin Körpererfahrungen machen und sie auch zeigen können. Beim Theaterspielen beginnen sie, die »Körpersprache« zu sprechen, die in der Grundschule zu häufig noch als Fremdsprache gehandelt wird, obwohl sie in der Ausdrucksweise von Kindern doch unübersehbar ist.

Im Schattenspiel lernen Kinder, ihre Geschichte in ruhigen, gedehnten Bewegungen dicht hinter der Leinwand so vorzutragen, daß die zweidimensionalen Körperbilder bis in das Spiel der Finger und Zehen hinein scharfe Konturen bekommen. Im »Schwarzen Theater« bringen sie ihre Körper in schwarzen Kostümen zum Verschwinden (nur die weißen Körperpartien werden vom UV-Licht der Spezialbeleuchtung reflektiert). In Pantomimen und beim Tanz sind die Kinder völlig auf die Verständlichkeit der Körpersprache verwiesen; sie müssen auf die gesprochene Sprache ganz verzichten. Aber auch in den Sprechszenen werden ihnen die Zuschauer rückmelden, ob ihre Schauspielerkörper verständlich und eindrucksvoll gespielt haben. So geht es beständig um die kreative Entfaltung der Körpersprache und um die Festigung des Körperbewußtseins.

Das Theater, auch das Schul-Kindertheater, kann grundsätzlich alle Themen aufgreifen, die Menschen bewegen bzw. Kinder interessieren. Neben Molières »Eingebildetem Kranken« zeigen es auch andere Leidensgenossen aus der Geschichte der Dramatik: Wie »Krankheit« als Thema bühnenfähig ist, so ist es auch das dramatische Gegenthema »Gesundheit«! Stücke des GRIPS-Theaters haben den Kampf um eine gesunde Umwelt auch auf die Bühne des Kindertheaters gebracht. So kann dieses Thema auch in das Repertoire des Schul-Kindertheaters aufgenommen werden. Wie lebendig es hier verhandelt wird, das zeigen die vorliegenden Theaterversuche.

Aber auch mittelbar, ohne den direkten Themenbezug, leistet das Theater seinen unorthodoxen Beitrag zur Gesundheitsförderung. Es hilft den Spielenden bei der Festigung ihres Körperbewußtseins und trägt auf diese Weise zur Sensibilisierung gegenüber Gesundheit und Krankheit bei.

Theaterstück »Bonbon unterwegs«

Ausgangspunkt für dieses kleine Theaterstück ist ein fünfminütiger Zeichentrickfilm zum Thema »Zucker« (EMU-Verlag Lahnstein. Gesellschaft für Gesundheitsberatung). Der aufklärerisch-informative Inhalt des Filmes, das Problem übermäßigen Zuckerkonsums, wird den Kindern durch die witzigen Figuren von Magen, Leber und Bauchspeicheldrüse in einer ohrwurmigen Sprache sehr einfach und einleuchtend dargestellt. Alle Organe leiden ganz entsetzlich unter den Folgen von Zucker (Bonbons) und beschweren sich über das Süßmaul Mensch. Den Kindern bereitet dieser Film so viel Spaß, daß wir ihn gleich mehrere Male hintereinander zeigen müssen. Beim Verlassen des Filmraumes sind sie spielerisch schon selbst die Leber und die Bauchspeicheldrüse; große Teile des Textes werden spontan von ihnen nachgesprochen und gespielt.

Den Text für dieses Theaterstück übernehmen wir fast wörtlich aus dem Film. Die Aufgabe des Erwachsenen besteht nun darin, für die Zeichentrickfiguren spielende Kinder zu finden, mit ihnen die Kostüme auszusuchen und ein Bühnenarrangement zu entwickeln. Die originale Filmmusik ersetzen wir durch eine selbstausgewählte. Das englische Lied »sugar, sugar« (von der Gruppe »Archies«) lernen die Kinder mit dem größten Vergnügen, unterstützt von einer mitlaufenden Kassette. Und so kann man sich den szenischen Ablauf vorstellen:

> *Da tanzt das buntgekleidete Bonbon zur Musik auf der Bühne, umschwirrt die Zähne und knabbert an dem weißen Zahnschmelz. Sechs Kinder, die ein weißes Kopfkissen über ihre Körper gestülpt haben, hocken als Zähne am vorderen Bühnenrand.*

Bonbon: »Na, ist das was?
Ja, das schmeckt!«
> *Eine riesengroße Zahnbürste (Besen) erscheint, putzt die Zähne und vertreibt das Bonbon. Es verschwindet, tanzt über die Bühne und trifft auf den Magen. Dieser steht mit einem riesigen Bademantel, ausgepolstert mit dicken Kissen, auf einem Tisch; der Magen ist entsetzt.*

Magen: »Ach, du Scheiße! Wißt ihr, was da kommt? Zucker, purer Zucker!«
> *Die Magenarbeiter pfeifen, auf Fingern und Trillerpfeifen. Etwa zehn von*

ihnen sitzen, mit Schlümpfen bekleidet, auf der Bühne und kneten das Essen (Schaumstoffblöcke).

Magen: »Wir haben es satt, verstehst du! Hier wird verdaut. Und was kriegen wir? Bonbons, Zucker! Nichtsnutz, elender! Und wir warten hier ewig auf etwas Anständiges! Was ist denn schon an dir dran, hä? Nichts, du Lump! Da drüben, siehst du, das ist noch was! Hier macht die Arbeit noch Spaß! Das ist noch Verdauung! Ein Stück Vollkornbrot mit Marmelade, ein Apfel. Ist ja auch was Süßes, oder? Da ist alles dran, Vitamine, Mineralien. Was man alles so braucht. Hast du vielleicht was davon mit? Nee hee! Möchte bloß mal wissen, was die anderen an dir finden.«

Bonbon: »Man liebt mich eben!«

Magen: »Stimmt!«

Der Magendarsteller springt vom Tisch und tritt dem Bonbon in den Hintern!

Bonbon: »Gott, ist der sauer heute! Mal sehen, wie es der Leber geht.«

Das Bonbon trifft auf einen Professor. Dieser, mit Hut und Jacke bekleidet, steht vor einer großen Tafel, auf der einige unverständliche mathematische und chemische Formeln angeschrieben stehen. Der Professor spricht laut vor sich hin.

Professor: »Also, wir sind auf dem besten Wege, zur Fettleber zu werden. Na ja, wir haben ja auch noch dieses ... ich meine ... eh ... Der Alkohol stellt ein gewisses Problem dar.«

Die Leber, ebenfalls in einen langen Bademantel gekleidet, hockt abgeschlafft auf einem Stuhl neben der Tafel und langweilt sich.

Leber: »Ja, ja, schon gut ... und weiter!«

Professor: »Ich meine, der Energieverbrauch ist sehr gering ... es bewegt sich kaum ein Muskelchen. Die Kreislaufmaschine ... Die Energiezufuhr enorm wie immer, vor allem die Zuckerlager sind gerammelt voll.«

Leber: »Ach ja, hmm, Zucker! Halt!«

Die Leber springt auf, packt das Bonbon am Kragen und schüttelt es hin und her, während sie spricht.

Leber: »So ein kleines Stückchen Zucker ist ja was Feines! Aber das ist zuviel! Das geht jetzt schon den ganzen Vormittag so. Was sollen wir mit dem ganzen Zeug hier, zum Donnerwetter! Los, spuck's aus! Worauf bist du scharf? Ich weiß, worauf du scharf bist! Auf unsere Vitamine! Darauf bist du scharf! Auf unsere Vitamine, die wir uns mühsam zusammenkratzen müssen. Aber daraus wird nichts. Nicht mit mir! Mir reicht's! Soll sich doch die Bauchspeicheldrüse darum kümmern!«

Von der Leber weggestoßen, stolpert das Bonbon über die Bühne. Das Lied »sugar, sugar« wird wieder eingeblendet. Das Bonbon rutscht kichernd auf dem Rücken über die Bühne.

Bonbon: »Ja, so leicht wird man mich nicht wieder los. Hi hi hi hi ...«

Das Bonbon kommt nun zur Bauchspeicheldrüse, die gähnend an der Wand lehnt und eine große Wasserspritze neben sich liegen hat. Sie schaut genervt hoch, als sie das Bonbon entdeckt.

Bauchspeicheldrüse: »Ach nee, nee! Nicht schon wieder! Was denn! Was denn! Ach nee, Kinder, nee! Jetzt muß ich das schon wieder ausbaden! Ach nee, nee, nee, nee, nee, Kinder, nee!«
Sie greift zur Wasserspritze und zielt auf das Bonbon.
»Na, na? Wo steckst du denn, du Süßer? Ach, da schau her! Jetzt haben wir dich schon! Ich bin schon mit ganz anderen Sachen fertig geworden. Denk nur nicht, daß du etwas Besonderes bist. Da schau her! Zack ... daneben! Ja, das macht ja nichts. Ich erwisch' dich schon. Hee, hee, hee! Und zack!«
Ein Erzähler tritt auf.
Erzähler: »Die schafft ja ordentlich was weg! Und gleich hat sie's geschafft. Und der Zuckerspiegel sinkt sogar unter normal. Und dann bekommt unser Süßmäulchen da oben schon wieder Hunger auf etwas Süßes!«
Die Bauchspeicheldrüse zielt in der Zwischenzeit weiter auf das Bonbon.
Bauchspeicheldrüse: »Ja, so geht das, Freundchen!«
Der Erzähler schaltet sich wieder ein.
Erzähler (entsetzt): »Achtung! Er will schon wieder Zucker fressen!«
Bauchspeicheldrüse: »Ach nee, nee, nee, nee, neeee!«
Magen: »Oh, Scheiße!«
Das Lied »sugar, sugar« wird wieder eingeblendet. Alle Schauspieler/innen kommen nach vorne und singen das Lied. Das Publikum ist aufgefordert, den Refrain mitzusingen.

»Tanz der Skelette« und »Vitaminraub« – zwei Szenen im Schwarzen Theater

Im Medium des Schwarzen Theaters zu arbeiten ist sehr effektvoll, leider aber auch recht aufwendig und technisch komplizierter als das Spiel auf offener Bühne (vgl. Lenzen 1992): In einem ganz mit schwarzen Stoffbahnen ausgehängten Raum wird das Licht der Schwarzlichtlampen – sie sind die einzige Beleuchtungsquelle in einem ansonsten völlig abgedunkelten Raum! – nur von ganz weißen Flächen reflektiert oder von Flächen, die mit grellen »Neonfarben« bemalt sind. Die Spielerinnen und Spieler des Schwarzen Theaters tragen allesamt schwarze Kleidung (Strumpfhosen, langärmelige T-Shirts und schwarze Tarnkappen). Sie werden deshalb nicht gesehen und können nun alle möglichen weißen Gegenstände und Körperteile, eine weiße Hand (= ein weißer Handschuh) zum Beispiel, durch die Luft fliegen lassen. Das Schwarze Theater ist eine Art pantomimisches Theater; es kommt ganz ohne Sprache aus; begleitende Musik oder Geräusche sind besonders wirkungsvoll.

Tanz der Skelette

Auf die Rückenseite ihrer schwarzen Kleidung haben die Kinder weiße Skelette aufgeklebt; diese leuchten auf, sobald die Kinder sich umwenden, ihren Rücken also der Lichtquelle zuwenden. Wenn sie sich wieder umdrehen, also wieder in die Lichtquelle schauen, verschwinden auch die Knochenfiguren wieder. Außerdem werden einzelne Teile des Skeletts durch den Raum fliegen; sie sind aus Sperrholz oder harter Pappe ausgesägt und mit weißem, gut reflektierenden Papier beklebt. Es sind die Kinder, die diese »Knochen« in den Händen halten und über die Bühne bewegen. Ein schwarzes Holzkreuz ist an einem Kartenständer aufgehängt, es bleibt ebenfalls unsichtbar; an den eingelassenen Holzdübeln werden später die Knochenteile mobil aufgehängt. Diese Dübel übernehmen sozusagen die Funktion von Gelenken: Das entstehende Riesenskelett kann im dunklen Raum des Schwarzen Theaters wie von Geisterhand bewegt werden – ein gruseliger, aber immer auch spaßiger Tanz!

Der szenische Ablauf kann zum Beispiel so aussehen: Zunächst schwirren einzelne Knochenteile durch den Raum; immer neue kommen hinzu. Die gespenstischen Erscheinungen sind mit einer entsprechenden Musik, mit Klängen oder einer atonalen Geräuschkulisse unterlegt. Kinder bewegen die Skeletteile. Die Spielerinnen und Spieler haben sich in ihren schwarzen Kostümen unsichtbar gemacht: Eine Wirbelsäule lassen sie durch den Raum wirbeln, dann das Becken, die Ober- und Unterschenkel mit den Füßen, die Ober- und Unterarme mit Händen, das Schlüsselbein, den Brustkorb und schließlich den Schädel. Zwei weiße, ebenfalls frei im Raum schwebende Hände ergreifen die Knochenteile einen nach dem anderen und setzen sie zu dem Riesenskelett zusammen. Sobald das Skelett komplett ist, wechselt die Musik; es tanzt nun gemeinsam mit den kleinen Skeletten, die auf die Rücken der Kinderkostüme aufgeklebt sind, einen Rock 'n' Roll.

»Vitaminraub«

Leuchtend weiße und neonfarbige Gegenstände fliegen frei durch den Raum: Jongliertücher, farbige Reifen, Jonglierbälle und leuchtende Jonglierkeulen. Die Kinder lassen diese Gegenstände durch den Raum »fliegen«. Außerdem haben sie auf ihren schwarzen Kostümen neongrüne Punkte aufgeklebt, die sich entsprechend mitbewegen. Punkte und Leuchtformen symbolisieren die Vitamine, insbesondere das Vitamin B_1. Die Formen kreisen in ruhigen Bewegungen umeinander. Plötzlich aber kippt die friedliche, faszinierend bunte, von einer ruhigen Musik begleitete Szenerie um: Weiße Hände schwirren aufgeregt durch den Raum. Die Musik wird bedrohlich, die Bewegungen werden hektisch. Die weißen Hände – sie symbolisieren diesmal den Zucker – schnappen nach den frei schwebenden Gegenständen und lassen sie in einem weißen Sack verschwinden. Schließlich klauen sie auch noch die grünen Punkte; sie »sacken« die Vitamine »ein«.

Szene: »Die Körperfabrik«

In dieser Szene wird versucht, auch das Thema »Nährstoffe und ihre Aufgaben« auf eine anschauliche Ebene zu bringen. Die Nährstoffe treten personifiziert auf und stellen sich als fleißige Mitarbeiter der Körperfunktionen vor. Jedes Kind erhält eine Rolle; es kann also das Eisen darstellen, das Kohlenhydrat, das Fett, das Calcium, den

Ballaststoff, die Vitamine D, A, E, B, C. Einige Rollen können selbstverständlich auch doppelt besetzt werden. Die Rolle des Vitaminwidersachers, des Zuckers, wird ebenfalls besetzt, auch die vielleicht doppelt. Insgesamt können in der Szene zwischen zwölf und achtzehn Kindern mitspielen. Sie entwickeln gemeinsam ihre Ideen für die Kostüme und Requisiten, sie suchen nach den für sie typischen Geräuschen und probieren Bewegungsformen aus, die für ihre Rolle charakteristisch werden sollen.

Die Szene spielt sich sowohl hinter der Leinwand – als Schattentheater – als auch vor der Leinwand ab. Die menschliche »Körperfabrik« steht als eine große Schattenfigur die ganze Spielzeit über hinter der Leinwand. Einleitend wird ein Text über die Arbeit dieser »Körperfabrik« vorgelesen. Nacheinander treten dann die Damen und Herren Nährstoffe in ihren Kostümen und mit ihren Requisiten auf, jeweils eingeführt durch einen kurzen Vorstellungstext, den eine Sprecherin vor der Bühne vorträgt, jeweils begleitet von einem musikalischen Motiv. So erscheinen zum Beispiel die Betriebsärzte Herr und Frau Vitamin C, ganz in Weiß gekleidet, mit Stethoskop und Arztköfferchen. Sie untersuchen »unseren Patienten« und geben ihm zur Stärkung der Abwehrkraft eine Spritze. Wenig später liefern sich Frau Vitamin B_1 und der Herr Zucker erbitterte Zweikämpfe. Schließlich erscheinen die Damen und Herren Ballaststoffe, in blaue Müllsäcke gehüllt. Sie reinigen mit Schaufel und Besen »das Gelände« und beseitigen dabei unter anderem die Reste des besiegten Zuckers.

Darstellendes Spiel: »Wir essen einen Apfel«

Diese »Verdauungsgeschichte« nach dem Text von Ursula Wölfel spielen wir in zwei Versionen, die später dann zu einer einzigen zusammengefügt werden.

In der ersten Version stellen die Kinder das Körperinnere dar. Den *Mund* und die *Zähne* bilden zwei Kinder, die sich auf dem Fußboden gegenübersitzen und an den Händen fassen. Für die *Speiseröhre* stellen sich mehrere Kinder mit gegrätschten Beinen dicht hintereinander. So entsteht eine Röhre, die zum *Magen* führt. Dieser wird durch vier Kinder gebildet, die sich paarweise gegenübersitzen und an den Händen halten. Für den *Dünndarm* legen sich sechs Kinder im Zickzack auf die Erde, das siebente liegende Kind stellt den Dickdarm dar. Zwei Kinder, die neben dem Darm stehen, spielen die *Gallenblase* und die *Bauchspeicheldrüse*. Der Schüler, der das Klo darstellt, sitzt auf einem Stuhl am Ende des Darms und formt mit beiden Armen einen Kreis, die Kloschüssel. Die Kinder erfinden noch die Klospülung hinzu, ein stehendes Kind, das mit seiner Hand an einem imaginären Griff zieht, wenn der Essensrest im Klo landet. Das leichteste Kind der Gruppe wird für den Apfel ausgesucht, der die einzelnen Stationen des Körpers durchwandern muß. Er wird im Mund gerüttelt, kriecht auf allen vieren durch die Speiseröhre, wird im Magen geknetet und von der Magensäure aufgelöst. Zischende Laute und zerrende Hände am Pullover des Apfels verdeutlichen diesen Vorgang. Dieser erreicht den Darm. Gallenblase und Bauchspeicheldrüse zischen heftig und schicken mit vorstoßenden Hand- und Armbewegungen scharfe Säfte in den Apfel. Der Darm bewegt sich, schiebt mit den Händen den Apfel weiter, zieht an ihm und saugt mit schlürfenden Geräuschen die Nährstoffe heraus.

Endlich landet der Apfelrest im Klo und wird hinuntergespült. Die Kinder spielen die Geschichte, während ein Schüler den Text langsam vorliest.

Die zweite Version dieser Geschichte ist eine Klanggeschichte, eine Vertonung der Verdauungsvorgänge. Die Kinder ordnen den Verdauungsvorgängen jeweils Geräusche zu, die sie mit Xylophonen, Klanghölzern, Trommeln und anderen Musikinstrumenten nachempfinden. Zu Hilfe nehmen sie auch andere Gegenstände, die Geräusche erzeugen: eine Schüssel mit Wasser, einen laufenden Wasserkran.

In einem dritten und abschließenden Durchgang werden die beiden Versionen zusammengeführt und gleichzeitig gespielt. So wird ein Beitrag fertig, der später im Rahmen der Szenenfolge »Gesundheit und Krankheit« gezeigt werden kann.

Szenenfolge »Gesundheit und Krankheit«

Der Zirkus liefert die Grundform: Sein Programm besteht aus einer losen und abwechslungsreichen Reihung der Beiträge, die in der Projektarbeit zusammengekommen sind. Es ist die Revueform, die sich für das Schultheater in der Primarstufe auch bei anderen Themen als sehr brauchbar erweist.

Um zum Thema »Gesundheit und Krankheit« als Abschluß einer Unterrichtseinheit ein Theaterspiel aufführen zu können, brauchen wir also nicht das fertige Bühnenstück mit den schon ausgefeilten Dialogen. Vielmehr binden wir in die offene Revueform diejenigen Geschichten, Sketche, Rollenspieldialoge, Lieder, Tänze, Gedichte und Körperübungen ein, die im Verlauf der Unterrichtseinheit eingesetzt und entwickelt worden sind. Mit den abschließenden Proben für das Theaterstück wird also kein neues Projekt, sondern eine Wiederholungsphase eingeläutet. Die schon bekannten Einzelbeiträge werden jetzt erneut durchgearbeitet und so »aufpoliert«, daß sie sich auf der Bühne sehen lassen können. Jede Schulklasse wird ihre eigene Szenenfolge entwickeln; die hier abgebildete dient nur zur Anregung. Zwei Kinder moderieren die Szenenfolge mit vorbereiteten Kurzkommentaren, verkleidet als personifizierte »Gesundheit« und »Krankheit«, als der *Dr. Brinkmann* (Fernsehserie »Schwarzwaldklinik«) oder als der *Karl-Heinz*, von dessen Krankheits- und Gesundheitsgeschichte die Kinder beim Vorlesen ja schon gehört haben (s.o.).

Programm

- »Wir sind in Bewegung« – ein Tanz
- »Der Fernsehkoch empfiehlt: Rezepte aus der Giftküche« – Texte
- »Entspannung und Anspannung« – eine gymnastische Übung
- »Dicke Luft« – ein Lied
- »Körpergeschichten« – eine Lesung
- »Aufregung im Körperinneren« – Reportage und Rollenspiel
- »Die Operation« – ein Schattenspiel
- »Haribo macht Kinder froh und andere Werbetexte« – Text und Spiel
- »Wir sind in Bewegung« – Abschlußtanz

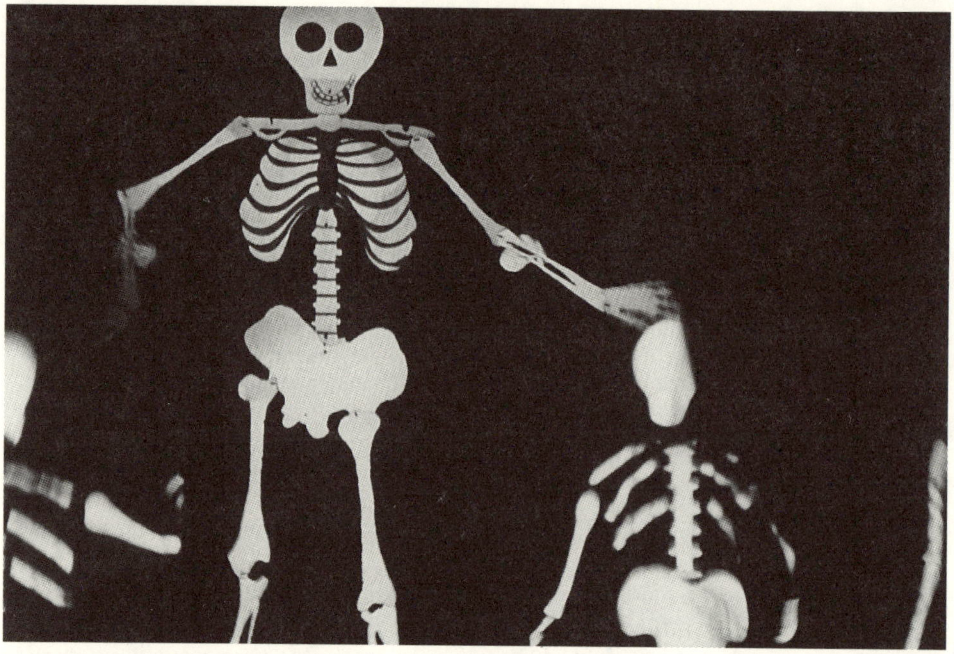

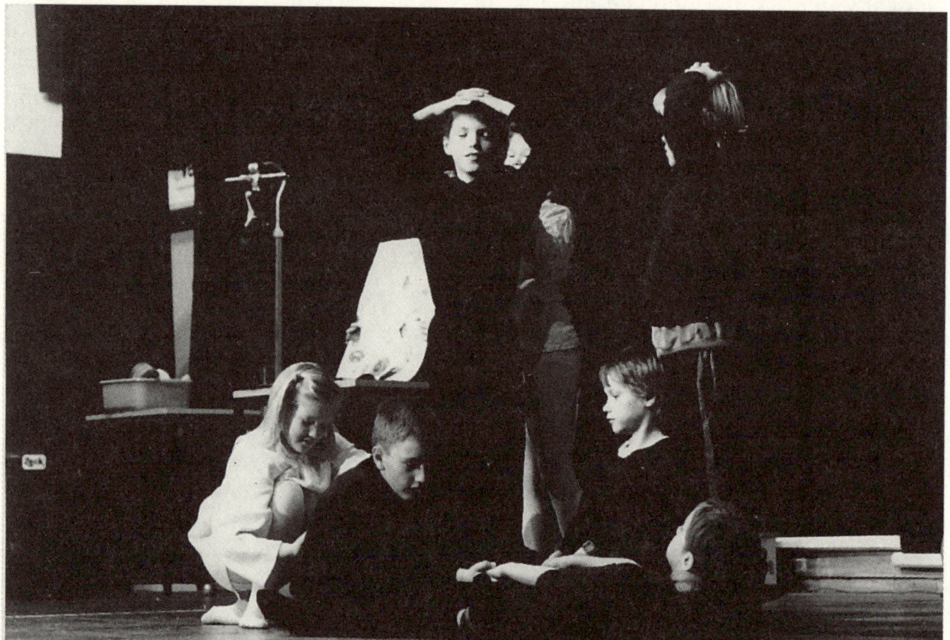

Geschichten von Gesundheit und Krankheit

Wenn wir mit Kindern über Gesundheit, Krankheit und den Körper reden, dann spielen die erlebten und selbstdurchlittenen Krankheiten eine große Rolle. Der gebrochene Arm nach einem Fahrradunfall, die Grippe mit dem hohen Fieber, die Zahnschmerzen und der Besuch beim Zahnarzt – das Thema ist unerschöpflich und könnte einige Schulstunden füllen. Auch die Krankheitsgeschichten der Eltern, von Oma und Opa werden erzählt. Fast alle Kinder haben schon Erfahrungen mit dem Tod gemacht, kennen einen Menschen, der an Krebs oder einer anderen schweren Krankheit gestorben ist. Behinderungen und der Umgang mit behinderten Kindern in unserer Schule spielen ebenfalls eine große Rolle. Das Interesse und Informationsbedürfnis ist riesengroß. Jede erzählte Geschichte löst eine neue aus.

Damit alle Kinder eine Chance haben, ihre Geschichte zu erzählen, sollen sie einen Text auch selbst aufschreiben und ein Bild dazu malen.

»Besuch im Körpermuseum«

So heißt eine Geschichte, die die Kinder im Deutschunterricht schreiben, nachdem sie die Verdauungsorgane kennengelernt und einige Filmausschnitte über das Körperinnere gesehen haben. Thomas hat den Fortlauf seiner Geschichte mit wasserlöslichen Permanentschreibern auf vier verschiedene Folien gemalt. Diese werden mit dem Tageslichtschreiber auf die Leinwand projiziert. Ein kleines Schiffchen, das die Hauptrolle in dieser Geschichte spielt, wird aus Papier gebastelt, an einem dünnen Stöckchen befestigt und kann auf der Folie über die Zeichnung geschoben werden. Der Text wird, die Foliendarstellung kommentierend, von vier Kindern gelesen.

Nicht nur in den von Kindern selbst erzählten und aufgezeichneten Geschichten spielen Gesundheit und Krankheit eine bedeutsame Rolle, auch in den Kinderbüchern taucht dieses Thema häufig auf und wird variationsreich behandelt. Literarisch verkleidet tauchen einige Stile der Gesundheitserziehung in den Kinderliteraturen noch einmal auf: Texte der »Abschreckungspädagogik«, belehrende und moralisierende Geschichten, aber auch Geschichten, die den Schulunterricht von seinen Erziehungs- und Bildungsaufgaben entlasten können (vgl. S. 120).

Bildthema: Besuch im Körpermuseum

So lautet das Thema der bildnerischen Aufgabe und später auch der Titel der Geschichte, die die Kinder zu ihrem Bild aufschreiben. Vor ihnen liegt ein großes DIN-A1-Blatt. Der Umriß von Kopf und Rumpf ist schnell gemalt. Dann geht es an die Ausgestaltung des »Museums«.

Nach dem häufigen Ansehen von anatomischen Zeichnungen und Körperbildern ist jetzt die Phantasie gefragt. Jedes Kind kann sein eigenes »Körpermuseum« ganz individuell »einrichten« und ausgestalten, auch die Besucher dazu erfinden. Manche

Ausgewählte Titel für Grundschulkinder zum Thema: Gesundheit/Krankheit

Antoinette Becker und *Elisabeth Niggemeyer:* »Ich will etwas vom Tod wissen« Otto Maier Verlag (Sterben und Tod)

Grete Fagerström und *Gunilla Hansson:* »Peter, Ida und Minimum« Otto Maier Verlag (Sexualität und Geburt)

Virginia Ellen Jensen: »Was ist das?« Sauerländer Verlag (Sehbehinderung)

Joe Lasker: »Tommy ist mein Bruder« Carlsen Verlag (Minimale cerebrale Dysfunktion)

Gunilla Wolde: »Totte geht zum Arzt« Carlsen Verlag (Arztbesuch)

Katrin Arnold und *Renate Seelig:* »Anna macht mit« Ellermann Verlag (Cystische Fibrose)

Willi Fährmann und *Werner Bläbst:* »Martins Wackelzahn« Stalling Verlag (Zahnarztbesuch)

Jean Little: »Alles Liebe deine Anna« C. Bertelsmann Verlag (Minimale cerebrale Dysfunktion)

Joraine Löhr und *Angelika Schuberg:* »Felix und die Eule« Anrich Verlag (Körperbehinderung)

Marit Nordby: »Ole-Martin redet ohne Worte« C. Dressler Verlag (Stummheit)

Bernard Wolf: »Anne kann nicht hören« Kinderbuchverlag Reich (Schwerhörigkeit)

Erich Rauschenbach: »Zucker ist nicht immer süß« Verlagsgesellschaft Schulfernsehen (Zuckerkrankheit)

Barbara Rütting: »Koch- und Spielbuch für Kinder« Georg Lentz Verlag (Ernährungsplanung)

Tomie de Paolo: »Karl hilft Kalle, Kalle hilft Karl« Carlsen Verlag (Schlaganfall und seine Folgen)

William Steig: »Doktor de Soto« Hoch Verlag (Zahnarztbesuch)

Oralee Waechter: »Heimlich ist mir unheimlich« Benziger Verlag (Sexueller Mißbrauch)

Ursula Fuchs: »Wiebke und Paul« Anrich Verlag (Alkoholismus)

John Burningham und *Irina Korschunow:* »Mein Opa und ich« (Sterben und Tod)

Joy Cowley: »Jonasi und die weiße Schildkröte« Arena Verlag (Taubstummheit)

Janosch: »Ich mag dich gesund, sagte der Bär« Diogenes Verlag (Krankenpflege)

Rolf Krenzer: »Eine Schwester, so wie Danny« Arena Verlag (Geistige Behinderung, Down-Syndrom)

Helen Oxenbury: »Beim Doktor« Sauerländer Verlag (Arztbesuch)

Els Pelgrom und *The Tjong Khing:* »Die wundersame Reise der kleinen Sofie« Annette Betz Verlag (Sterben und Tod)

Niki de Saint Phalle: »Aids – Vom Händchenhalten kriegt man's nicht« Bucher Verlag (Aidsaufklärung)

Renate Welsh: »Drachenflügel« Nagel & Kimche Verlag (Geistige und körperliche Behinderung)

Monika Hartig: »Paules Schwur« Arena Verlag (Alkoholismus)

Elisabeth Reuter: »Christian« Elltermann Verlag (Blutkrebs, Leukämie)

Regina Rusch: »Zappelhannes« Anrich Verlag (Minimale cerebrale Dysfunktion)

Hans Stolp: »Bleib, mein goldener Vogel« Aare Verlag (Tod und Sterben)

Jason Gaes: »Ich heiße Jason Gaes. Ich bin acht Jahre. Ich hatte Krebs« Carlsen Verlag (Krebs)

Kirstin Boie: »Mit Kindern redet ja keiner« Oetinger Verlag (Selbstmordversuch)

Dagmar Chidolue: »Pischmarie« C. Dressler Verlag (Bettnässen)

Jean Little: »Der Ruf der Eule« Carlsen Verlag (Krebs)

Lukas Ruegenberg und *Willi Fährmann:* »Karl Heinz vom Bilderstöckchen« Middelhauve Verlag (Mongolismus, Down-Syndrom)

Hannes Hüttner und *Egberth Herfurth:* »Das große Gesundbleibebuch« Nagel & Kimche (Gesundheitserziehung)

Zusammengestellt von Winfried Kaminski

W. Kaminski: Gesundheit und Krankheit in Kinderbüchern. In: Grundschule 5/1993, S. 26f.

Spaß im Körpermuseum

Eines Tages wurde das sogenannte Körpermuseum getauft.
Ein Muskelprotz, der genug Schotter für ein kleines Schiff hatte, wollte unbedingt rein. Also holte er sich ein kleines Schiff. Jetzt ging er endlich ins Körpermuseum. Ganze 7 Treppenstufen mußte er das Schiff zum Mund hochtragen. Oben angekommen, rutschte er mit seinem Schiff die Speiseröhre runter. Er kam in den Magen.
Dort zischte es wie verrückt! Wo ist denn der Ausgang, fragte er sich erst.
Doch dann sah er ihn. Ach da, sagte er.
Er kam in den Dünndarm, wo es eng hoch zehn war!
Zum Glück war das Schiff aus Gummi! Im Dickdarm war's lustig!
Dort blies er das Schiff noch größer auf! Jetzt turnte er auf dem Schiff herum.
Eine ganze Stunde lang. Plötzlich platzte das Schiff!
Ein Telefon hatte er leider nicht, aber Intelligenz und Alleskleber!!
Er griff in seine Tasche, und … ach, duuuu Schreck! Der Alleskleber war beim Turnen aus der Tasche gefallen. Er mußte den Alleskleber unter den Trümmern suchen.
Eine Viertelstunde suchte er den Alleskleber.
Er fand ihn nicht.
Auf einmal sah er ein Nottelefon! Er rief beim Gehirn an. Er sagte, daß sie ihm 5 Tuben Alleskleber in den Dickdarm schicken sollten.
Bald kam der Alleskleber an. In 5 Minuten war das Schiff schon wieder repariert!
Endlich konnte er weiterfahren. Bald kam er zum Ausgang, dem sogenannten Popo.
Dort war es auch eng. Eng hoch 100.000!!!
Wie gesagt, das Schiff war zum Glück aus Gummi!

Ende!
The End!

Kinder malen gleich mit Buntstiften. Die meisten Schüler und Schülerinnen zeichnen jedoch mit dem Bleistift vor und kolorieren ihr Bild anschließend. In der Zeichnung von Sarah besuchen Bewohner aus dem All das Körpermuseum, kleine, grüne Wesen mit Stehhaaren und kugelrunden Bäuchen. Sie schweben mit ihren Ufos vom Himmel herab und versammeln sich auf den Stufen der großen Treppe, die direkt in den »Mund« des »Museums« führt.

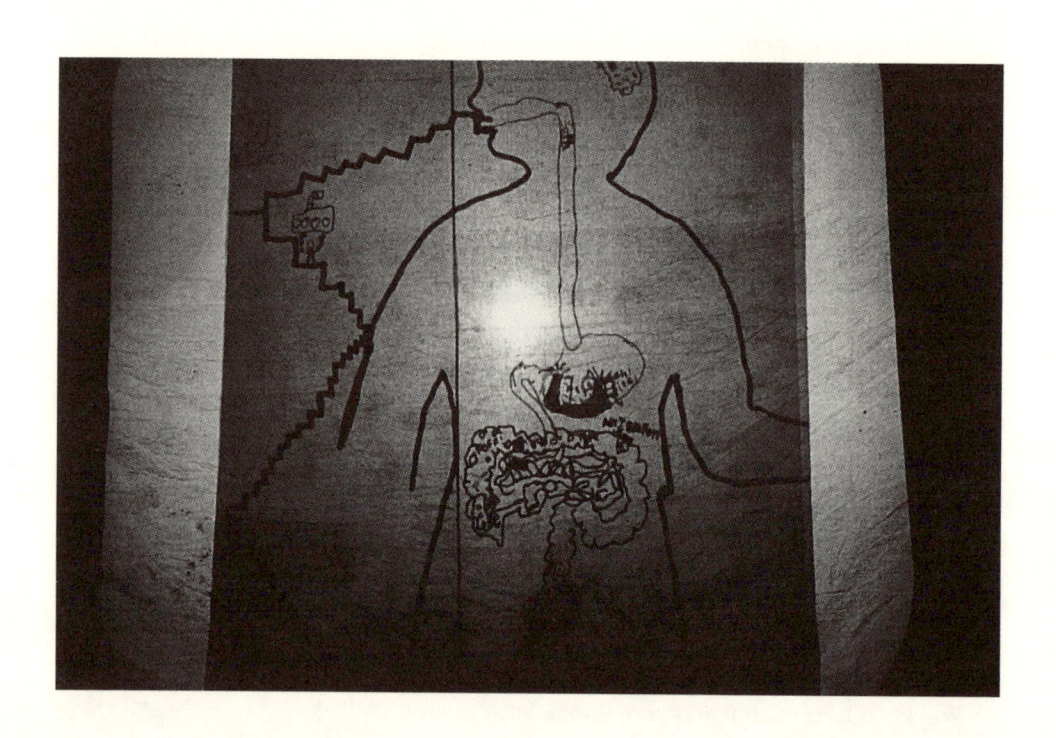

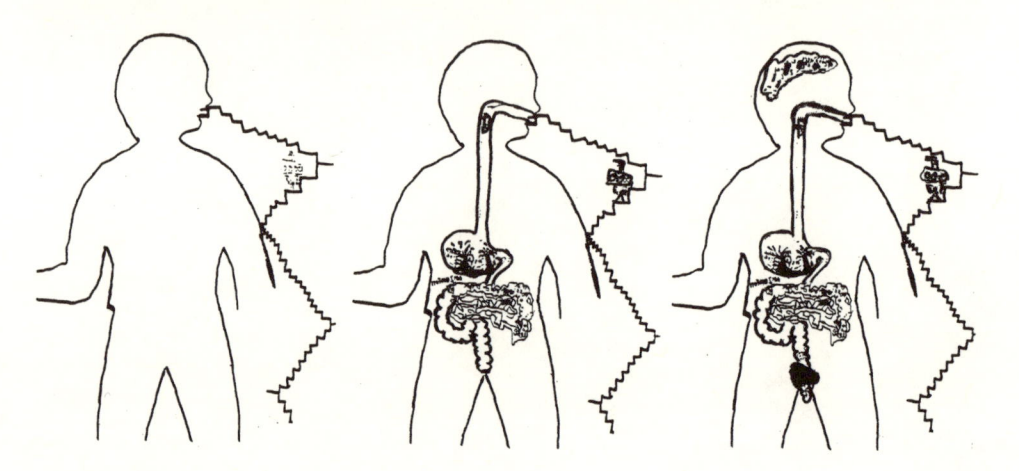

In der Geschichte, die Sarah später zu ihrem Bild aufschreibt, heißt es:

»An einem Freitag nachmittag wurde es den Bewohnern des Jupiters zu langweilig. Sie flogen zur Erde und besichtigten das Körpermuseum. Zuerst besichtigten sie den Mund und die Zähne. Einen Mund hatten sie auch, das war normal. Aber Zähne hatten sie keine. So etwas hatten sie noch nie gesehen. Sie sahen sich die Zähne ganz genau an. Einer entdeckte ein Loch. Er wunderte sich sehr. Dann kam der Fahrstuhl, der sie durch die Speiseröhre brachte. Dann auf einmal riß das Seil, mit dem der Fahrstuhl befestigt war. Sie purzelten in alle Himmelsrichtungen durch den Körper.«

Und so kann der Betrachter des Bildes die kleinen, grünen Wesen überall im »Körpermuseum« entdecken.

»Ein paar rollten in den Magen, ein paar in die Leber, andere in den Dünndarm, und wieder andere rutschten gleich bis in den Dickdarm. Die, die in die Leber gerutscht waren, begegneten einem Zauberer und seiner Frau. Dort wimmelte es von Schlangen und giftigen Gasen. Die, die im Magen gelandet waren, hatten es sehr gut. Denn der Magen war ein Restaurant, und hier gab es die köstlichsten Speisen. Dort aßen die Allbewohner, bis sie fast platzten. Die, die in den Dünndarm gestolpert waren, blieben dort nicht lange, denn sie wurden mit einem Haufen Brei durch die vielen Windungen weitergeschoben bis in den Dickdarm. Sie rutschten und rutschten ... und plötzlich waren sie am Ausgang des Museums angelangt.«

Auf dem Bild sieht der Betrachter noch, wie die kleinen, grünen Wesen mit Brei bekleckert aus dem »Ausgang« purzeln. In der Geschichte steigen die Allbewohner in ihre Ufos, fliegen auf den Jupiter zurück und erzählen dort ihre Abenteuer vom Besuch im »Körpermuseum Mensch«.

Bildnerisches Arbeiten

Das Körperthema bietet ungeheuer viel bildnerische Gestaltungsmöglichkeiten, die mit Hilfe ganz verschiedener Techniken ausgeführt werden können. Das bildnerische Arbeiten bietet sich an, um theoretisch Gelerntes vorstellbar zu machen oder um den Lernprozeß aufzulockern.

So stellen die Kinder großformatige Körperbilder her (vgl. S. 34), malen Bilder zu selbstgeschriebenen Geschichten (vgl. Bildthema: Besuch im Körpermuseum, S. 119), fertigen Collagen an, entwerfen Buttons, basteln Verpackungsmaterial oder gestalten Körperplastiken aus Schachteln, Röhren etc.

Collagen

In Zeitschriften findet sich reichlich Bildmaterial zum Thema »Essen«. Es läßt sich z.B. unter Gesichtspunkten gesund – ungesund sortieren und aufkleben. Aus der Kunstgeschichte lassen sich viele Anregungen beziehen. Wir sehen uns z.B. die Kopffüßler von Antes und die »Gemüse-« bzw. »Früchtegesichter« des manieristischen

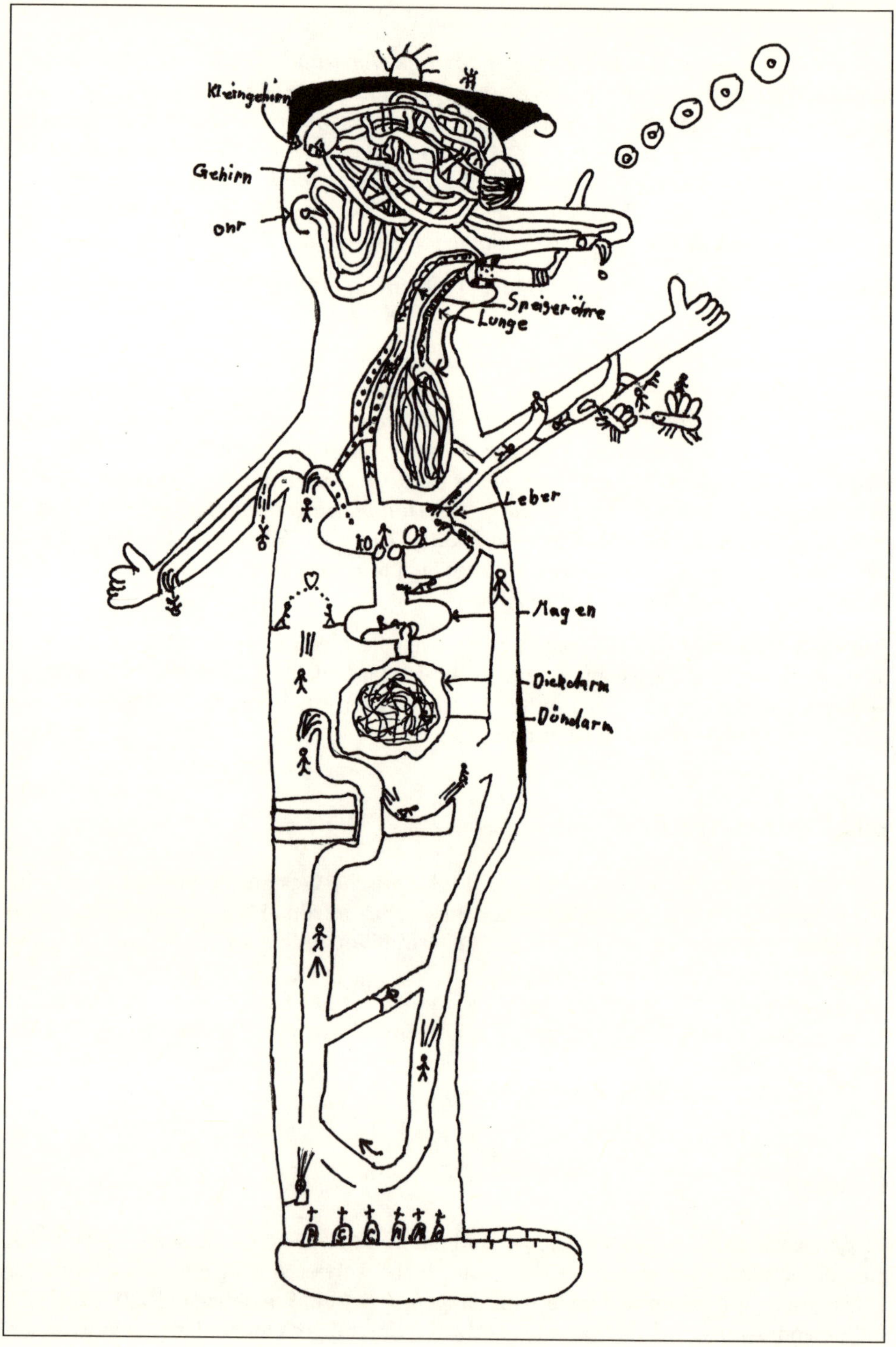
Kleingehirn
Gehirn
ohr
Speiseröhre
Lunge
Leber
Magen
Dickdarm
Dündarm

Malers Arcimboldo an. Angeregt von diesen Bildern, arbeiten die Kinder ihre Collagenkörper und -köpfe aus. Sie kleben in die Kopffüßlerumrisse die Abbildungen von Lebensmitteln, die sie gern essen, ein oder die, die wichtig sind, um gesund zu bleiben. Oder sie gestalten die Gemüse- bzw. Früchtegesichter Arcimboldos als Collagen nach und suchen nach neuen Gesichtervarianten.

Buttons

Buttons zum Thema »Körper, Ernährung, Gesundheit« zu entwerfen macht Kindern ungeheuer viel Spaß. Sie lassen sich entsprechende Parolen einfallen, die sie sorgfältig auf kleine Papierkreise aufmalen, diese werden dann in die vorgegebenen Buttonformen gepreßt. In der Regel entstehen dabei Buttons, die für Gesundes stehen oder die sich gegen Ungesundes wenden: »Zucker, nein danke!« »Ich bin für Obst!« »Honig statt Zucker!« »Vollkornbrot – ja bitte!« Buttons lassen sich auch gut bei Veranstaltungen zum Thema »Gesundheit« herstellen. Buttonmaschinen kann man z.B. bei manchen Kirchengemeinden oder Jugendzentren ausleihen.

Verpackungsmaterial

Werbung für Süßigkeiten und Kindernahrung läuft nicht nur über das Fernsehen, sondern auch über die Verpackungen. Wir sehen uns solche Verpackungen genauer an und studieren die ausgewiesenen Zusammensetzungen der Lebensmittel: »Welche Bestandteile enthält z.B. Nesquik?« »Kann man das nachmischen?« Für selbsthergestellte Lebensmittel überkleben die Kinder vorhandene Schachteln, beschriften und bemalen sie, oder sie stellen eigene Behälter her, die sie ebenfalls gestalten. Solche Verpackungen, z.B. für Selbstgebackenes, bieten sich als Geschenke an und lassen sich auch auf Basaren gut verkaufen.

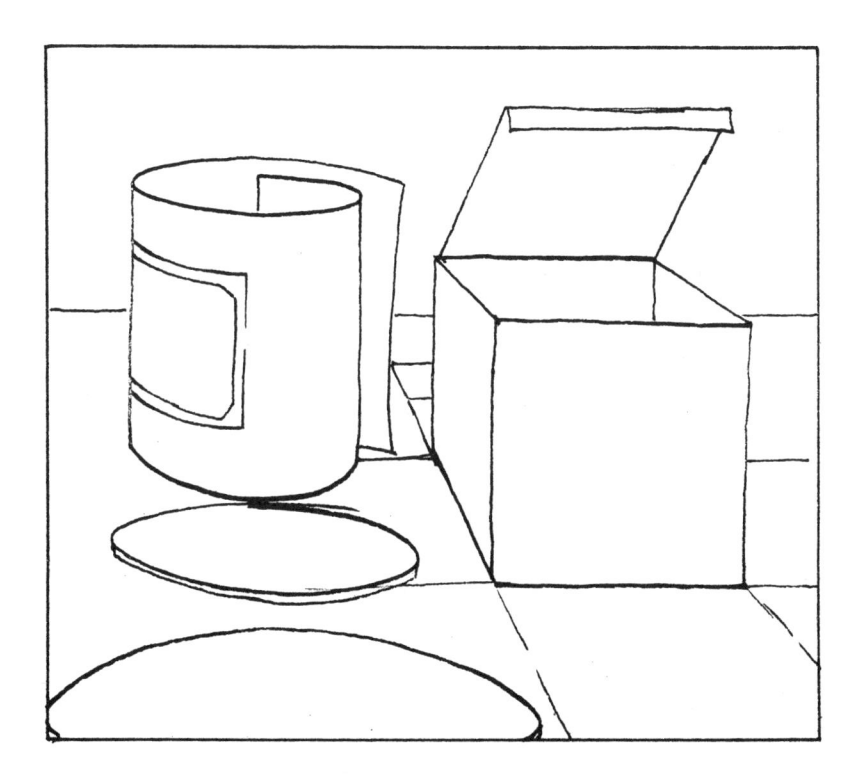

Körperplastiken

Den Körper eines Menschen bauen die Kinder mit Hilfe von Schachteln, Dosen, Pappröhren, Schläuchen etc. plastisch nach. So entstehen kubistische Pappgestalten, auf die sich Organe malen lassen. In diese Pappkörper können auch eine Speiseröhre oder der Magen eingebaut werden, in den alles, was oben hineingeworfen wird, fällt.

Mit sehr großen Kartons läßt sich auch ein Riesenmensch bauen; daran kann die ganze Klasse arbeiten. Mit viel Geschick und Phantasie läßt er sich so bauen, daß er aufzuklappen ist, so daß sein Inneres zu sehen ist. Das Innere kann sowohl realistisch als auch witzig gestaltet sein, z.B. als technische Einrichtung mit einem Abflußsystem oder mit einem Motor als Herz.

Werbung

Werbespots sind vielen Kindern im Ohr und vor Augen. Sie kennen die Melodien, Bildfolgen und Texte aus dem Fernsehen. Die knappe Dramaturgie der Werbespots, die in den Kinderserien (z.B. in Sesamstraße) imitiert wird, ist ihnen so vertraut, daß sie aus dem Stegreif einzelne Werbeslogans zitieren und auch nachspielen können, darunter auch Spots aus der Lebensmittelwerbung, aus der Werbung für Süßigkeiten oder für angeblich besonders gesunde, der Entwicklung Heranwachsender günstige Nahrungsmittel.

Die Werbung richtet sich zu einem Teil an die Kinder und Jugendlichen selbst, die Besitzer von Taschengeld sind, die unmittelbar konsumieren und ihre Eltern zu entsprechenden Einkäufen überreden können. Zu einem anderen Teil richtet sie sich direkt an die Eltern (insbesondere die Mütter), die mit dem Haushalt und der Anschaffung von Nahrungsmitteln befaßt sind und die »für ihr Kind natürlich nur das Beste« einkaufen sollen: Nesquik und Corny-Riegel, Haribo-Konfekt und Hanuta-Schnitten.

Die Bekanntheit der Slogans greifen wir auf, um mit den Kindern über den Sinn und Unsinn einzelner Werbespots zu reden, um Parodien darauf zu entwickeln und eigene Werbung für andere Produkte neu zu erfinden. Die Kinder reproduzieren also die ihnen bekannten Werbespots, spielen oder sprechen sie nach, texten sie um, variieren sie, fügen Neues hinzu und führen die so veränderten Fassungen dann wiederum vor. Sie denken sich Antiwerbung zum Beispiel für besonders ungesunde Lebensmittel aus (»Haribo – zu Risiken und Nebenwirkungen fragen sie ihren Arzt«), oder sie produzieren Werbespots für die von ihnen selbst hergestellten Nahrungsmittel (Plätzchen, Kuchen). Dabei benutzen sie die bekannten Werbeformeln, Reimformen und auch Melodien. Die fertigen Spots können dann als Miniaturszenen live vorgespielt oder erneut mediatisiert, also auf einem Ton- oder einem Videoband aufgezeichnet werden. Die eigenen Werbeproduktionen anderen Kindern wiederum vorzuspielen macht in der Regel besonders viel Spaß, weil das Publikum hinter den kreativen Umarbeitungen die Originalversionen der Werbespots wiederkennt: Wenn in dem Spot »Haribo macht Kinder froh – und Erwachsene ebenso« den beteiligten Spielerinnen und Spielern am Ende die Zähne ausfallen (Draculagebisse, zu Fasching im Angebot), dann versteht jeder, worauf die Parodie abzielt.

Videofilm

Wann und wo wird in der Schule gegessen? In der Teeküche? Während der Pause? In der Mensa? Auf der Schulstraße? Während der Pausen? Im Unterricht? »Eßt ihr Brötchen, Brote, Obst, Mensaessen?« »Oder bringt ihr was mit?« »Habt ihr Ruhe zum Essen?« »Oder eßt ihr auf dem Weg zum Fußballspielen?«

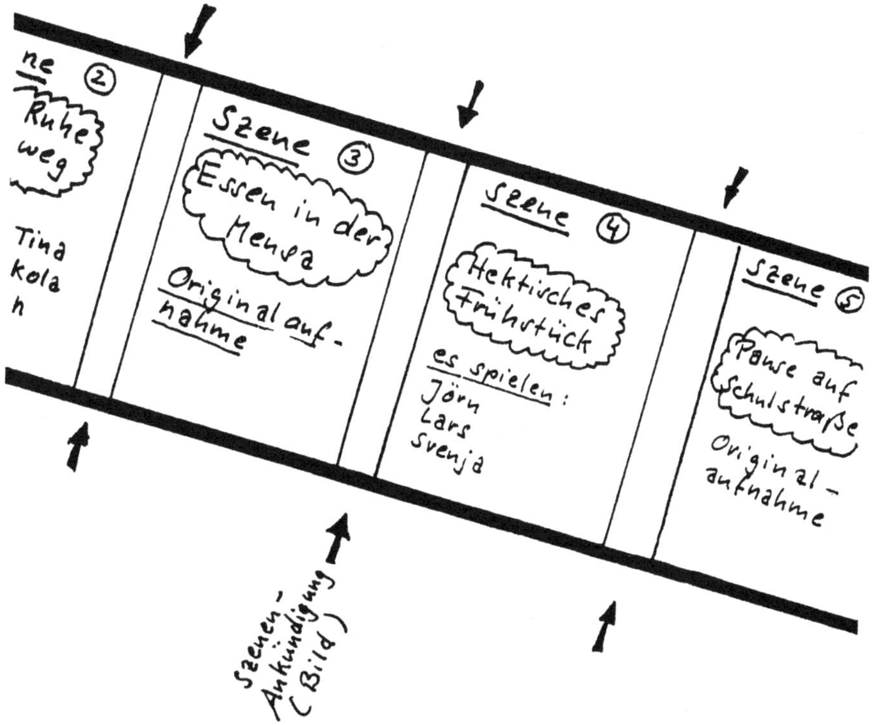
ne ②
Ruhe weg
Tina
kola
n
Szene ③
Essen in der Mensa
Originalaufnahme
Szene ④
Hektisches Frühstück
es spielen:
Jörn
Lars
Svenja
Szene ⑤
Pause auf Schulstraße
Originalaufnahme
Szenen-Ankündigung (Bild)

Essen in der
Schule

In kleinen Gruppen überlegen die Kinder, welche Essensszene sie in dem Film spielen wollen. »Essen in der Teeküche«? Oder »Essen im Schulbus« oder »Ohne Essen aus dem Haus« oder »Mensaessen« oder »Essen auf der Schulstraße« heißen ihre Szenen. Die Kinder schreiben ihre Ideen auf ein DIN-A4-Blatt. Darauf muß stehen, wer mitspielt, was gespielt wird und welche *Gegenstände* gebraucht werden (Teller, Tassen, Papier). Die Blätter kann man dann in der Reihenfolge hintereinanderkleben, die die Szenen im Film haben sollen. Es entsteht auf diese Weise eine Art Drehbuch.

die PROJEKTARBEIT
präsentieren

Ein wesentliches Merkmal der Projektmethode, nach der wir arbeiten, ist das produktorientierte Vorgehen. Zwar werden alle Aktivitäten des Unterrichtes – wie: malen, schreiben, kochen, sich bewegen, Sport treiben, Theater spielen, die Sinne schulen – auch als Prozesse erlebt, die mal großen Spaß machen, mal weniger, die abwechslungsreich sind oder auch langweilig, die Handlungen auslösen oder auch handlungsarm sein können. Gleichzeitig aber sind diese Unterrichtsprozesse immer auf ein Ziel, auf ein gemeinsam zu erbringendes Produkt hin orientiert. In ihm wird die geleistete Arbeit am Ende eines Projektverlaufes umfassend oder ausschnitthaft dargestellt.

»Das Projekt präsentieren« heißt in unserem Falle vor allem, sich selbst noch einmal vor Augen führen, was im Verlauf von mehreren Wochen in den Arbeitsprozessen von zwei parallel arbeitenden Gruppen alles geschafft worden ist: Den Schülerinnen und Schülern, die selbst mitgearbeitet haben, wird die Leistung der einzelnen und die der Gemeinschaft noch einmal vor Augen geführt. Das geschieht ganz im Unterschied zu den schulalltäglichen Arbeitsformen, bei denen Ergebnisse meist nur individuelle Bedeutung gewinnen und nur punktuell begutachtet werden. »Die Körperarbeit präsentieren«, das heißt aber auch: sich den Schülerinnen und Schülern anderer Gruppen und Jahrgangsstufen vorstellen mit dem, was gearbeitet worden ist. Und nicht zuletzt sind die Adressaten der Projektöffentlichkeit auch die Eltern. Weil das Projekt »Körper, Ernährung, Gesundheit« eine besonders enge Zusammenarbeit mit Eltern erforderlich macht und die Unterstützung von Eltern gebrauchen kann, bieten sich die Eltern natürlich als die eigentlichen Adressaten der Projektpräsentation besonders nachdrücklich an. Ihre Mithilfe kann in dem Projektabschluß ebenfalls sichtbar gemacht und honoriert werden.

Nun kann man sehr verschiedene Formen wählen, um in diesem Sinne »die Körperarbeit zu präsentieren«. Wir entscheiden uns meist für einen Nachmittag/Abend, an dem alle Eltern und Kinder teilnehmen, um ein abwechslungsreiches Programm mitzuerleben und selbst zu gestalten. Als fachkundige »Museumsführer« führen die

Kinder ihre Eltern zum Beispiel durch eine Ausstellung, in der ausgewählte Bilder, Zeichnungen, Tabellen, Lesetexte, in der die Hefte und Projektmappen der Kinder zusammengestellt sind. Manchmal leitet diese Ausstellung auch zu Aktionen über: An Ständen bieten Kinder Kostproben von dem an, was sie gebacken und gekocht haben; sie messen und wiegen ihre Eltern und Freunde, erklären und beraten bei Gewichtsproblemen, oder sie bieten Spiele zur Sinnesschulung an. Ein Festessen kann vorbereitet sein und gemeinsam begangen werden. Rollenspiele und Theaterstücke können zur Aufführung kommen.

Ausstellungen

Bilder, die während des Projektes entstanden sind, hängen an den Ausstellungswänden; jedes Kind ist mit Exponaten vertreten.

Bilder

- Die großen Körperumrisse mit den eingezeichneten Skeletten und den aufgemalten Organen markieren gewissermaßen die Abgrenzung der Ausstellungsfläche nach außen hin.
- Innerhalb der Ausstellungsfläche sind dann auch kleinere Formate zu finden, so die Skelettbilder, die mit einem dünnen Pinsel »in Weiß« auf einen schwarzen Karton gezeichnet sind.
- Auch die ersten, noch ganz naiven Bilder zum Innenleben des Körpers, die die Kinder zu Beginn des Projektes gezeichnet haben, sind hier wieder zu sehen. Sie weisen im Vergleich zu späteren Zeichnungen auf die Lernprozesse der Kinder hin.
- Bilder zum Thema »im Körpermuseum« hängen nebeneinander. Sie reizen die Betrachter zum Vergleich der Ideen und Phantasien, die Kinder zu Papier gebracht haben. In den Körperbildern wimmelt es von kleinen Figuren, die darin spazierengehen, die im Magen ein Restaurant besuchen, die einen Fahrstuhl oder eine Rutsche benutzen, um vom Mund durch die Speiseröhre in den Magen zu gelangen. Neben jedem Bild hängt ein erläuternder Text; einige Kinder haben auch eine Geschichte dazu geschrieben.
- Auf Plakaten sind Abbildungen von Lebensmitteln nach Nährstoffgruppen geordnet. Collagen sind aus dem Bildmaterial von Zeitschriften gestaltet.
- In Köpfe, die das ganze Blatt füllen, ist das Gehirn mit seinen verschiedenen Zentren eingezeichnet.

Projekthefte

Außer den Bildern sind auch die Materialien ausgestellt, an denen die Kinder tagtäglich gearbeitet haben, in denen sich ihr Arbeitsprozeß deshalb auch besonders gut verfolgen läßt: ihre Projekthefte und Projektmappen. Jedes Kind besitzt ein Projektheft. In diesem werden die Arbeitsblätter gesammelt und eingeklebt, Zeichnungen angefertigt, eine Tabelle notiert, die das Ergebnis einer Diskussionsrunde über gesunde und falsche Ernährung ist; Rezepte werden hier aufgeschrieben, eine Körpermuseumsgeschichte erzählt und vieles mehr. Selbst verschiedene Getreidekörner, aufgeklebt mit einem Tesastreifen, finden in diesem Projektheft ihren Platz. Die Kinder behalten durch diese Art der Dokumentation den Überblick über den thematischen Ablauf des Projekts. Beim Nachschlagen in ihren Heften können sie auch ihren Eltern auf dem Eltern-Kinder-Nachmittag eine chronologische Übersicht des Themas präsentieren. Wir kennen zwei Arten der Projektdokumentation:

– die Loseblattsammlung (dabei werden alle Arbeitsblätter, ob vorgegeben oder von den Kindern selbst erstellt, in einem DIN-A4-Schnellhefter gesammelt),
– das DIN-A4-Heft mit Lineatur (in dieses Heft können alle von den Kindern verfaßten Zeichnungen und Tafeltexte direkt eingetragen werden, selbstverfaßte Texte werden nach einer Vorschrift und Korrektur übertragen; alle von uns vorgegebenen Arbeitsblätter werden eingeklebt; die Kinder beschneiden diese vorher an den Rändern, damit die Blätter nicht über die Heftseiten hinausragen).

Wir bevorzugen die Projekthefte, da wir festgestellt haben, daß die Schüler und Schülerinnen sehr viel sorgfältiger mit der geschlossenen Heftform umgehen als mit einem losen Arbeitsblatt, das zur Bearbeitung vor ihnen liegt. Oft sind einzelne Blätter schon verknickt oder verschmiert, ehe sie in dem Projektordner landen. Den meisten Kindern ist das Projektheft so wichtig, daß sie sich gerade hier um eine besonders ordentliche Schrift, schöne Zeichnungen und Bilder bemühen. Vor allem die Titelseite des Heftes wird individuell und sorgfältig gestaltet.

Rezepte

Alle selbstgestalteten Kochbücher und Kochkarteien liegen auf Tischen ausgebreitet aus. Manche Rezepte können sich die Besucher gleich mitnehmen: Es sind Rezepte von Gerichten, die die Kinder als besonders lecker empfanden. Sie haben sie sorgfältig abgeschrieben und kopiert. Manche dieser Rezepte sind von den Kindern auch zu Hause auf dem Computer geschrieben und gestaltet worden.

Stände: Organe und Skelett

Zur Ausstellung gehören auch die von Kindern betreuten, jeweils einem bestimmten Thema gewidmete Stände, so die Stände »Organe« und »Skelett«. An jedem der beiden Stände gibt es je zwei Kinder als »Experten«, die sehr sicher alle Organe und Knochen benennen können. Sie haben für die Ausstellung extra geübt und sind von uns besonders »trainiert« worden, weil sie sich vor den Eltern nicht blamieren wollen. Zur Demonstration haben wir einen Torso, bei dem die Organe herausnehmbar sind, und einen Skelettmenschen (von den Kindern »Dracula« genannt), besorgt. Die Kinder, die für die Stände zuständig sind, fordern die Besucher entweder auf, auf bestimmte Knochen oder Organe zu zeigen, oder sie lassen sich selbst abfragen. Sie wissen auch über die Funktionsweise der Organe oder die Aufgabe von bestimmten Knochen Bescheid. Alle vier Kinder beherrschen ihre Sache gut – sehr zum Erstaunen der Besucher. Immer wieder betonen Erwachsene, wieviel die Kinder gelernt haben und daß sie in dem Alter von solchen Dingen überhaupt keine Ahnung gehabt hätten.

Stände: Wiegen und Messen

Aus dem Krankenzimmer haben wir eine Waage auf die Ausstellungsfläche geholt. Ein Maßband aus Papier, das an eine Wand geklebt wird, dient als Meßlatte. Ein Brettchen, das auf den Kopf der Person, die sich messen lassen will, gelegt wird, hilft beim Ablesen. Zwei Kinder betreuen diesen Stand. Sie schreiben die abgelesenen Maße auf ein Kärtchen. Stellen sie fest, daß eine Person stark übergewichtig ist, verweisen sie auf den Stand »Ernährungsberatung«. Das schnelle Umgehen mit der großen Personenwaage haben die Kinder vorher geübt. Es hilft ihnen, wenn sie vorher fragen, wieviele Kilogramm die Person ungefähr wiegt, so daß sie die Waage schon grob einstellen können. Sie müssen sich dann nur noch um die Feineinstellung kümmern.

Stand: Getreide

Dieser Stand zeigt eine Auswahl unterschiedlicher Getreidekörner (Weizen, Roggen, Gerste, Hafer, Reis, Hirse, 5-Korn-Mischung), in Glasschalen gelegt und beschriftet. Die Aufgabe der Kinder ist es, das Mahlen der Getreidekörner mit einer elektrischen Mühle zu demonstrieren und den Unterschied zwischen weißem Auszugsmehl (Weizenmehl Type 405), abgepacktem Vollkornweizenmehl aus kontrolliert biologischem Anbau und frisch gemahlenem Vollwertmehl zu erklären. Eine stark vergrößerte Zeichnung (vgl. S. 61) an der Tafel zeigt den Querschnitt durch ein Getreidekorn mit Keimling, Schale, weißem Mehlkörper mit seinen Inhaltsstoffen. Das *Vollwert*mehl oder *Vollwert*brot unterscheidet sich vom *Vollkorn*mehl/-brot durch die schnelle Verarbeitungszeit nach dem Mahlen. Um alle wichtigen Nährstoffe zu erhalten, muß das Mehl nach ca. 2 Std. verarbeitet sein. Die entsprechenden Brotsorten kann man fast ausschließlich in Naturkostläden kaufen.

Um die Arbeit am Stand für Kinder und Erwachsene etwas interessanter zu gestalten, gibt es ein kleines Rätsel zu lösen. In einem unbeschrifteten Glas ist eine Körnersorte enthalten, die erraten werden soll. Sie unterscheidet sich von allen übrigen Körnern durch ihren Geruch, ähnlich dem von geräuchertem Schinken. Es ist Grünkern, geräucherter Dinkel, eine Vorform des Weizens. Die Besucher erfahren, daß sie abends im Restaurant eine Grünkernsuppe probieren können. Am Stand dürfen sie auch die 5-Korn-Mischung ausprobieren. Sie werden informiert, daß durch sehr langes Kauen der Körner eine gewisse Süße (die Stärke) herauszuschmecken ist.

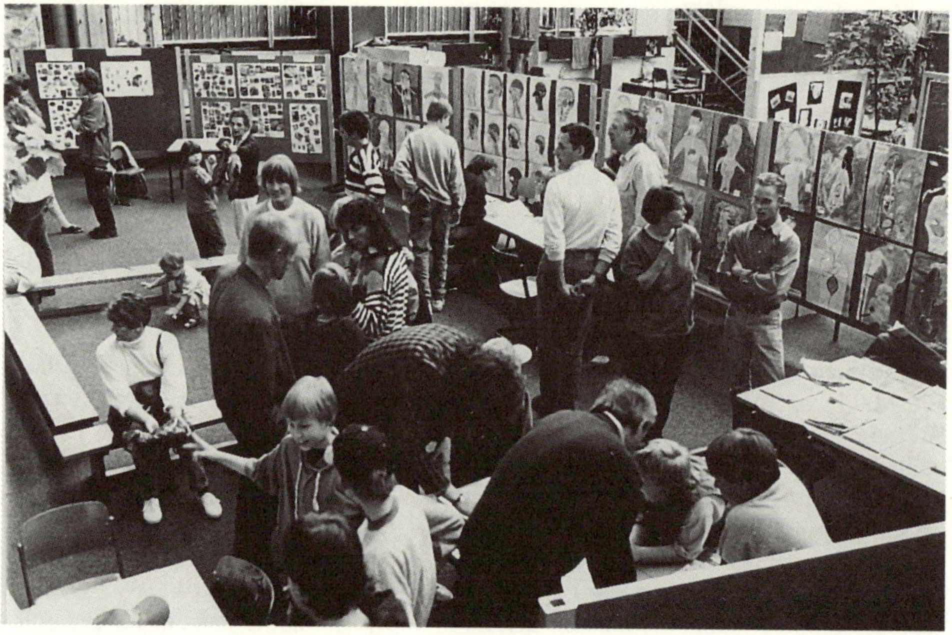

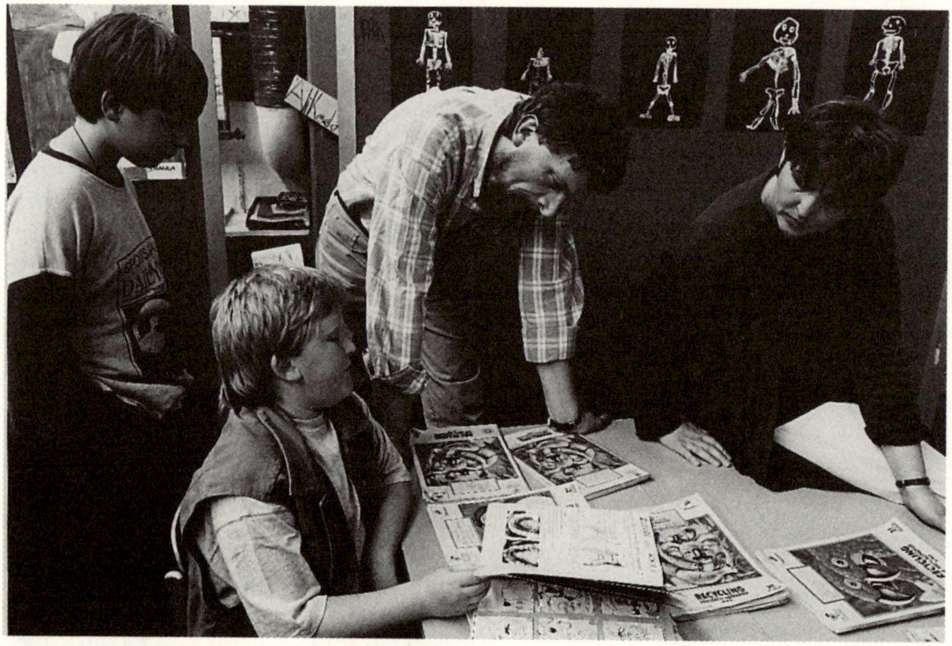

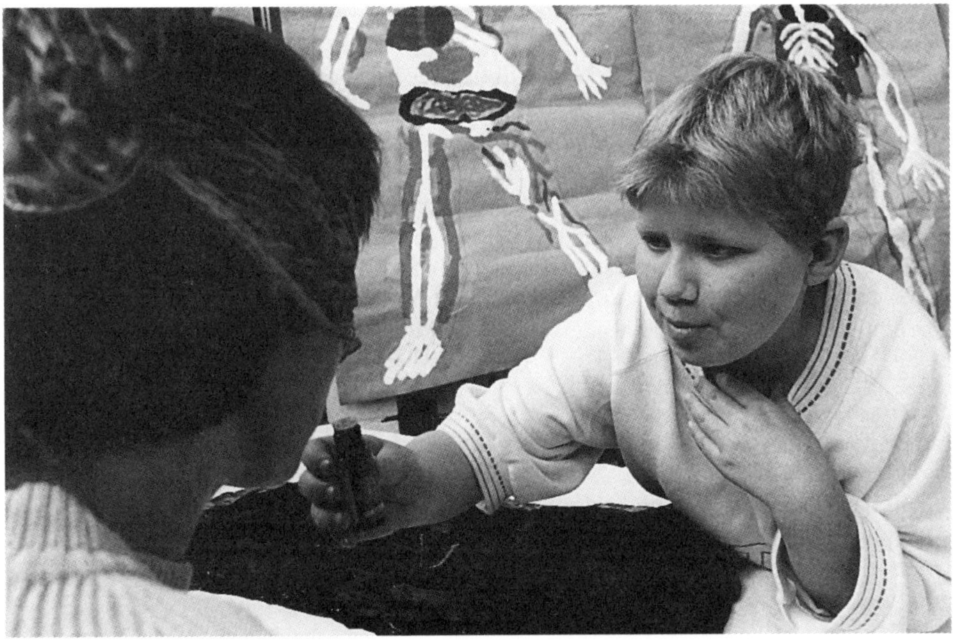

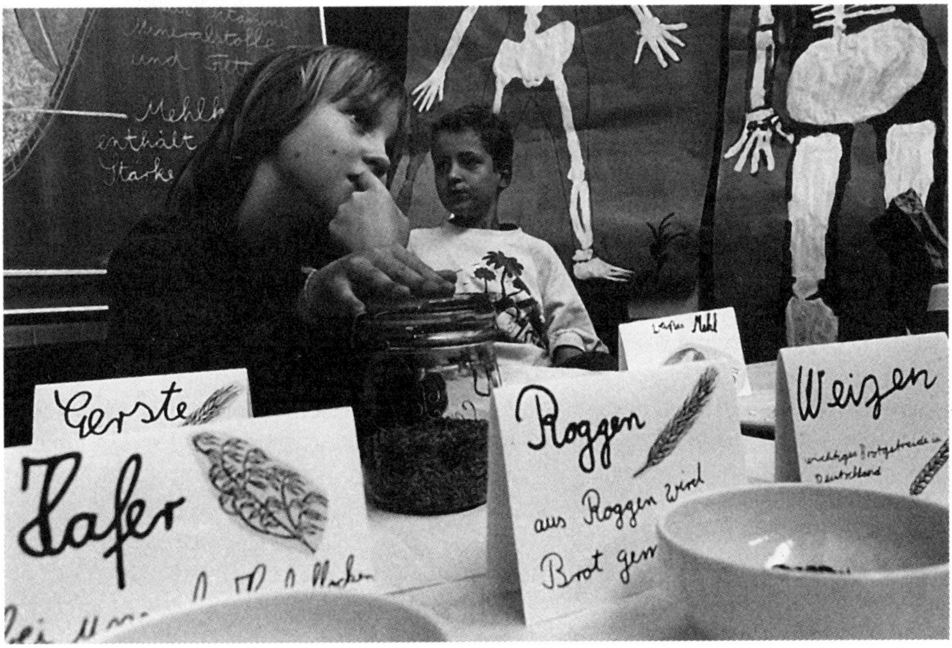
Gerste
Hafer
Roggen
aus Roggen wird
Weizen

Stand: Zucker

Am Nachbarstand »Zucker« erklären die Kinder den Besuchern die Auswirkungen von weißem Zucker auf die Zähne und stellen Zucker als »Vitamin-B_1-Räuber« dar. Große Plakate helfen, diese Informationen zu veranschaulichen. Alternative Süßmittel werden vorgestellt und können probiert werden: Birnendicksaft, Sanddorn, Vollrohrzucker, Rübenkraut, Ahornsirup, Apfelkraut und verschiedene Honigsorten. Die Besucher erfahren aber auch, daß diese »gesunden« oder zumindest gesünderen Süßstoffe sich auf die Zähne ähnlich nachteilig auswirken. Auch sie erzeugen Karies und sind kalorienreich. Ihr Vorteil: Sie enthalten eigene Nährstoffe und rauben dem Körper weniger Vitamin B_1 als der weiße Zucker.

Stände: Im Land der Sinne – nichts sehen und doch etwas erleben

Ein Teil unserer Ausstellung ist der Sinneserfahrung gewidmet. Es gibt drei Stände zu den Bereichen: Hören, Riechen und Schmecken, die jeweils mit zwei Kindern als Betreuern und Beratern besetzt sind. Eltern und Besucher haben mit verbundenen Augen folgende Aufgaben zu lösen:

Schnupperkurs
Verschiedene Lebensmittel, Gewürze und Duftöle sollen mit geschlossenen Augen erschnuppert und erkannt werden.

Hördosenmemory
Leere Fotodosen sind mit unterschiedlichen Materialien gefüllt, wobei immer zwei Dosen den gleichen Inhalt haben. Die zusammengehörenden Paare sollen durch bewußtes Hören gefunden werden.

Geschmackstester
Den Teilnehmerinnen und Teilnehmern werden unterschiedliche Geschmacksproben gereicht, die sie erkennen und benennen sollen. Dabei sind Proben aus allen Geschmacksbereichen (süß, sauer, bitter, salzig) zu nehmen. Es empfiehlt sich auch hier, bei flüssigen Proben mit Wattestäbchen zu arbeiten.

Es können zusätzlich auch noch Stationen aus den Bereichen Sehen bzw. ungewöhnliche Seherlebnisse, Fühlen mit Händen und Füßen oder Erlebnisse für den Gleichgewichtssinn angeboten werden.

Stand: Ernährungsberatung

Auch ein Stand zur Ernährungsberatung ist eingerichtet; er wird mit drei Schülern und Schülerinnen besetzt. Diese haben sich zuvor mit einigen Ernährungsfragen besonders intensiv auseinandergesetzt.

Grundsätzlich sind zwei Beratungsmöglichkeiten vorbereitet und eingeübt: Entweder die Klientinnen und Klienten klagen über bestimmte Beschwerden; deren Ursachen müssen dann erforscht werden, und ein anderes Ernährungsverhalten sollte angeraten werden. Bei Verdauungsproblemen empfehlen die Kinder zum Beispiel Nahrungsmittel, die viel Ballaststoffe enthalten. Oder die Beratungsbedürftigen erhalten einen vorbereiteten Fragebogen zum Ernährungsverhalten, und sie werden dann, ihren Antworten entsprechend, beraten. Weist der Fragebogen zum Beispiel auf einen zu großen Zucker- oder Fettkonsum hin, dann beraten die Kinder mit entsprechenden »Tips«, die sie vorbereitet haben.

Aktionen

Eine Ausstellung ansehen, das kann jeder für sich alleine tun. Sich auf die Stände einzulassen, das bedeutet, sich in Gespräche und Spiele mit den Kindern zu begeben. – Noch einmal anders geht es den Eltern, wenn sie an Aktionen wie der Massage und dem Festessen teilnehmen.

Massage

In zwei Räumen bieten mehrere Kinder Massagen an. Die Räume sind durch Decken, die über eine gespannte Wäscheleine gehängt werden, in eine Frauen- und Männerabteilung geteilt. Auf dem Fußboden liegen Matten aus der Sporthalle, die mit Badetüchern abgedeckt sind. Jedes Kind, das massiert, kniet auf dem Boden. Es hat ein Fläschchen Massageöl. Auf Wunsch kann mit den Händen oder mit einem Massageball (Noppenball) massiert werden. Im Raum sind Kerzen aufgestellt und auch eine Duftlampe. Es erklingt eine Entspannungsmusik.
Jede Person wird etwa 5–10 Minuten massiert. In der Regel wird eine Rückenmassage angeboten, aber auf Wunsch können auch die Schultern, der Kopf, die Hände oder die Füße massiert werden. Die Kinder wenden hier die einfachen Massagegriffe an, die sie im Unterricht zuvor gelernt und auch schon erprobt haben.

Festessen

Da es während des Projektunterrichts sehr häufig um das richtige und schmackhafte Essen gegangen ist, soll es zum Projektabschluß auch noch einmal vorkommen. Unsere Idee: gemeinsam mit Eltern und Kindern ein Festessen vorzubereiten und zu genießen. Die Schulmensa eignet sich gut für so eine Aktion: Bis zu 120 Personen finden hier Platz. Aber wer kocht ein Festessen für 120 Personen? Unsere Schulküche ist zu klein, und wir trauen es uns auch nicht zu, für so viele Personen ein Menü vorzubereiten, selbst wenn die Kinder uns dabei helfen. So ein Essen können wir also

Liebe Eltern,

am Dienstag, den 31.5.1994 um 17.00 Uhr findet der Abschluß unseres Projektes »Körper, Ernährung, Gesundheit« in der Laborschule statt. Er wird aus drei Teilen bestehen:
- einer Ausstellung, von 17.30 bis 18.00 Uhr,
- einer Theateraufführung von 18.00 bis 19.00 Uhr
- und einem gemeinsamen Abendessen ab 19.00 Uhr.

Die Ausstellung und die Theateraufführung bereiten wir allein vor. Für die Zubereitung des Abendessens brauchen wir Eure Hilfe. Es soll einen Rohkostteller als Vorspeise geben, anschließend eine Suppe, dazu Brötchen und schließlich einen Nachtisch. Wir rechnen mit maximal 120 Personen, deswegen möchten wir Euch bitten, zum Essen nur mit der »engeren« Familie zu kommen. Für das Abendessen nehmen wir einen Unkostenbeitrag von 5,– DM pro erwachsene Person ein.

Für die Zubereitung des Essens brauchen wir Familien, die Suppe kochen, Brötchen backen und Rohkost schneiden. Den Nachtisch machen wir selbst. Da die Schulküche für unser Vorhaben zu klein ist, muß das Essen zu Hause zubereitet und von dort mit in die Schule gebracht werden. Die Suppe kann hier warm gehalten werden. Wir haben ausgerechnet, daß wir pro Stammgruppe 3 Familien brauchen, die jeweils ca. 7 l Suppe kochen (jede Familie wählt die Suppe, die sie zubereiten kann).

Zwei Familien pro Gruppe müßten ca. 80 kleine Brötchen backen (von 1200 g Mehl, das Rezept haben wir, es ist ganz einfach!) und sechs Familien pro Gruppe sollten für ca. 10 Personen Rohkost schneiden (Möhren, Gurken, Paprika, Tomaten etc.). Zwei Familien pro Gruppe bitten wir, eine Soße herzustellen, die für das rohe Gemüse gedacht ist. Wir brauchen also 11 Familien aus jeder Gruppe, die beim Zubereiten helfen. Die Euch entstehenden Kosten werden aus dem eingenommenen Geld erstattet, deshalb macht bitte eine Kostenaufstellung Eurer Ausgaben.

Bitte kreuzt auf dem untenstehenden Abschnitt zwei Wahlmöglichkeiten an. Wir machen dann eine Übersicht und sagen Euch, was wir für Euch endgültig ausgewählt haben.

Teilt bitte auch mit, zu wie vielen Personen Ihr teilnehmen wollt.

Noch eine letzte Bitte: Die Theateraufführung wird schwierig, wenn sehr viele kleine Geschwisterkinder mitkommen. Zum einen lenkt es die spielenden Kinder ab, wenn die Kleinen unruhig werden, zum anderen arbeiten wir diesmal u.a. mit »Schwarzem Theater«; dabei muß der Theatersaal stockfinster sein. Nach unseren Erfahrungen bekommen kleine Kinder in dieser Situation leicht Angst – sicher auch, weil die eine Szene etwas zum Fürchten ist. Wir hoffen, Ihr habt Verständnis.

So, liebe Eltern, ein langer Brief mit vielen Bitten! Aber ohne Eure Hilfe können wir unser Vorhaben nicht realisieren. Bitte meldet Euch zahlreich, und freut Euch mit uns auf diesen Abschlußabend.

Mit lieben Grüßen

------------------✂--

Name: _____

Ich kann

○ Suppe kochen
○ Brötchen backen
○ Rohkost schneiden
○ Soße herstellen

Wir kommen mit _____ Erwachsenen und _____ Kindern zum Essen.

nur mit Hilfe der Eltern herstellen! Wir überlegen zunächst, wie der Speiseplan aussehen soll, und verteilen dann die Mengen und Aufgaben auf die einzelnen Familien: Als Vorspeise gibt es einen Rohkostteller, der aus Paprika, Möhren, Tomaten, Gurken und Zucchini bestehen kann. Dazu sollen Salatsoßen extra gereicht werden, die sich jeder nach eigenem Geschmack selbst nehmen kann. Wir wählen diese Lösung, weil wir wissen, daß manche Kinder Rohkost auch gerne »unangemacht« essen. Als Hauptgericht soll es danach eine Gemüsesuppe geben, zu der selbstgebackene Brötchen angeboten werden.

Als Nachtisch gibt es schließlich eine Quarkspeise.

Wir überlegen weiter, wie viele Familien etwas herstellen können und welche Mengen wir jeweils brauchen. Einen entsprechenden Brief schreiben wir an die Eltern.

Die eigentliche Essenzubereitung ist damit weitgehend in die Hände der Eltern gelegt. Wir Lehrerinnen kümmern uns um das Leihen des Geschirrs, das Einkaufen der Getränke, das Herstellen der Quarkspeise, das Tischdecken und Dekorieren und das Servieren. Wir stellen Tischgruppen für 8–10 Personen zusammen, dekorieren jeden Tisch mit Servietten, Blumen und Kerzen und stellen auf jedem Tisch Mineralwasser und Apfelsaft bereit.

Vorstellungen

Im Vergleich zu den offenen Angeboten der Ausstellungen, der Stände und Aktionen bieten Theatervorstellungen ein verpflichtendes Programm. Wer im Theatersaal sitzt, wird gemeinsam mit den anderen dem zusehen, was die Kinder nach mühsamen Proben nun endlich zur Aufführung bringen. Rollenspiele, Sketche, Tänze und Spiellieder sind zu einem abwechslungsreichen Programm zusammengestellt; jede einzelne Nummer fordert den gemeinsamen Beifall.

Wie Theater- und spielpädagogische Arbeit im Rahmen des Projektunterrichtes eingesetzt werden können, das haben wir an verschiedenen Stellen dieser Dokumentation schon deutlich gemacht. Die theatralischen Beiträge reichen von einfachen Rollenspielen (»Beim Zahnarzt«) bis zu ausgearbeiteten Szenen (»Das Bonbon«), von Stegreifszenen bis zu Szenen des Schwarzen Theaters. Was davon während einer Projektpräsentation zur Aufführung kommt, kann immer nur eine kleine Auswahl darstellen. Es sollte außerdem auf die verschiedenen Arbeitsprozesse verweisen: Einige Szenen bilden Theatralisierungen von Sachtexten, die ganz am Anfang des Projektverlaufs standen; andere Szenen haben Kinder am Projektende spontan erfunden. Einige gehen auf freie Rollenspiele zurück; andere waren von Anfang an als Szenen geplant. In einigen wird theatralisch wiederholt, was zuvor als Gesprächsthema präsent war; andere gehen auf vorgefundene Spielvorlagen zurück. Alle geben sie einen Rückblick auf die Stadien des Projektverlaufes, in denen sie entstanden.

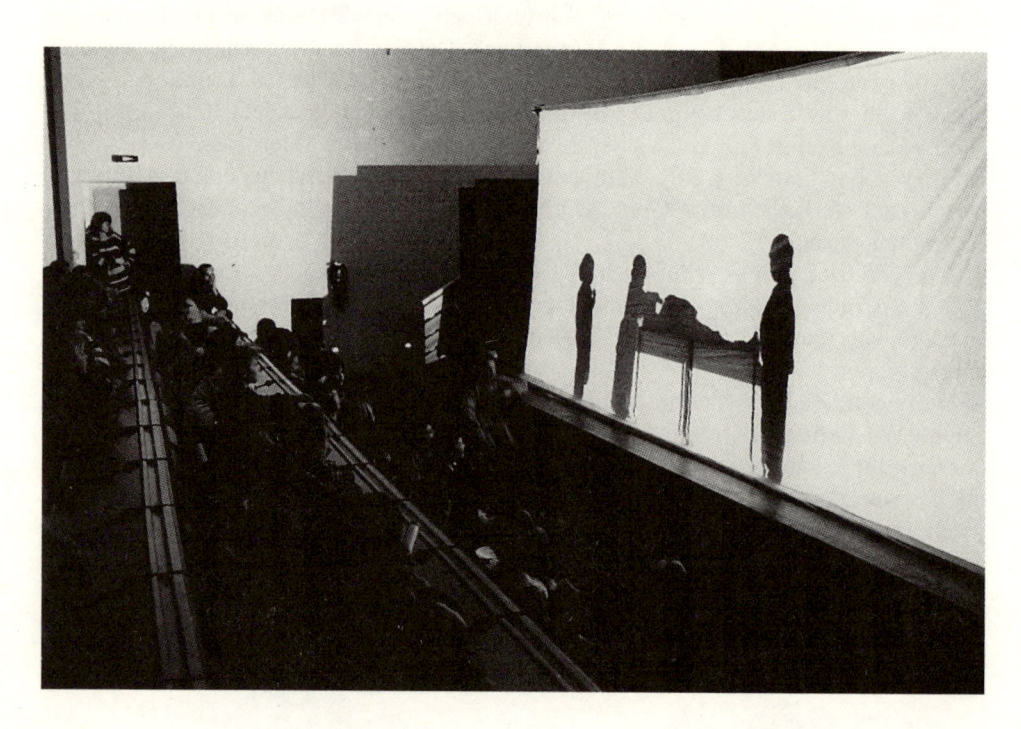

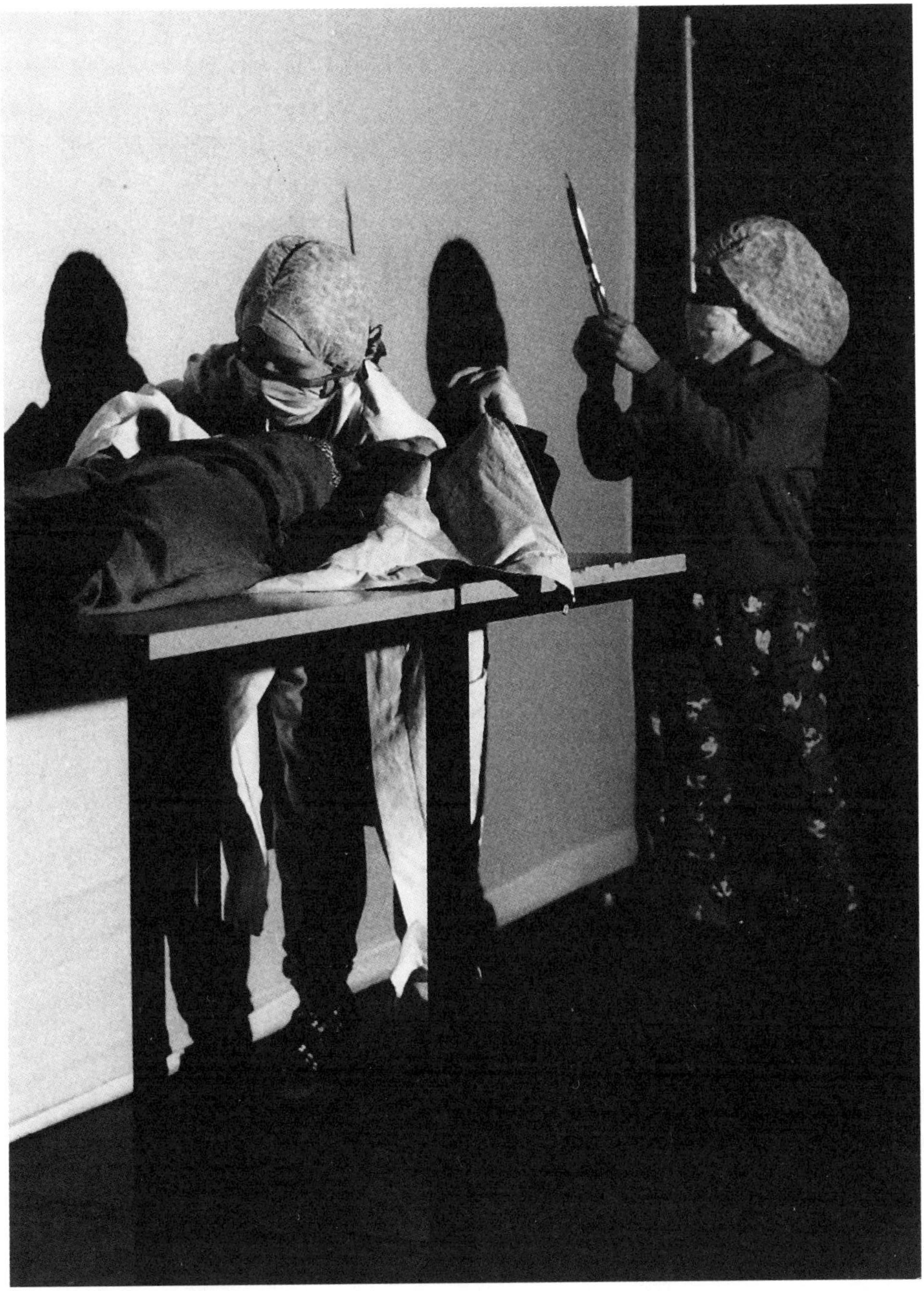

III. Lehren oder Einüben?
Arbeitsweisen der Gesundheitsförderung

Die Methode: Arbeiten im Projekt

Von Projektunterricht wird gern geredet; in vielen Fällen verbirgt sich hinter der modischen Etikettierung jedoch nicht viel mehr als normaler, traditioneller Sachunterricht. Unterscheidungen zwischen »projektorientiertem Unterricht«, »Unterrichtsvorhaben« und »Projektunterricht« haben die inflationäre, Fortschrittlichkeit signalisierende Verwendung des Terminus »Projekt« kaum aufgehalten. In Abgrenzung zu dieser laschen Verwendung des Begriffs versuchen wir mit der »Projektmethode« ein Unterrichtsverfahren weiterzuentwickeln, das in der Tradition der Reformpädagogik steht und die innere Reform der Institution Schule stützen sollte (Bastian/Gudjohns 1991; Emer/Horst/Ohly 1991; Frey 1993; Hänsel 1986; Hänsel/Müller 1988). Kennzeichen dieser historischen, in ihrem Anspruch selten realisierten Methode haben wir übernommen, auf Bedingungen der Grundschul- bzw. Primarstufenpraxis zugeschnitten, erweitert und, je nach Projektthema, variiert.

In der vorliegenden Darstellung zeigen wir, wie die Projektmethode an dem Thema »Körper, Ernährung, Gesundheit« entwickelt werden kann bzw. umgekehrt: wie das Unterrichtsthema »Körper, Ernährung, Gesundheit« in Form eines Projekts bearbeitet werden kann. Die eigentliche didaktische Arbeit besteht damit in der Aufgabe, die typischen Merkmale der Projektmethode auf das Sachthema zu beziehen.

Kennzeichen der Projektmethode sind u.a.:

– daß der Unterricht von den Bedürfnissen und Lebenssituationen der Kinder ausgeht (Bedürfnis-, Situationsorientierung),
– daß der Unterricht die zugrundeliegende gesellschaftliche Wirklichkeit bewußtmacht und Alternativen im Sinne der Betroffenen entwickelt (gesellschaftliche Standortbestimmung, Zielreflexion),
– daß der Unterricht zum Handeln ermuntert und realitätsverändertende Aktionen einübt (Erproben von Verhaltensalternativen),
– daß der Unterricht sich einer Sache, einem Lern- und Handlungsverlauf fügt und nicht an den Fächergrenzen und der Stundenplanorganisation scheitert (Fächerintegration, Lehrerkooperation).

Wenn dies Kennzeichen der Projektmethode sind, dann stellt sich die Frage, wie sie in einem Projekt »Körper, Ernährung, Gesundheit« eingelöst werden können. Wir denken also darüber nach, ob das Projekt an Bedürfnisse und Lebenssituationen von Kindern anknüpft, wie der Stundenplan anders ausgefüllt und verändert werden muß, wie Kinder und Lehrer zusammenarbeiten, welche Beziehungen zwischen Fachunterricht und Projektunterricht sich herausbilden und welche Ergebnisse das Projekt erbringt. Exemplarisch wollen wir damit zeigen, wie die Projektmethode im Unterricht der Grundschule gebraucht werden kann.

Projektlernen und Kinderinteressen

Kein Kind aus dem 3. Schuljahr hatte spontan den Satz gesagt: »Wir wollen auch mal ein Projekt zum Thema ›Körper, Ernährung, Gesundheit‹ machen.« Als Lehrerinnen und Lehrer haben wir auch nicht auf solche oder ähnliche Sätze gehofft, um sie dann findig zum eigentlichen Anknüpfungspunkt zu machen. Unter »Situationen« verstehen wir nicht nur die von Kindern verbalisierten, sondern auch tatsächliche, herstellbare und entwickelbare Lebenssituationen von Kindern. Als Kinderbedürfnisse begreifen wir nicht nur die subjektiv vorgebrachten, sondern auch objektive. So haben wir das Projekt zunächst zwar relativ unabhängig von geäußerten Kinderwünschen geplant und doch auf ihre Bedürfnisse und Lebenssituationen beziehen können: indem wir an die generellen Ernährungsprobleme von Grundschulkindern anknüpften und die Essensgewohnheiten von Kindern in der Laborschule aufnahmen.

An unserer Schule frühstücken die Kinder im 3. Schuljahr nicht mehr, wie noch im Vorschul-, im 1. und 2. Schuljahr, gemeinsam mit ihrer Gruppe und ihrer Lehrerin. Sie organisieren ihr Frühstück jetzt selbständiger, bringen also Brote, Obst, Süßigkeiten oder auch Geld mit. Das Mittagessen bekommen sie nicht mehr bargeldlos, sie müssen ihre Essensmarken jetzt selber einkaufen. Daß über Geld nicht nur Essensmarken eintauschbar sind, kriegen sie bald heraus; die umliegenden Kioske bieten neben belegten Brötchen ein reichliches Süßwarensortiment, Cola und Limonaden. Diese Situation – sie ist sicher mit vielen anderen Schulen vergleichbar – haben wir zum Ausgangspunkt des Projektes gemacht. Wir wollten verhindern, daß die Kinder von der Frühstückskultur der ersten Schuljahre automatisch umlernten auf die Kiosk-»Kultur«. Wir wollten die Kinder aufklären über »Müllmahlzeiten« und gesunde Ernährung; wir wollten verhindern, daß sie unbedacht auf das »alternative« Ernährungsangebot der Kioske einstiegen. Wir wollten in der Schule selbst Bedingungen schaffen, die eine bessere Ernährung möglich machen.

Projektlernen und Stundenplanorganisation

Die Stundenplanorganisation ist im 3. und 4. Jahrgang der Laborschule – zumindest formal – nicht entscheidend anders als die anderer Grundschulen. Jedenfalls werden Lehrerinnen und Lehrer, die in Projekten arbeiten wollen, hier wie dort vor vergleichbare Probleme gestellt. Einen großen Teil der (60-Minuten-)Stunden hat eine Betreuungslehrerin zu ihrer und der Verfügung der Kinder, sie kann also nach Bedarf umlegen, verschieben, zusammenlegen. Dazwischen aber liegen die Stunden für den Fachunterricht bei einem »fremden« Lehrer.

Wir versuchen, das Projekt mit drei bzw. zwei Gruppen eines Jahrgangs parallel durchzuführen. Eine Gruppe bzw. ein Lehrer allein kann den Aufwand, der für Planung, Materialbeschaffung, Realisation verschiedenster Aktionen notwendig ist, auch nicht tragen. Das allerdings führt zu Stundenplanproblemen. Nur wenige Stunden stehen für gemeinsamen Unterricht als Parallelstunden der Betreuungslehrer zur Verfügung. Lösen könnte man dieses Problem, indem man den Stundenplan völlig aufhebt und eine Projektwoche einrichtet. Wir verzichten darauf, den Stundenplan ganz auszusetzen. Die drei Gruppen arbeiten innerhalb ihres Stundenplans vielmehr parallel, nur einige Stunden stehen fürs gemeinsame Projektplenum (Ankündigungen, Demonstration von Zwischenergebnissen etc.) zur Verfügung.

Im projektorientierten Lernen ist die Methode ein Moment des Inhalts. Die Zerstückelung des Lernens wird aufgehoben. Da wir den Stundenplan der einzelnen Gruppen intakt lassen, müssen wir die Zerstückelung des Lernens innerhalb der jeweiligen Gruppenstundenpläne bekämpfen. Wir sichern den Projektzusammenhang einmal dadurch, daß wir im Lehrerinnenteam eng zusammenarbeiten, und zum anderen dadurch, daß wir das Projekt gezielt in die Stunden vorantreiben, die sonst isoliert für Deutsch, Mathematik oder Sport zur Verfügung stehen.

Projektlernen und Teamarbeit

Zunächst gibt es Formen der Zusammenarbeit unter den Kindern: Da die einzelnen Gruppen in ihrem Stundenplan weiterarbeiten und sich nicht als Wahlgruppen neu organisieren müssen, können sie an den eingeübten Arbeitsformen (Tischgruppen, Einzelarbeit, Partnerarbeit) festhalten. Darüber hinaus gibt es das Projektplenum, die Versammlung aller Kinder und Lehrer der Jahrgangsgruppen. Eine »Projektwand« sichert die Kommunikation zwischen den Gruppen.

Außerdem gibt es Formen der Zusammenarbeit unter den Lehrern: Das Projekt planen wir gemeinsam: Eine Liste mit Ideen wird aufgeschrieben, und ein Projektverlauf wird skizziert. Dann übernimmt jeder von uns einen bestimmten Arbeitsauftrag.

Die Arbeitsaufträge werden je nach Fachkompetenz und Interesse verteilt. Wer seinen Arbeitsschwerpunkt im Bereich Sport hat, arbeitet sportliche Aspekte des Projektthemas aus. Analog verfahren wir bei den anderen Fächern. Wir hoffen, das Projektthema so in viele Bereiche des Stundenplans ausweiten zu können bzw. eine Integration der Fächer zu erreichen. Wir bereiten den Projektunterricht also arbeitsteilig vor, um Arbeitsteilung, deren Reflex die schulische Fächerung ist, im Unterricht zu verhindern. In der Teamgruppe werden die Vorschläge dann besprochen, gekürzt, verändert und mit den Vorschlägen der anderen verbunden. Während des Projektverlaufes konzentrieren sich die Gespräche im Team dann darauf, wie die Arbeit in den einzelnen Gruppen vorangeht, welche Anregungen von Kindern gekommen sind, wo Probleme oder neue Ideen aufgetaucht sind.

Projektlernen und Fächerintegration

Ein Gliederungsprinzip der Laborschule besteht in der Konstruktion sogenannter Erfahrungsbereiche (Erfahrungsbereich Naturwissenschaft, Erfahrungsbereich Sprache, etc.), die als Vermittlungsinstanzen zwischen dem ganzheitlichen Unterricht in den ersten Schuljahren und den Fächern am Ende der Schullaufbahn begriffen werden. Fächer aufzulösen oder zu integrieren macht organisatorisch und inhaltlich im Prinzip also wenig Probleme.

Trotzdem bleibt bei jeder Unterrichtseinheit die Frage, wie diese Fachaspekte mit jenen sinnvoll verknüpft werden können. Sicher ist es sinnlos, jedes Projektthema prinzipiell in alle Erfahrungsbereiche hineinzutreiben und jedesmal zwanghaft alle Fächer mit allen integrieren zu wollen. Wie weit ein Projekt einzelne Fächer betrifft, hängt von seiner Themenstellung ab. Das Thema »Körper, Ernährung, Gesundheit« erwies sich als so weit, daß wir uns bald vorstellen konnten, es in jeder Schulstufe mit einem anderen inhaltlichen Schwerpunkt und auf neuem Niveau im Sinne eines Spiralcurriculums wieder aufzugreifen: Es ist sozialwissenschaftlich interessant (Welthungerproblem, Nahrungsmittelproduktion), es legt Gestaltungsaufgaben nahe (anatomische Zeichnungen, Videofilme), es animiert die Sportler (Fitnessprogramme, Sensibilisierung der Körper-Selbsterfahrung), es bietet für den Mathematikunterricht genug Lernanlässe (Größen, Maße, Gewichte), und es ist evident auch ein naturwissenschaftlich-biologisches Thema (Anatomie, Verdauungsapparat, Herstellung gesunder und ungesunder Nahrungsmittel).

Projektlernen und Fachsystematik

Daß ein 1930/31 in der UdSSR begonnener Versuch, das ganze Schulwesen auf die von Dewey und Kilpatrick (1935) (in modifizierter Form) übernommene Projektmethode umzuschalten, nach kurzer Zeit wieder abgebrochen werden mußte, weil er nicht die Entschulung der Schule, sondern deren Zerstörung voranzutreiben schien (Theorie vom »Absterben der Schule«) (Anweiler 1978), könnte man darauf zurückführen, daß dieses Versuchskonzept einen notwendigen Bezug von fachsystematischem Lernen zur Projektmethode nicht ausgebildet hatte. Auch in unserer Schule ist das Projektlernen insgesamt sicher noch zu undeutlich entwickelt. Daß es andere Lernformen irgendwann völlig ersetzen könnte, halten wir für eine Illusion. Vielmehr kommt es eben darauf an, das Verhältnis von fachsystematischem Lernen einerseits und dem Projektlernen andererseits für jede Schulstufe genau zu bestimmen und jede Lernform auch für sich zu kultivieren. Diente ein Projektthema insgeheim dazu, das kleine Einmaleins einzuführen und zu trainieren, so würde den Kindern vermutlich beides verleidet: sowohl der Spaß an der Projektsache als auch der Spaß am Rechentraining, an Knobel- und »Denksport«-Aufgaben. Die Langeweile, die viele mathematische Sachaufgaben verbreiten, liegt vielleicht auch daran, daß ein Sachproblem jeweils so gestellt wird, als wäre die Sache ernst gemeint. Die Kinder merken aber sehr schnell, daß die Sache nur Vorwand ist und daß dahinter die Rechenaufgabe steckt, die der Lehrer eigentlich meint. Um es weiter am Beispiel der Mathematik zu illustrieren: Wir führen mathematische Probleme ins Projekt nicht ein, um den Kindern die Verfahren schriftlicher Addition zu erklären. Die Kinder sollen vielmehr vor allem erleben, daß sie diese bereits bekannten Rechenverfahren wirklich zur notwendigen Lösung eines Problems gebrauchen können. Das Projektthema liefert nicht den Vorwand zum Rechnen; es macht die Brauchbarkeit einzelner Rechenverfahren deutlich. Nicht nur für das Verhältnis von formalen Rechenfertigkeiten zur Projektarbeit ist diese Klärung nützlich. Auch für die wenigen Stunden projektintegrierten Musikunterrichts ist diese Unterscheidung wichtig: Wenn wir eine Sachgeschichte zum Thema Ernährung/Verdauung mit Geräuschen und Klängen unterlegen und auf Tonband aufzeichnen, so ist dies nicht der Anlaß dafür, einfache Klangpartituren zu einem Text aufzeichnen zu lernen, sondern es ist die sinnvolle Anwendung dieser bereits erlernten Technik. Hätten die Kinder viele der im Projekt anwendbaren »Kulturtechniken« innerhalb des Projektverlaufs selbst erst erlernen müssen, in Form von kleinen Kursen oder »didaktischen Schleifen«, so wäre das Ziel des Projekts vermutlich aus dem Blick geraten, und der Aktionszusammenhang wäre lahmgelegt worden.

Projektlernen und Handeln

Die Schilderungen des Projektverlaufs machen vorstellbar, an welchen Stellen Stift und Papier notwendig sind und wann sie beiseite gelegt werden können. Tätigkeiten wie »inszenieren«, »vorspielen«, »den Körper testen«, »kochen«, »messen und wiegen«, »befragen« kommen häufig vor.

Ein Ergebnis des Projekts ist die neu eingerichtete Teestube. Hier haben die Kinder täglich zu tun: Sie können Vollkornbrötchen, Milch, Kakao oder Müsli kaufen, sie finden hier Ruhe zum Spielen und Lesen, sie bedienen, kaufen ein, verkaufen, machen den Abwasch und müssen solche Dienste untereinander absprechen und organisieren.

Projektarbeit und soziales Lernen

Um soziales Lernen im Rahmen des normalen Schulunterrichts zu fördern, besprechen wir in den Kindergruppen regelmäßig die aufgetretenen Konflikte, spiegeln Lernfortschritte einzelner oder der Gruppe, denken mit den Kindern über geglückte und mißlungene Kooperationen nach oder versuchen, Außenseiter zu stärken. Auch in Projekten ist diese Sozialarbeit notwendig, die Kinder stärkt, solidarisch und konfliktfähig macht und sensibel für die Gefühle anderer. Deutlich aber gewinnt soziales Lernen im Rahmen des Projektunterrichts neue Qualitäten, die über das übliche »Sozialpensum« hinausgehen. Soziales Lernen wird hier etwas, worauf eine Lehrerin oder ein Lehrer nicht auch noch zu achten hat. Es ergibt sich vielmehr systematisch aus dem Projektvorhaben. Den Teestubendienst zum Beispiel schafft in einer Frühstückspause nie ein Kind allein. Es werden mehrere Kinder gebraucht, die den Dienst als Gruppe übernehmen. Die Kinder müssen überlegen, wie sie untereinander die Arbeit aufteilen. Wer macht den Abwasch? Wer übernimmt den Ausschank, wer mischt das Müsli, wer überwacht die Kasse, wer schmiert die Brötchen? Entsprechende Kooperationen müssen nicht vom Lehrer als moralisch richtig empfohlen werden. Sie sind vielmehr zwangsläufig notwendig und unmittelbar einsichtig, und zwar für alle Kinder, die sich auf den Teestubendienst einlassen. Sonst klappt es eben nicht.

Soziales Lernen ist in Projekten auch Imitationslernen. Die Kinder erleben, wie die Erwachsenen zusammenarbeiten, sich absprechen, sich über Erfolge freuen, auf ein gemeinsames Ziel zusteuern. Sie haben nicht, wie sonst oft üblich, erst eine Stunde bei Frau B., dann eine Stunde bei Herrn G. und dann noch eine Stunde wieder bei Frau B., sondern sie erleben einen von den Lehrerinnen, Sozialarbeitern und Eltern, die das Projekt gemeinsam betreuen, gemeinsam gestalteten Unterricht.

Projektlernen und Lehrerrolle

In dem geschilderten Projekt hatten wir häufig das Gefühl, daß sich unsere Rolle als Lehrerin oder Lehrer verändert. Das Projekt entwickelt von einem bestimmten Punkt an eine Eigendynamik, die alle Beteiligten mitreißen kann. Schülerinnen und Schüler fragen dann nicht mehr, was sie denn jetzt machen müssen und ob sie dies oder jenes richtig gemacht haben. Sie erinnern eher an das, was jetzt ansteht: »Ich muß mein Kochbuch noch fertigschreiben«, »Ich will mal dieses Rezept ausprobieren«. Und Lehrerinnen müssen sich bei der Vorbereitung einer Stunde nicht mehr über Motivationstricks den Kopf zerbrechen, nicht mehr über Phasenwechsel und Medieneinsatz nachdenken. Unsere Arbeit besteht eher darin, das Projekt zu begleiten, indem wir zusammenfassen, ordnen, neue Materialien eingeben, mit Erklärungen weiterhelfen. Diese Veränderung in der Lehrerrolle – und damit in der Kinder-Erwachsenen-Beziehung – öffnet den Unterricht auch für andere Personen. Der Aufbau der Teestube war in unserem Projektverlauf wesentliches Verdienst von zwei Sozialarbeiterinnen, die ihr Anerkennungsjahr machten. Während des Projektunterrichts schienen die Statusunterschiede zwischen Lehrerinnen und Sozialarbeiterinnen vorübergehend aufgehoben zu sein.

Jeder, der mit der Projektmethode gearbeitet hat, weiß, wie vorbereitungsintensiv solcher Unterricht ist. Wir waren auch auf Hilfe von außen angewiesen, auf Eltern. Wichtig war ihre Hilfe insbesondere beim Kochen und Backen in der Schule. Elternhilfe war aber nicht nur aus Gründen der Zeit- und Personalknappheit gefragt. Uns war klar, daß unser Hauptziel »Veränderung der Essensgewohnheiten« nur mit Unterstützung der Eltern erreicht und dauerhaft gehalten werden konnte. Wenn sich bei den Kindern zu Hause nichts an den Essensgewohnheiten ändert, wenn Zuckerpott und Nesquik weiter auf dem Tisch stehen, weiter mit Auszugsmehl gebacken wird, Rohkostsalat und Frischgemüse nur sonntags, Milch und Müsli selten oder nie probiert werden, dann bleiben Projektaktivitäten dazu exotisch.

Wir haben uns daher bemüht, die Eltern häufig zu informieren und an unseren Projektaktivitäten teilhaben zu lassen. Wir haben

– eine Projektbeschreibung zu Beginn der Unterrichtseinheit verteilt,
– auf Elternabenden Zwischenberichte gegeben,

- Eltern angesprochen, mit den Kindern in der Schule gemeinsam zu kochen und zu essen,
- eine »Aufklärungsbroschüre« zum Thema Zucker und Auszugsmehl samt alternativen Rezepten zusammengestellt und rechtzeitig zur Weihnachtsbäckerei verteilt (s.u.),
- die Ausstellung der erarbeiteten Unterrichtsprodukte organisiert.

Der Verlauf: Von der Planung bis zum Ergebnis

In der folgenden Tabelle stellen wir die Chronologie eines Projektverlaufs zusammen. Es handelt sich um ein Verlaufsmodell, das verschiedene Möglichkeiten zur Auswahl stellt. Natürlich ist es nicht erforderlich, genau nach dieser Chronologie vorzugehen. Man sollte sich daraus vielmehr das heraussuchen, was jeweils gebraucht und gewünscht wird. Die stichwortartige Zusammenstellung gibt eine Übersicht, die es erleichtert, die eigene Auswahl zu treffen und den eigenen Projektverlauf zusammenstellen.

Nicht in die Chronologie mit aufgenommen haben wir die Hinweise zu sportlichen Aktivitäten (S. 83), alle Übungen zur Körpererfahrung (S. 74f.) und die Vorschläge zum Kochen und Backen. Diese Aktivitäten sind keiner speziellen Phase des Projektverlaufes zuzuordnen; sie begleiten vielmehr den gesamten Unterrichtsverlauf wie ein durchlaufendes Band. Es empfiehlt sich entsprechend, diese Dinge während des gesamten Projektverlaufes parallel laufen zu lassen.

Inhalte	Tätigkeiten und *Materialien*
Einstieg	
Theaterszene: gesundes und ungesundes Schulfrühstück	3–5 Personen spielen eine Pausenszene Gespräch über die Szene *Gesunde und ungesunde Lebensmittel, Schulsachen*
Vorstellung des Projektes: »Körper, Ernährung, Gesundheit«	Brainstorming zu den 3 Begriffen *3 große Plakate, Filzschreiber*
Interviews zu den Frühstücksgewohnheiten zu Hause und in der Schule	Mündliche Einzelbefragung oder schriftliche Befragung *Kassettenrekorder oder Fragebogen*
Auswertung der Befragung	Gespräch und Auswertung *Plakat oder Tafel*
Projektheft	Gestaltung des Deckblattes (s. S. 131) *DIN-A4-Heft oder Schnellhefter*
Aufbau und Funktion des menschlichen Körpers	
Das Körperinnere	Naive Zeichnung *DIN-A4-Blatt, Stifte*
Das Skelett	Benennen der Knochen, Abtasten der eigenen Knochen, Arbeitsblatt zum Skelett, Knochennamen eintragen *Skelettmodell, Biologiebücher, Arbeitsblatt (s. S. 38)*
Theaterszene: Der Gummimensch	3 Personen spielen die Szene (s. S. 37) *Schwarzer Gymnastikanzug, Kreide*

Inhalte	Tätigkeiten und *Materialien*
Tanz	Kinder spielen Roboter (s. S. 34) *»Kraftwerk«, Musikkassette*
Die inneren Organe	Naive Zeichnung *DIN-A4-Blatt, Stifte*
	Benennen der Organe, insbesondere die Verdauungsorgane (s. S. 39) *Torso, Bücher, Arbeitsblatt (s. S. 40)*
Schattentheater	Operation (s. S. 140) *Schattenleinwand, Fotolampe, Tisch, innere Organe oder Phantasieorgane*
Verdauung	Apfelgeschichte von U. Wölfel lesen, spielen, vertonen (s. S. 116) Experimente (s. S. 62ff.) *Text und Arbeitsblatt (s. S. 42f.), Musikinstrumente*
Körperumrisse in Lebensgröße	Zeichnung (s. S. 34) *Packpapier, Farben, Pinsel, Skelett und Torso als Modelle*
Knochen- und Organquiz	Frage-und-Antwortspiel *Skelettmodell, Torso*
Besuch im Körpermuseum	Phantasiezeichnung, Phantasiegeschichte (s. S. 121) *Projektheft, DIN-A1-Zeichenpapier, Buntstifte, evtl. Wasserfarbe (s. S. 119)*
Videofilm zum Skelett und zu den inneren Organen	Video: *»Eine Reise durch den Körper«* (s. S. 174)
Zusammensetzung der Nahrung	
Videofilm zu den Nährstoffen	Gespräch Video: *»Der stumme Freund«* (s. S. 174)
Experimente	Nachweis von Stärke, Fett und Eiweiß (s. S. 62ff.) *Verschiedene Nahrungsmittel, Packpapier, Jodtinktur*
Speisepläne	Vergleich der Speisepläne von Peter und Jan (s. S. 53) *Tafelanschrift*
	Wie ernähre ich mich richtig (s. S. 53) Sammeln von Kinderantworten *Tafelanschrift*
Ernährungskreis	Gespräch und Bearbeiten der Arbeitsblätter *Arbeitsblätter (s. S. 58)*
Ungesunde Ernährung	Gespräch über: Chemikalien in Lebensmittel, biologischen Anbau, Massentierhaltung, Fleischkonsum, Auswirkungen unserer Eßgewohnheiten auf die Menschen in der Dritten Welt
Collagen	Lebensmittelabbildungen aus Zeitschriften nach Nährstoffen und nach gesunden und ungesunden Lebensmitteln ordnen *Zeitschriften, Schere, Klebstoff, DIN-A3-Blätter*
Körper»fabrik«	Funktion der Nährstoffe, Gespräch, szenische Darstellung (s. S. 115f.) *Arbeitsblatt (s. S. 58)*
Getreide	Längsschnitt durch ein Getreidekorn *Getreidekorn, Arbeitsblatt (s. S. 61)*
Getreidesorten	Die fünf wichtigsten Getreidesorten (s. S. 54) *Fünf verschiedene Körner, Arbeitsblatt (s. S. 60)*
Mehlsorten	Untersuchungen von: Weißmehl, Vollkornmehl, Vollwertmehl Malen von Weizenkörnern *Weißmehl Type 405, Vollkornmehl, frisch gemahlener Weizen, Mühle*

Inhalte	Tätigkeiten und *Materialien*
Zucker, Honig und andere Süßmittel Zucker als Vitamin-B$_1$-Räuber	Gespräch über Unterschiede und Gemeinsamkeiten Video: »Bonbonfilm«, Theaterspiele (s. S. 112ff.) Zuckercomic und Vitaminraub als bildnerische Darstellungen Lesen von Textpassagen aus verschiedenen Büchern (s. S. 120) Ansehen von Videofilmen (s. S. 174) *Videofilme: »Bonbonfilm«, u.a. (s. S. 174), Verkleidungssachen, Arbeitsblatt (s. S. 47), Bücher*
Zähne	Aufbau des Gebisses, Kauvorgang, Zahnkrankheiten, Zahnhygiene (s. S. 45ff.) *Gebißmodell, Arbeitsblätter, Äpfel*
Zunge	Geschmacksnerventest, Experimente (s. S. 80ff.) *Unterschiedliche Lebensmittel: süße, saure, bittere, salzige, scharfe Tücher zum Verbinden der Augen, Arbeitsblatt*
Messen und Wiegen	Körpergröße, Körpergewicht, Relationen feststellen, Umrechnen von Maßeinheiten (s. S. 87ff.) Wiegen von Lebensmitteln *Personenwaage, Lebensmittelwaage, Meßlatte, Arbeitsblätter, Plakate für Tabellen*
Energieverbrauch	Gespräch, Experimente (s. S. 63ff.), Videofilm: »Der stumme Freund«, (s. S. 174) *Zucker, Videofilm, Arbeitsblätter*
Ernährungsschäden	Vitamin-B$_1$- und Vitamin-C-Mangel *Texte und Gespräche (s. S. 56)*
Verpackungsmaterial und Inhaltsstoffe	Untersuchung auf Zucker, versteckten Zucker, Farbstoffe, Herstellen von eigener Verpackung (s. S. 127) *Verpackungsmaterial, Pappe, Scheren, Klebstoff, Papier, Stifte*
Werbung	Gespräch über den Einfluß der Werbung, Entwickeln von Werbung zu gesunden Nahrungsmitteln, auch Antiwerbung zu ungesunden Lebensmitteln, Rollenspiele
Exkursionen	Besuch beim Imker, im Kaufhaus, in einer Bäckerei
Fachleute	Einladen einer Ernährungsberaterin (z.B. von der AOK), eines Arztes

Das Ergebnis: Ein Abend mit Eltern und Kindern

Es gibt verschiedene Möglichkeiten, Projekte produktorientiert zu gestalten. Wir schildern hier exemplarisch nur einen Projektabschluß, der verschiedene Einzelergebnisse miteinander verbindet. Selbstverständlich taugen auch diese Einzelergebnisse schon als Projektabschlüsse: Es kann eine Ausstellung sein, eine Theateraufführung, ein gemeinsames Essen oder ein Spielenachmittag, eine Bäckereibesichtigung, ein Informationsabend, ein Kochstudio für Eltern.

Viele Wochen ist das Projekt nun schon gelaufen. Zwei Schulklassen und ihre Lehrerinnen haben sich daran beteiligt. Jetzt soll das Projekt mit einem Eltern-Kinder-Abend abschließen. Eltern, Kolleginnen und Kollegen und Freunde haben zunächst Gelegenheit, eine Ausstellung zu besuchen. Sie treffen in diesem ersten Programmabschnitt auf ein offenes Angebot: Jeder kann sich selbst heraussuchen, was er zuerst ansieht; einige Besucher gehen in Gruppen von Stand zu Stand, andere einzeln; Eltern nutzen diese Zeit für Gespräche untereinander, oder sie fragen bei uns Lehrerinnen nach, wie ihr Kind denn im Projekt mitgearbeitet hat.

Auf den Arbeitsflächen der Kinder hängen Plakate, Bilder, Zeichnungen. Es gibt verschiedene Stände, z.B. den Getreidestand, einen Stand zum Riechen und Schmecken, einen zum Wiegen und Messen etc. Auf einem Tisch liegen alle Projekthefte der Kinder aus. Jeder Stand wird von zwei Kindern betreut, die Rede und Antwort stehen. So lassen sich die Besucherinnen und Besucher z.B. bei der »Ernährungsberatung« erzählen, welche Wirkung der Zucker hat und welche alternativen Süßstoffe es gibt. Sie erfahren etwas über Vitamine, Mineralien und Ballaststoffe. Die Kinder hinter den Ständen sind gut vorbereitet. Sie fühlen sich sicher, so daß sie die Besucher/innen von sich aus ansprechen und auffordern, sich etwas erzählen, sich testen oder sich abfragen zu lassen: »Welcher Knochen ist das Wadenbein?«, »Wie viele Wirbel hat die Wirbelsäule?«, »Wo befindet sich der Magen, und was passiert in ihm?« Viele Eltern sind überrascht über so viel Fachwissen ihrer Kinder. »So etwas haben wir früher in der Schule nicht gelernt«, merkt ein Vater an. Die Kinder sind stolz über die positive Resonanz.

Parallel zur Ausstellung haben die Besucherinnen und Besucher Gelegenheit, sich massieren zu lassen. In zwei Räumen sind Massagesalons eingerichtet, in denen die Kinder Massage anbieten. Leise spielt eine Entspannungsmusik im Hintergrund, Kerzen sind aufgestellt, auch eine Duftlampe. Hier, abseits des Ausstellungsrummels, ist es ruhig und erholsam; für einen Moment kann man hier abschalten und die Massage genießen. Leider ist die Nachfrage so groß, daß nicht alle Erwachsenen drankommen.

Im Anschluß an die eher offenen Angebote werden alle Besucher/innen zu einer gemeinsamen Veranstaltung in den Theaterraum gebeten. Kleine Szenen zum Projektthema stehen auf dem Programm. Ein Kind begrüßt die Eltern zu Beginn der Aufführung und erläutert, was gezeigt wird und wie die Szenen entstanden sind. So sieht die Szenenfolge an diesem Abend aus:

1. Das Skelett – Schwarzes Theater
2. Der Robotertanz – hinter und vor der Schattenleinwand
3. Die Operation – Schattentheater
4. Die Körperfabrik – hinter und vor der Schattenleinwand
5. Der Bonbonsketch – offene Bühne
6. Der Vitaminraub – Schwarzes Theater

Es sind Szenen, die einen Einblick in das Gelernte geben. Zwischen den einzelnen Szenen sind kleine Umbauten nötig. Es ertönt immer die gleiche Zwischenmusik.

Während des Schwarzen Theaters weinen einige kleinere Geschwister, weil sie Angst bekommen – es ist stockfinster im Saal. Sie werden schnell hinausgebracht. Das bleibt aber auch die einzige »Störung« während der Vorstellung. Die Eltern haben ansonsten viel Spaß, und die Kinder genießen den Applaus spürbar. Sie werden zu Höchstleistungen angespornt. Von Lampenfieber ist keine Spur mehr!

Im Anschluß an die Theateraufführung sind Eltern und Kinder zum Festessen in die Schulmensa eingeladen. Hier sind die Tische schon festlich gedeckt; Tafelmusik erklingt; die Kerzen sind angezündet. Zu einer Tischgruppe gehören etwa zehn Personen; befreundete Familien setzen sich häufig zusammen, aber manche sitzen plötzlich auch in bislang unbekannter Nachbarschaft nebeneinander. Alle Personen werden gebeten, auf ihren Plätzen zu warten, bis sie das Essen serviert bekommen. Wir Lehrerinnen gehen als Kellnerinnen gekleidet von Tisch zu Tisch, servieren die einzelnen Gänge, tragen gebrauchtes Geschirr ab und sehen nach, ob alle zufrieden sind.

Obwohl unser Restaurant von so vielen Kindern und Eltern besucht wird, herrscht eine erstaunlich ruhige, entspannte Atmosphäre. Das Festessen dauert mit seinen drei Gängen über eine Stunde; dann erst brechen die ersten Familien auf. Erstaunlich viele Erwachsene aber bleiben noch, um mitzuhelfen, alles wieder herzurichten. Bei so vielen Helfern sind wir mit dem Abwasch schnell fertig. Die einhellige Meinung aller Helferinnen und Helfer: Das war ein gelungener Abend!

Der Ertrag: Beobachtungen zur Wirksamkeit schulischer Gesundheitsförderung – Ausschnitte aus einer Gruppendiskussion

Wer sich für Gesundheitserziehung und -förderung in der Schule einsetzt, wird nicht immer nur mit positiver Rückmeldung und mit Erfolgserlebnissen rechnen können. Als Lehrerinnen und Lehrer erfahren wir täglich, daß unsere Bemühungen, die Kinder in der Schule und über die Schule hinaus zu einer gesunden Lebensweise anzuleiten, auch enttäuscht werden. Kinder essen dann eben doch ihre Süßigkeiten; sie machen sich über die »Müslifreaks«, ihre Lehrerinnen und Lehrer, lustig; sie geraten später ans Rauchen. Insofern ist es oft frustrierend, sich auf dem Gebiet »Gesundheit in der Schule« zu engagieren. Die verbreiteten Zweifel werden verständlich: Wieso eigentlich soll ich mich als Lehrer für die Gesundheit von Schülern stark machen? Sind hier nicht vielmehr die Eltern gefordert? Sollten wir Lehrer nicht lieber auf der Lehrerrolle bestehen, statt uns als »Gesundheitsapostel« lächerlich zu machen? Hat unser Gesundheitsunterricht überhaupt irgendwelche positiven Effekte?

Um in solchen Fragen Sicherheit entwickeln zu können, brauchen Lehrerinnen und Lehrer offene Gespräche im eigenen Kreis und ehrliche Gespräche auch mit den Kindern. Mißerfolge dürfen dabei nicht unter den Teppich gekehrt werden; aber neben den Mißerfolgen muß man auch die Erfolge erst zu sehen lernen!

Wir stellen im folgenden Auszüge aus einer längeren Gruppendiskussion der am Gesundheitsprojekt beteiligten Lehrerinnen und Lehrer vor. Ausgewählt wurden Textpassagen, in denen die pädagogischen Argumentationen des Teams besonders prägnant zum Ausdruck kommen. Das Gespräch der Lehrerinnen und Lehrer greift wiederum auf zwei jeweils einstündige Interviews zurück, die in einer der Schulklassen durchgeführt wurden, die an dem Gesundheitsprojekt teilgenommen hatten. Zunächst interviewte die Lehrerin der Klasse eine Gruppe von Mädchen, dann eine Gruppe von Jungen. Die im folgenden abgedruckten Gesprächspassagen wurden sprachlich stark überarbeitet; die Kindernamen darin wurden anonymisiert.

Hat es Euch gefallen?

- Ich habe die Kinder zunächst gebeten, die Inhalte des Gesundheitsprojektes aufzuzählen und zu erzählen, was sie von diesem Projekt noch wissen.
- Wie lange nach Abschluß des Projekts war das eigentlich?
- Fast ein Jahr später! Erst haben sie gesagt: »Oh Gott, da fällt uns gar nichts mehr ein.« Im Gespräch war es dann aber ganz eindeutig, daß sie wirklich alle Inhalte des Projektes aufzählen konnten, bis in die Details hinein.
- Das ist doch schon mal ganz interessant, daß sie überhaupt noch was wissen.
- Ja, sie wußten alles! – In einer zweiten Runde habe ich dann gefragt, was ihnen an diesem Projekt gefallen hat. Bei den Mädchen war es ganz eindeutig, die haben fast alle den Eltern-Kinder-Nachmittag genannt. Nun, da war ja auch praktisch alles integriert! Und dann haben sie als Besonderheit noch das Theater genannt. Und das Kochen. Die Jungen haben gesagt, sie hätten alles gut gefunden. Sie haben das Kochen aber besonders hervorgehoben.
- Stärker als die Mädchen?
- Stärker als die Mädchen!
- Es sind auf alle Fälle praktische Sachen, die Kinder gut finden.
- Klar! Das sind ja auch die Highlights, das Theater, das Kochen, ein Eltern-Kinder-Nachmittag, an dem alles zusammenfließt.
- Man hätte ja auch fragen können, was sie an Sachwissen noch haben: »Könnt ihr die Knochen noch benennen?« oder »Wie ist ein Korn aufgebaut?«
- Das haben sie manchmal eingestreut. Sie haben gesagt: »Ach ja, da ging es ja um das Skelett und um den Knochenaufbau«, aber da bin ich nicht genau drauf eingegangen.

Was hat sich geändert?

- Dann gab es noch eine dritte Frage. Ich wollte wissen, was sie Neues gelernt hätten und ob sich bei ihnen in der Ernährung etwas verändert hätte. Darauf haben sie differenzierter geantwortet. Julia hat gesagt, jetzt, nach dem Projekt, würden ihr die Vollkornbrötchen besser schmecken als die Weißmehlbrötchen, und sie würde auch mehr Obst essen. Tina meinte, sie würde viel mehr Obst essen. Olga ißt mehr Vollkornbrot. Nina meinte, sie würde Obst jetzt lieber essen, am liebsten Obstsalat. Und Manuela sagte, sie hätte ganz viel gelernt, fast alles wäre neu für sie gewesen. Aber am Essen hätte sich bei ihr wenig verändert. Daniela sagt, sie hätte schon einiges gewußt, sie hätte aber auch vieles neu gelernt. Sie ißt sehr viel mehr Gemüse.
- Und die Jungen haben gesagt, das meiste wäre für sie neu gewesen. Martin hat gesagt, er ißt jetzt weniger Süßigkeiten. Er war auch derjenige, der ganz eindeutig gesagt hat, daß das auf das Projekt zurückzuführen ist. Die Jungen bestätigen durchgehend, daß sie mehr Obst und Gemüse essen.
- Essen die Kinder jetzt mehr Gemüse, weil sie wissen, daß das gesünder ist, oder weil sie festgestellt haben, daß das lecker schmeckt?
- Beides! Also ich glaube, das ist auf beides zurückzuführen.

- Oder um sich anzupassen? Um dir einen Gefallen zu tun?
- Nein! Das Gespräch war offen. Kevin hat gesagt, bei ihm hätte sich nichts geändert.
- Dann habe ich noch gefragt, ob sie die Teestube benutzen oder ob sie da gar nicht hingehen und ob sich ihre Frühstückssituation verändert hat. Die Mädchen benutzen die Teestube häufig, sie bringen nicht mehr soviel von Zuhause mit. Jana hat gesagt, seitdem die Teestube auf ist, hat sie beim Hausmeister erst einmal einen Corny-Riegel gekauft, sonst hat sie sich immer Brötchen geholt. Das finde ich einen ganz dicken Fortschritt! Die Jungen benutzen die Teestube weniger als die Mädchen.
- Weil die ja Fußball spielen gehen in den Pausen – das ist vielleicht auch gesund?!
- Ja, die frühstücken weniger. Sie bringen aber sehr gesunde Sachen mit von zu Hause.
- Die Kinder sagen doch auch deutlich, daß wir Lehrer auf dem falschen Dampfer sind mit unserem Horror vor den Süßigkeiten. Die Kinder sind ja der Meinung, daß das Projekt sehr viel mehr bei ihnen ausgelöst hat, als wir überhaupt wahrnehmen. Unsere Wahrnehmung ist doch immer: Die Kinder rennen, obwohl wir das Projekt machen, in den Kiosk und kaufen sich dauernd Süßigkeiten.
- Das ist das, was wir manchmal frustriert mit ansehen. Ob sie jetzt mittags Gemüse oder mehr Obst essen, das kriegen wir nicht so mit.
- Wir sehen offensichtlich die verborgenen Wirkungen, die das Projekt wirklich hat, zuwenig. Aber die sind doch interessant, sind neu für mich!
- Ich habe zeitweilig gedacht, wir haben ja wahnsinnig überzogene Ansprüche! Daß die Kinder nach drei Wochen Projektunterricht ihr Leben lang sozusagen Vollkornbrötchen essen. Das ist ja irgendwie in unseren Köpfen, aber das ist doch Schwachsinn! Es reicht doch, wenn die Kinder sich in der Zeit, in der sie tatsächlich mit uns zusammen sind, halbwegs vernünftig ernähren. Wenn sie mal was anderes kennenlernen. Das ist doch auch schon was! Wenn es dann noch gewisse Effekte gibt, die über diese Situation sogar hinausgehen, dann finde ich das eigentlich ungeheuer viel.

Süßigkeiten in der Schule verbieten?

Dann bin ich auf die Süßigkeiten zu sprechen gekommen. Ich habe sie gefragt, wie sie denn mit unserem Verbot, während des Unterrichts und in den Pausen Süßigkeiten zu kaufen, klarkommen. Und mit dem Kaugummiverbot. Zunächst fanden alle Mädchen dieses Verbot ziemlich doof. Sie fanden es doof, daß wir das überhaupt aussprechen. Sie fänden es besser, wenn wir das freigeben würden. Sie würden sich gerne auch manchmal Süßigkeiten kaufen, sie würden das aber bestimmt nicht so sehr ausnutzen, wie wir das denken. Ich habe dann erklärt, aus welchen Gründen wir das machen, daß sie ja unterschiedlich viele Süßigkeiten mitbringen und essen dürften, daß man sich mit Süßigkeiten auch Freundschaften erkaufen könnte, daß Kinder auch erpreßbar würden durch Süßigkeiten. Und außerdem würden wir unser Projekt ein bißchen unsinnig finden, wenn sie sich in den Pausen dann die Süßigkeiten weiter reinschieben. Wir wollten deshalb schon ein bißchen kontrollieren, wie das mit den Süßigkeiten ist.

Die Kinder haben daraufhin ihre anfängliche Motzerei etwas zurückgenommen und haben gesagt, es wäre ja vielleicht doch auch eine Hilfe für sie, eigentlich fänden sie es ja gar nicht so schrecklich.

- Die Kinder ärgern sich, daß es in den höheren Jahrgängen erlaubt ist, daß man das da kann. Sie sagen dann: »Na ja, bald sind wir ja auch im 6. Schuljahr!«
- Vor allen Dingen Kati. Sie sagt, wenn sie ins 6. Schuljahr käme, dann würde sie das ausnutzen.
- Martin und Mike haben gesagt, wenn sie viele Süßigkeiten hätten, dann würden sie eigentlich wenig essen. Dann würden die Sachen ziemlich lange rumliegen. Das bestätigte Uwe auch. Bei den Jungen war es ansonsten so, daß sie eigentlich wenig opponiert haben gegen dieses Süßigkeitenverbot. Sie haben es eher rationalisiert, daß sie das nicht dürfen. Kevin sagte, er würde das überhaupt nicht schlimm finden. Peter, der ja am meisten Süßigkeiten ißt, hat zwar auch noch mal gesagt, daß er das blöd findet, wenn er den Größeren zugucken muß. Aber er hat auch am nachdrücklichsten gesagt, eigentlich fände er die Regelung ganz gut, weil er sonst zu viele Süßigkeiten essen würde. Er findet die Grenze, die ihm da gesetzt wird, richtig hilfreich.
- Wenn wir sagen: »Ihr dürft bis zum 4. oder 5. Schuljahr von der Schule aus keine Süßigkeiten kaufen«, dann fahren wir ja eine widersprüchliche Strategie. Wir verbieten ihnen etwas und erzeugen in ihrem Kopf gleichzeitig die Vorstellung: »Wenn ich groß bin, dann darf ich Süßigkeiten kaufen.« Das ist wie heimlich rauchen, das finde ich gefährlich! Eigentlich ist das nicht besonders pädagogisch, was wir da machen, auch wenn es von den Kindern zum Teil als hilfreich empfunden wird.
- Immerhin denken die Kinder darüber nach! Durch das Projekt haben wir bei den Kindern ein Bewußtsein geschaffen. Über Regelungen kann man jetzt mit ihnen diskutieren, zum Beispiel darüber, den Süßigkeitenkonsum innerhalb einer bestimmten Zeit einzuschränken. Deshalb finde ich solche Regelungen gar nicht so schlimm!
- Meine Konsequenz aus den Interviews mit den Kindern wäre, daß wir mit ihnen gemeinsam die Regelungen aufbauen müssen. Wenn sie im Kopf haben: »Wenn ich größer bin, komme ich aus dieser Kontrolle der Lehrer raus, habe mehr Selbstverantwortung und darf selbständig zum Kiosk gehen«, dann ist das kontraproduktiv – das Gegenteil von dem, was wir wollen! Deshalb sind unsere Regelungen nicht falsch, sie müssen nur sozial anders eingebettet werden!
- Und es muß auch im Jahrgang 5 und 6 regelmäßig inhaltlich was zur Gesundheitsthematik passieren. Da müßten auch Leute sein, die sensibel sind gegenüber dem Gesundheitsthema, Leute, die Regelungen finden wollen und es nicht nur laufen lassen.
- Das ist ja so ein Problem, daß wir das nur im 3. und 4. Schuljahr machen, und dann passiert nicht mehr viel im Laufe der Schulzeit.
- Schlimm! Ausgerechnet an der Stelle, wo sie die Freiheit haben, sich ihre Sachen im Kiosk zu holen, da existiert innerhalb der Schule selbst kein alternatives Angebot mehr für sie. Sie haben dann eigentlich keine Chance mehr! Worauf wir dringen

müßten: daß es auch im 5. und 6. Schuljahr ein Angebot für die Kinder gibt. Das wäre das hilfreichste Mittel dagegen, daß sie nicht in diesen Süßigkeitenkonsum verfallen. Das beste Verbot – ein Angebot!

Gesundheit in anderer Umgebung

– Wie sie mit Süßigkeiten umgehen, wenn sie das selbst frei entscheiden können, das ist ja eine andere Frage. Das ist, glaube ich, das Schwierigste! Das konnte ich jetzt auf der Klassenfahrt ganz gut beobachten. Im Unterschied zu meinen anderen Klassenfahrten konnten die Kinder diesmal 3,– DM Taschengeld mitnehmen. Ich wollte das mal beobachten, wie sie damit umgehen. In unserem Haus war ein kleiner Kiosk; das Haus war auch sonst etwas anders als die Freizeitheime, die ich kenne. Es fing eigentlich schon morgens an: Die Kinder haben alle Nutella gegessen. Nutella war das Beliebteste! Ich habe überhaupt nichts dazu gesagt, ich habe das einfach nur beobachtet. Es gab Weißmehlbrötchen, und diese Weißmehlbrötchen waren außergewöhnlich gut, sie waren richtig knackig! Also hat kein Kind gesagt: »Wieso gibt es hier keine Vollkornbrötchen?«, »Wieso gibt es hier Weißmehlbrötchen?« Die fanden das völlig in Ordnung! – Anders war es dann beim Fleischkonsum und bei dem Gemüse. Das Haus hatte eine völlig traditionelle Küche. Jeden Tag gab es Fleisch. Vierzehn Kinder haben gesagt, sie wollten kein Fleisch essen, und die anderen sagten, es wäre so o.k., sie könnten, wenn es sein muß, auch Fleisch essen. Jetzt kann man natürlich denken, das wäre gesundes Ernährungsverhalten. Die Kinder sagten auch: »Fleisch ist nicht so gesund, das essen wir nicht.« Aber die Wirklichkeit ist auch, sie mögen es überhaupt nicht! In bezug auf Süßigkeiten sagen sie jedenfalls nicht: »Das ist ungesund, das essen wir nicht!« Es waren gerade die Kinder, bei denen zu Hause genau darauf geachtet wird, die haben sich diese Lutscher gekauft. So ein Lutscher kostete nur 20 Pfennig. Also hatten die Kinder ständig ihren Lutscher, den ganzen Tag, obwohl sie ganz genau wissen, daß Lutscher und Bonbons das Schädlichste sind.
– Kinder von Süßigkeiten wegzubringen, das ist einfach eine Utopie.
– So was liegt auch an der Gruppe. Es passiert, wenn mehrere Kinder zusammen sind, egal ob sie zu fünft in die Stadt ziehen oder ob sie gemeinsam auf einer Klassenfahrt sind, das gehört irgendwie dazu, daß man sich Süßigkeiten kauft. Sie wissen es alle, daß das schädlich ist, aber sie tun es trotzdem alle.
– Ich habe mich auch gefragt, wie unser Klassenfahrtenprogramm eigentlich aussehen soll. Sollen wir die Klassenfahrten in unser Gesundheitsprojekt ganz einbeziehen, oder geben wir die Situation ganz frei, so nach dem Motto: »Jetzt können wir mal essen, was wir wollen!«
– Ich finde, in den Klassenfahrten liegt die Chance, das Gesundheitsthema immer wieder aufzugreifen: Sport, Spiele, gesunde Ernährung, selber kochen. Selbstversorgung, das macht allerdings viel mehr Arbeit!
– Als ich jetzt mit meiner Gruppe in Frankreich war, zu Besuch bei unserer Pariser Partnerschule, da haben wir selten warmes Mittagessen gehabt. Die Kinder haben meistens von den Familien Picknick mitgekriegt. Das machen die Franzosen immer

so, daß sie dauernd so Chipstüten mitgeben. Am Anfang fanden die Kinder das ganz gut, aber nach einer Weile, da fanden sie das ganz schrecklich! Sie konnten bald keine Chipstüten mehr sehen! Als es dann um den Proviant für die Rückfahrt ging, da sagte Anja: »Oh, ich möchte gerne irgend was Frisches haben, so Paprika, so rote Paprika stelle ich mir vor.«

– Einige Kinder haben betont, daß ihre Gasteltern das Gemüse immer frisch auf dem Markt kaufen und daß sie alles selber machen.
– Das war ihnen also aufgefallen!
– Die Kinder haben eigentlich nicht viel über Gesundheit geredet, aber sie haben doch Kriterien im Kopf. Sie beobachten. Und sie können genießen.

Taschengeld

In Paris hatten die Kinder ja relativ viel Taschengeld, also 30 Mark für die ganzen vierzehn Tage. Süßigkeiten haben sie sich dafür überhaupt nicht gekauft. Höchstens ein bißchen für die Rückfahrt. Aber sonst eher Andenken oder Mitbringsel. Das hängt also auch vom Angebot ab und davon, was ihnen wichtig ist.

– Richtig, bei meiner Klassenfahrt konnten sie sich gar nichts anderes kaufen! An diesem Kiosk gab es nichts anderes. Manche Kinder haben das Geld zum Telefonieren genommen. Aber sonst hatten sie wirklich keine Chance, das Geld anders umzusetzen. Ich denke, wenn sie da eine Möglichkeit gehabt hätten, ein kleines Andenken zu kaufen, dann hätten sie da vielleicht zugegriffen.
– Bei mir haben einige Kinder überhaupt kein Geld ausgegeben, oder sie hatten am Ende noch was übrig.

Und was ist mit dem eigenen Verhalten?

– Ich esse auch manchmal Nutella. Im Urlaub kaufen wir mal ein Glas. Alle haben dann Schmacht darauf oder auch mal auf ein weißes Brötchen. Und wir essen Eis. Ich schieb' mir auch einfach mal 'ne Tafel Schokolade rein, wenn mir danach ist, obwohl ich weiß, daß es ungesund ist. Aber dann habe ich da Lust drauf, und ich sehe nicht ein, warum ich in dem Moment verzichten soll. Ich denke mir, daß ich mich im normalen Alltag relativ vernünftig ernähre und wenig Süßes esse, aber ganz auf Süßes verzichten, nur so ganz strikt leben …?
– Als wir das Projekt zum ersten Mal gemacht haben, da waren wir ganz puritanisch. Bei uns zu Hause gab es keinen Zucker mehr, kein Weißmehl. Aber wir haben das nicht durchgehalten. Auch den Kindern konnte dieses Extrem nicht weiterhelfen. Sie konnten mit diesem Modell nichts anfangen. Daraufhin haben wir versucht, ihnen – und uns – klarzumachen, daß es wichtig ist, Ausgleiche zu schaffen.
– Die alternative Ernährung klappt ja wirklich nur, wenn es auch schmeckt. Die Kinder brauchen den Salat so und so, möglichst noch nicht angemacht, das wissen wir inzwischen. Und daß sie dieses traditionelle Leipziger Allerlei mit Braten und Soße

nicht mögen, wissen wir auch. Süßigkeiten aber, die mögen sie einfach immer! Und ganz genauso haben wir auch unsere Vorlieben und Schwächen.

Die gesunde Schule

- Gesundheit ist ja mehr als nur gesunde Ernährung. Das ist ja ein Thema für die ganze Schule, auf Klassenfahrten und in der Schule, im Ernährungs-, im Pausen- und im Bewegungsangebot.
- Wie die Kinder gestern rumgetobt haben, diese Wasserschlacht, die fand ich total gesund – sagen wir mal: psychisch gesund. Wenn da noch schönes Wetter gewesen wäre, dann hätten sie doch den ganzen Tag draußen solche Wasserschlachten inszenieren können. Das war doch wunderbar!
- Es ist schon so: Alles, was über den Körper und das eigene Erleben geht, hinterläßt auch einen sehr viel stärkeren Eindruck. Wir sollten wirklich noch mehr mit Bewegung arbeiten, während der Projektphasen jeden Tag »Bewegungszeiten« einrichten.
- Bewegung haben die Kinder eigentlich viel in der Schule, finde ich, also zumindest die Jungen. Etwas einseitig nur Fußball! Bei den Mädchen ist es vielleicht ein bißchen weniger. Aber ich denke: Bewegen tun sich alle Kinder während des Schultages viel.
- Ich meinte: etwas ganz bewußt und gemeinsam machen, ein gemeinsames Bewegungsangebot für alle!
- Und mehr zusätzliche Spielangebote. Eine Zeitlang hat eine Sozialarbeiterin mal Jonglage und Seilspringen in den Pausen angeboten. Das war an die Teestube gekoppelt.
- Da könnte man für die gesamte Schule noch viel mehr machen!
- Ihr wart auf der letzten Lehrerkonferenz nicht da. Ab Jahrgang 5 soll es demnächst auch eine Teestube geben, gekoppelt mit einem Pausenangebot, auch mit Spielen. Ich fände es ganz gut, wenn wir uns mit den Leuten, die das planen, zusammentun würden. Vielleicht könnten wir schon zu Beginn des neuen Schuljahres mit unseren Kindern daraus ein Einführungsprojekt machen. Ich habe denen gesagt, daß ich das gut finde, was sie da planen.
- Und wenn jetzt die neue Schulküche fertig ist ...
- ... könnten wir uns doch ein Einführungsprojekt für vierzehn Tage vornehmen und nochmal einen Elternabend dazu machen. Ich finde, wenn Eltern das wichtig ist, dann sollten wir sie einbeziehen, damit das nicht alles nur alleine auf uns lastet, daß wir das in der Schule durchsetzen müssen.
- Oder ein Aktionstag, gemeinsam mit beiden Teestuben.
- Das Allerwichtigste, denke ich, ist ein alternatives Gesundheitsangebot, das von der Schule getragen wird, von der ganzen Schule.

Elternhäuser

- In meiner Gruppe nimmt das im Moment wieder zu, daß die Kinder morgens mit Kaugummi in die Schule kommen.
- Bei mir auch, also Manuela ständig! Jetzt gibt es so Süßigkeiten, wo die Lippen ganz blau werden.
- Das ist ein bestimmtes Kaugummi, das absichtlich so färbt.
- Die Kinder haben manchmal noch nicht gefrühstückt und kommen so an.
- Das Elternhaus! Bei Manuel wird zu Hause überhaupt nicht drauf geachtet. Der hat zu Hause so einen Schrank, wenn man den aufmacht, dann kommen einem schon die Süßigkeiten entgegen. Die Mutter kauft immer fleißig ein, und die Kinder dürfen sich jederzeit davon nehmen. Manuel steckt sich das Zeug in die Hosentaschen und in den Mund, bevor er in die Schule kommt.
- Für mich liegt das größte Problem nach wie vor bei den Elternhäusern. Also zum Beispiel Manuel oder Jan, wenn die zur Pause ihre Butterbrotdose aufmachen, was ist da drin? Immer diese schlappen, weißen, ungetoasteten Brote! Nichts drauf! Schrecklich, wirklich total schrecklich!
- Wenn die Eltern nicht mitziehen, dann kann sich so ein Kind mit anderen Vorstellungen auch nicht durchsetzen. Es kann ja schon sein, daß es durch unser Projekt auf die Idee kommt, etwas zu probieren, das gesund ist und das ihm auch schmeckt. Aber wenn die Eltern das nicht kaufen und es zu Hause nicht auf den Tisch kommt, was dann?
- Während der Klassenfahrt nach L. hatten wir unser Frühstück doch selbst gemacht. Als Manuel dann nach Hause kam, hat er gesagt, so erzählt seine Mutter, er möchte jetzt Vollkornbrot essen. Die Mutter sagt, sie hätte vorher noch nie ein Vollkornbrot gekauft. Manuel hat das durchgesetzt.
- Wer weiß, ob Manuels Mutter das noch lange gemacht hat.
- Insgesamt kannst du schon sagen, daß es für Kinder in dem Alter eine Überforderung ist, sich gegen den Ernährungsstil der Familie durchzusetzen.
- Mit einigen Eltern muß man auch offen darüber sprechen. Peters Mutter habe ich häufig darauf angesprochen. Wenn sie in die Schule kommt, dann fragt sie immer: »Was macht Peter?« Ich sage dann zum Beispiel: »Nach wie vor ziemlich hibbelig und unruhig ist er im Unterricht, und ich finde, er kriegt auch kein gesundes Frühstück mit.« Das sage ich ihr fast jedesmal. Dann kommt er eine Woche lang mit Paprika, Apfel und Vollkornbrot in die Schule. Und beim nächsten Gespräch sage ich ihr: »Es war gut, es hat eine gute Woche angehalten, länger leider nicht«.
- Deswegen ist Peter ja auch derjenige, der unsere Regeln als Stütze empfindet.
- Ja, für Peter ist das hilfreich, der sieht das auch ein. Er möchte mehr Hilfen haben, und die kriegt er vor allem von der Schule.

Wer kann sich Gesundheit leisten?

- Gesundheit hat ja auch was mit Geld zu tun. Ich glaube, es gibt inzwischen viele Familien, die so ein billiges Zeug kaufen, weil sie sich nichts anders leisten können. Die neue Armut wird spürbar ...
- Ich kaufe doch auch die gespritzten Sachen, Obst und Gemüse, auf dem Markt, weil das dort billiger ist. Ich gehe nicht in den Bioladen, der ist mir eine Spur zu teuer! Nun sind wir nicht arm! Eigentlich hätten wir das Geld dazu, wenn uns das wichtig genug wäre. Wenn du überlegst, wie stark Erdbeeren gespritzt sind!
- Doch, ich kaufe schon mal am Biostand, aber ganz ganz selten. Dann denke ich immer, man müßte es eigentlich konsequent machen! Es schmeckt wirklich auch besser.
- Bei vielen Sachen brauchst du halt auch weniger. Um den Nährwert einer Vollkornschnitte mit Toastbrot zusammenzukratzen, mußt du schon ziemlich lange essen.
- Bei manchen Sachen ist es ja einfach. Kartoffeln kaufe ich am Biostand und Brot auch immer. Das sind ja so Sachen, die man täglich braucht. Aber Auberginen, Zucchini oder Pilze, die sind derart teuer! Das sind gerade die Sachen, mit denen ich viel koche. Das ist wirklich dreifach so teuer wie am normalen Marktstand!
- Wenn du dann auch konsequent alles andere, Milch und diese ganzen Produkte, im Bioladen kaufst, dann liegst du dreimal so hoch wie normal!
- Aber ich könnte es mir leisten, wenn ich es wollte. Dann müßte ich auf was anderes verzichten. Aber so stark ist das in meinem Bewußtsein nun doch nicht.
- Und wenn du nun anstelle deines Lehrergehaltes Sozialhilfe beziehen würdest, dann würdest du über Lebensmittelpreise noch mal anders nachdenken.

Gesundheit, Krankheit, neue Krankheitsbilder

- Ich denke, wir verändern da großartig nicht viel, weil es uns gesundheitlich noch gutgeht. Ich kenne Leute, die Krebs gehabt haben, die keine Chemotherapie oder so was machen wollten. Die sind ganz auf den Kurs »gesunde Ernährung« gegangen, haben ihr ganzes Leben umgestellt. Sie haben mit der Ernährung etwas bewirkt, oder sie glauben, etwas bewirkt zu haben. Ähnlich werden die Kinder das auch denken: »Mir geht es gut, ich bin nicht krank«. Kinder, so wie Nadine, die zum Beispiel von klein auf Schwierigkeiten mit der Haut hatte, die gehen mit der Sache anders um. Nadine kriegt das ganz genau mit: »Wenn ich das und das esse, dann habe ich die Reaktion!« Für die ist es klar! Man kann sich nur wundern, wie konsequent Kinder dann sein können. Martins kleine Freundin, die durfte alles, was mit Ei zu tun hatte, nicht essen. Die hat bei allem zuerst gefragt: »Ist da Ei drin?« Das hat sie dann nicht angerührt, weil sie genau wußte, wie sie anschließend aussieht.
- Aber es gibt auch Kinder wie Niki, der mit dem Haarausfall. Das könnte ja auch auf Vitaminmangel zurückzuführen sein. Niki ernährt sich aber trotzdem dermaßen ungesund, auch jetzt noch, wo das akut ist!

- Die beiden Beispiele zeigen doch, wie stark das von der sozialen Situation der Kinder abhängig ist, von der Bewußtseinslage in der Familie.
- Oder diese Kinder aus getrennten Ehen. Die kriegen alles doppelt, auch die Süßigkeiten. Weil man Kinder mit Süßigkeiten kaufen kann, auch die eigenen.
- Und dann wundern sich die Eltern noch, daß ihre Kinder schlechte Zähne haben oder Hautausschläge bekommen.
- Asthma, Krebs, Allergien, Übergewicht, das sind die neuen Krankheitsbilder.
- Hab' ich euch das von Manuel erzählt? Das ist der mit dem Süßigkeitenschrank. Der hat ja immer solche Hautausschläge. Nun war er vierzehn Tage in Paris, in der Großstadt also, und zwar fast ohne Süßigkeiten. Er kam mit total glatter Haut wieder nach Hause. Seine Mutter meinte: »Ja, das macht die Luftveränderung!«

Weiter so?

- Ich bin manchmal unentschlossen, ob das ein langweiliges Projekt ist oder ein spannendes.
- Ich mach's gern. Ich find' es total gut.
- Es ist sehr vielseitig, deckt wirklich alle Bereiche ab, sowohl den künstlerisch-gestalterischen Bereich mit Zeichnen und Malen, Theaterspielen, Geschichtenschreiben als auch den sportlichen Bereich.
- Man muß schon selbst das Gefühl von Genuß und Spaß haben! Wenn wir das Gesundheitsthema nur auf die Kinder runterbügeln, das kann nicht gesund sein!
- Das kam bei der Nachfrage doch raus: Alle Kinder fanden dieses Projekt gut. Es hat keiner gesagt: »Das Projekt hat keinen Spaß gemacht«, »Das fanden wir blöd«.
- Ich würde beim nächsten Mal noch mehr praktische Sachen machen, ganz viel selber kochen und selbst ausprobieren.
- Gemeinsames Mittagessen in der Schulküche, da paßt ja gerade eine Gruppe rein.
- Mir haben diese Entspannungsübungen und Phantasiereisen großen Spaß gemacht, die fand ich total toll, das würde ich weiterentwickeln.
- Traditionen bilden, das finde ich wichtig: Wenn ein Kind Geburtstag hat, dann sollte es immer ein gemeinsames Frühstück geben! Nicht nur in der Zeit, in der wir am Projekt arbeiten.
- Müsli ist wichtig, aber nicht alles! Wir brauchen mehr Arbeitsformen, in denen Kinder aktiv werden können. Man muß ihnen auch im regulären Unterricht mehr Bewegungsräume geben.
- Ich finde auch, daß wir uns zu Anfang des nächsten Schuljahres wieder mit den Eltern in Verbindung setzen und einen Elternabend dazu machen müssen. Gleich noch mal auf die Problematik der Pausensituation hinweisen! Den Eltern in meiner Gruppe ist das sehr wichtig. Von daher hat das auch eine gute Chance.
- Und wenn wir im 5. Schuljahr dann wieder das Projekt »Liebe, Freundschaft, Sexualität« machen, dann kommen ja Themen wie »Aids« und »Hygiene« dazu, die gehören ja auch in den Bereich »Gesundheit«.
- Mir wird immer klarer, daß wir jetzt eine Basis haben, eine Sensibilität bei den Kindern, auch ein gewisses Grundwissen. Darauf können wir aufbauen. Es ist jetzt

einfacher, mit den Kindern über bestimmte Sachen zu sprechen. Und es kommt auch immer etwas von den Kindern selbst. Kati ging zum Beispiel heute an mir vorbei, so 'n Lutscher in der Hand, und sagte: »Bruni, siehst du, ich esse einen Lutscher.« Sie weiß, daß ich das nicht so toll finde, es ist ihr bewußt. Sie thematisiert es.
— So geht es mir auch, muß ich sagen. Wenn ich Süßigkeiten esse,
— ... dann stehst du auch neben dir?
— ... dann habe ich auch das Gefühl, ich müßte was ändern.
— Das Tonband läuft noch!
— Sobald ich an den Schreibtisch gehe, um zu arbeiten, brauche ich meine Schokolade. Das geht nicht anders.
— Ein ehrliches Schlußwort.

IV. Materialien, Literatur

Süße Sachen – bittere Folgen.* Ein Versuch, aufzuklären, ohne den Appetit am Naschen zu verderben. Eine Informationsschrift für Eltern

Süße Sachen, Bonbons, Pralinés, Schokolade sind als Tröster für manche erfahrene Ungerechtigkeit der Erwachsenen oder auch als leckeres I-Tüpfelchen auf einer gemütlichen Situation aus dem Leben der Kinder nicht wegzudenken – ebensowenig wie aus dem der Erwachsenen. So verbreitet der Trost ist, den Menschen sich mit süßen Dingen bereiten, so gesichert sind mittlerweile aber auch die Erkenntnisse über die enormen gesundheitlichen Folgeschäden. Dabei ist die Tatsache, daß süße Sachen die Zahnfäule fördern, noch einer der harmloseren Tatbestände.

Die Cola, die im Automaten an vielen Schulen zu haben ist – ebenso wie die anderen Limonadenmischungen – oder das Angebot von aus Zucker und Weißmehl gefertigten Teigwaren, das vom Hausmeister oder durch Schülerinitiativen verbreitet wird, besteht fast nur aus sogenannten *Vitaminräubern*. Vitaminräuber, dazu gehören vor allen Dingen *Zucker* und *Weißmehl*. Es sind Produkte der Nahrungsmittelindustrie, die durch den industriellen Verarbeitungsprozeß völlig ihrer natürlichen Bestandteile beraubt wurden. Da sie diese natürlichen Stoffe aber zu ihrer Verarbeitung im Körper brauchen, müssen sie sich diese ihrerseits vom Körper »rauben« – vorausgesetzt, der Körper hat entsprechende Reserven aufbauen können! Im Fall des Zuckerabbaus wird davon besonders das *Vitamin B_1* betroffen. Es handelt sich um das gleiche Vitamin, das aufgrund seiner unentbehrlichen Bedeutung für den Stoffwechsel der Nerven auch den Namen Aneurin trägt. Die Zufuhr von Zucker und Zuckerprodukten ist aber gleichbedeutend mit einer Verarmung an Aneurin, das damit *dem Aufbau und der Erholung der Nerven nicht mehr zur Verfügung* steht.

Nun könnte man einwenden, daß dieser Mangel an Vitamin B_1 eben einfach durch vermehrte Zufuhr dieses Vitamins ausgeglichen werden müsse. Und hier trifft man auf einen verheerenden zweiten Tatbestand: Der Hauptlieferant für Vitamin B_1 in der

---

* Eine Informationsschrift zum Projekt »Ernährung« in Jahrgang 3 der Laborschule (verfaßt von Gerd Büttner, herausgegeben mit Christine Biermann, Klaus-Dieter Lenzen, Gerhild Schulz). Diese Informationsschrift ist aus Zitaten und eigenen Passagen zusammengestellt. Die Zitate wurden aus Gründen der besseren Lesbarkeit nicht als solche gekennzeichnet und außerdem häufig verändert (Fremdwörter, Schachtelsätze, chemische Formeln u. ä.). Entnommen sind sie: H. Speichert: Süße Sachen. Rowohlt, Reihe Elternrat und O. Bruker: Unsere Nahrung, unser Schicksal. Bioverlag Hopferau.

menschlichen Nahrung ist der *Getreidekeim*. Und ebendieser wird bei der Fabrikation von üblichem Weiß- oder Feinmehl schlicht und einfach weggeworfen. Das bedeutet, daß Mehl und Mehlprodukte ohne diesen wertvollen Vitalstoff dem Körper das unentbehrliche Vitamin B_1 nicht zuführen können. Bei Fehlen von Vollgetreide oder Vollkornprodukten ist auch die übrige Nahrung nicht imstande, eine ausreichende Versorgung mit Vitamin B_1 zu gewährleisten.

Es dürfte nun verständlich sein, daß die Kombination von *isoliertem Zucker*, der in besonderem Maße Vitamin B_1 raubt, und *Vitamin-B-freien Auszugsmehlen* eine bedrohliche Mangelsituation hervorruft. Wie in anderen Staaten der sogenannten Zivilisation, deren Ernährung ähnlich durch Auszugsmehlprodukte und Fabrikzucker gekennzeichnet ist, führt das bei uns zu einer *ständigen Unterversorgung mit Vitamin B_1*.

Zahnfäule ist nur eine Folge und nur die Spitze eines Eisberges von falscher Ernährungsgewohnheiten. *Zahnschäden sind Vorboten vieler anderer Krankheiten*, wie z.B. von Erkältungsanfälligkeit aller Art, von Verdauungs- und Stoffwechselstörungen, von Diabetes, Magen-, Leber-, Gallen- und Darmleiden, Übergewicht und Fettsucht, Knochen-, Gelenkleiden und Herzinfarkt. J.G. Schnitzer (1972), der dies behauptet, hat nicht nur darüber geschrieben. Er hat auch etwas dafür getan:

> Sozusagen am lebenden Objekt, an einem ganzen Dorf, Mönchweiler, hat er gezeigt, was an Gesundheitsgewinn möglich ist, wenn die Menschen sich auf eine vernünftige Ernährung umstellen. Die Erfolge der »Aktion Mönchweiler« waren beeindruckend. Während um uns herum 80–90% der Kinder im Alter von 12 bis 14 mit kariösen Zähnen herumlaufen, war die Karies bei Kindern in diesem Alter bis auf die Hälfte, bei jüngeren Kindern bis fast auf Null zurückgegangen.

Ernährungsmangelschäden offenbaren sich nicht nur in körperlichen (organischen) Krankheiten – und das leider oft erst nach Jahren oder Jahrzehnten –, sondern sie erfassen auch den *psychischen und sozialen Bereich der Person*. Es ist zu vermuten, daß so manche Verhaltensauffälligkeit, für die Familie, Schule oder Fernsehen verantwortlich gemacht werden, einfach durch Mangelernährung verursacht sein kann. So etwas als mögliche Ursache einzubeziehen, dagegen bestehen allerdings in unseren saturierten und eher überernährten nördlichen Zivilisationen erhebliche Denksperren.

Man kann sich das gar nicht deutlich genug vor Augen führen, auf welch irrsinniges Geschäft wir uns da täglich einlassen: Da wird mit einem hohen Aufwand an Geld, Maschinen und Giften (!) das Naturprodukt auseinandergenommen, ausgelaugt und angerichtet. Daraufhin besorgen wir uns – wenn überhaupt! – all die ursprünglichen Bestandteile im Reformhaus (wo wir sie noch mal bezahlen dürfen!), um damit die Störungen wieder zu beseitigen, die das »feine« Zeug hervorgerufen hat.

Organstörungen werden dabei oft erst ganz zuletzt auf die Folgen falscher Ernährung zurückgeführt, einfach weil die ernährungsbedingten Zivilisationskrankheiten lange zu ihrer Entwicklung bedürfen. »Alters«krankheiten haben also nur insofern mit dem Alter zu tun, als sie zu ihrer Entstehung Jahrzehnte benötigen und deshalb erst auftreten können, wenn der Mensch schon älter ist. Krankheiten kommen also nicht so sehr *durch* das Alter, sondern *im* Alter!

Wesentliche Schuld an der Verschwommenheit der Zusammenhänge trägt die alte Ernährungswissenschaft, die sogar noch die Legitimationen liefert. Sie vermittelt den Eindruck, es sei notwendig, Zucker zu essen (wegen der Kohlenhydrate), zusätzlich Obst (wegen der Vitamine) und dann noch Sauerkraut oder Weizenkleie – als Ballaststoffe zur Anregung der Darmtätigkeit.

Die Stimmen, die den *Zucker als eines der schädlichsten Nahrungsgifte* brandmarken, die z.Zt. im Umlauf sind, werden seit einigen Jahren immer mehr und immer lauter. Die Zuckerindustrie antwortet darauf mit aufwendigen Vierfarbenanzeigen, in denen suggeriert wird, bei Zucker handle es sich um ein »reines Naturprodukt«. Wahr gesprochen: Das Produkt Zucker, aus der Natur gewonnen, ist so rein, daß alle ursprünglichen Zutaten der Natur verschwunden sind. Mit derselben Logik läßt sich auch für Spiritus oder Heroin der Begriff »reines Naturprodukt« verwenden.

Wie kommt es, daß solche Erkenntnisse immer wieder unter den Teppich gekehrt werden und sich im großen Warenkorb unserer Gesellschaft immer mehr Dinge sammeln, die zwar schmackhaft, schnell fertig und wohlriechend sind, aber eher dem entgegenstehen, dem sie als Lebensmittel ein Mittel sein sollten – dem Leben?

Ein Hauptwiderstand gegen die Verbreitung und Durchsetzung der Erkenntnisse der modernen Ernährungslehre in Ärzte- und Laienkreisen geht zweifellos von der Wirtschaft aus und hat ganz nüchterne *finanzielle Hintergründe*. Im Verein mit raffinierten Werbetechniken und einseitigen Angeboten in den großen Märkten wird der Käufer »dumm« und träge gehalten. Allerdings reicht das als alleiniges Erklärungsmuster nicht aus, denn es gibt ja Gesundheitsaufklärung zu vernünftigen Preisen zu kaufen. Dem scheinen allerdings tiefgehende Bedürfnisse entgegenzustehen:

- der *Wunsch nach Bequemlichkeit*, nach reibungslosem Ablauf: Mehl muß dasein, wenn man es braucht, dagegen ist Vollkornmehl nur begrenzt lagerfähig, will man nicht unliebsamen Besuch in Gestalt von Mehlwürmern riskieren;
- das Bedürfnis, aufwendig hergestellte, *»feine« Produkte* kaufen zu können, die sich früher nur die besseren Leute leisten konnten, während das »großkörnige« der Landbevölkerung zugeschrieben wurde;
- das verbreitete Handlungsmuster, *Süßigkeiten in Konfliktsituationen als Tröster* zu benutzen (und wer hat schon keine Konflikte);
- die grundlegend *fatalistische Haltung*, den Dingen ausgeliefert zu sein, nach dem Motto: Wenn schon überall Gift drin ist und dazu die Luftverschmutzung und die Strahlenverseuchung und …, dann kommt es gerade hier, wo mir's schmeckt, auch nicht mehr darauf an.

Wenn letzteres für Sie zutrifft, dann können Sie an dieser Stelle aufhören zu lesen (oder hätten Sie es nicht schon längst getan, wenn es zuträfe?!), denn die nächsten Seiten sollen Sie anregen, etwas gegen diese vorgefertigten Giftgemische zu tun. (Keine Angst, Sie sollen dafür nicht gleich auf die Straße gehen – es sei denn zum nächsten vernünftigen Bäcker, der Vollkornprodukte anbietet, oder zu einem Laden, wo Sie ungeschälten Reis kaufen können). Wir stellen uns ein *kleinschrittiges Probieren und Verändern von Ernährungsgewohnheiten* erfolgversprechender vor als den Sprung ins kalte Wasser der »totalen Umstellung«.

Auf Süßigkeiten muß dabei nicht unbedingt verzichtet werden; vielmehr soll ein bewußter und auch genüßlicher Umgang mit ihnen eingeübt werden.

Brauner Zucker ist nicht besser.
Man hört aber nur von der schädlichen Wirkung des weißen Zuckers. Auch diese Formulierung führt zu Täuschungen, insofern, als daraus der Schluß gezogen wird, daß der braune Zucker günstiger wäre. Gerade in jüngster Zeit sind wieder heiße Diskussionen um den braunen Zucker geführt worden. Zum Teil beruhen die Widersprüche in den Ansichten darauf, daß der Begriff »brauner Zucker« nicht klar definiert ist. Die Begriffe Rohzucker, brauner Rübenzucker, nicht raffinierter Zucker, brauner Zucker wirbeln wirr durcheinander. Manche verwechseln auch Melasse mit braunem Zucker. Vielleicht trägt es zur Klärung bei, wenn wir uns kurz den Herstellungsvorgang des gewöhnlichen Verbrauchszuckers vergegenwärtigen:

Unseren weißen Zucker gewinnen wir größtenteils aus Zuckerrüben. Die Zuckerrüben werden nach dem Waschen zerschnitzelt, dann ausgelaugt. Um den Zuckersaft zu reinigen, wird Kalk zugesetzt. Diese Scheidung vernichtet infolge ihrer alkalischen Reaktion schon fast alle Vitamine. In die mit Ätzkalk vermischte Flüssigkeit wird Kohlensäure geleitet, um den Kalk zu fällen. Die »saturierte« Flüssigkeit wird in die Filterpressen gepumpt, um den Zuckersaft von dem Schlamm zu trennen. Nach einer weiteren Behandlung mit Kalziumsulfat, wodurch gleichzeitig der Saft durch die schweflige Säure entfärbt, also gebleicht wird, dampft man den Dünnsaft zu Dicksaft ein und kocht ihn im Vakuum bis zur Kristallisation. Durch Ausschleudern in einer Zentrifuge wird die Masse in Sirup und Rohzucker getrennt. Zu diesem Zeitpunkt lassen sich aus dem Rohzucker schon verschiedene braune Zuckerarten herstellen.

Nachdem der Sirup zum Zwecke der Rohzuckergewinnung minderen Grades das Blankkochen, Abkühlen, Kristallisieren und Zentrifugieren mehrere Male hinter sich hat, bleibt als Endsirup die Melasse mit ihrem hohen Gehalt an Nichtzuckerstoffen zurück. Sie wird zur Spiritusbereitung und Viehfütterung benutzt. Der Rohzucker muß in den Zuckerraffinerien noch in Verbrauchszucker verwandelt werden, wozu eine nochmalige Reinigung mit Kalk-Kohlesäure, ein nochmaliges Bleichen mit schwefliger Säure, Filtrieren durch Knochenkohle und »auf Korn kochen« notwendig ist.

Um eine klare Unterscheidung zu haben zwischen natürlichen Lebensmitteln, die verschiedene Zuckerarten enthalten, und den in der Fabrik durch physikalische und chemische Methoden rein gewonnenen isolierten Zuckerarten, fassen wir die letzteren als *Fabrik- oder Industriezucker* zusammen. Die bekanntesten Fabrikzuckerarten sind dieselben, die auch in natürlichen Lebensmitteln vorkommen: Rohzucker, Traubenzucker, Fruchtzucker, Milchzucker und Malzzucker. Im natürlichen Lebensmittel ist der Zucker als Teilbestandteil in ein Ganzes eingebettet, während der Fabrikzucker aus diesem natürlichen Gefüge herausgenommen ist und in seiner hundertprozentigen Konzentration und Isolierung noch nicht einmal Spuren von Vitalstoffen enthält.

Der tägliche *Verbrauchs- oder Haushaltszucker* heißt in der chemischen Fachsprache Rohrzucker (Saccharose). Die Bezeichnung Rohrzucker ist eine rein chemische und *bedeutet nicht, daß der Zucker aus dem Zuckerrohr hergestellt ist;* er kann genauso aus der Zuckerrübe gewonnen sein. Mit der Bezeichnung *Traubenzucker* verhält es sich ähnlich wie mit dem Rohrzucker; auch Traubenzucker ist der chemische Name für eine bestimmte Zuckerart und *bedeutet nicht, daß er aus der Traube hergestellt ist*. Auch *Milchzucker*, der zwar in der Milch vorkommt, ist eine chemische Bezeichnung und braucht nicht aus der Milch hergestellt zu sein.

Nur die Einfachzucker, wie Trauben- oder Fruchtzucker, werden von der Darmwand aufgenommen. Dem entspricht auch die Umwandlung der genossenen zusammengesetzten Zucker in Einfachzucker. Da auf alle Fälle beim Abbau der verschiedenen Zuckerarten im menschlichen Körper die Stufe der Einfachzucker durchlaufen wird, gelten die Angaben, daß zum Abbau von Zucker Vitamine des B-Komplexes benötigt werden, grundsätzlich für alle Zuckerarten. Dies ist besonders wichtig, da immer wieder die Frage gestellt wird, ob das für den isolierten Fabrikzucker Gesagte – in diesem Fall ist der Haushaltszucker gemeint – auch für den Trauben-, Frucht-, Milchzucker usw. gelte.

Da immer wieder Stimmen laut werden, die den Vorteil des braunen Zuckers hervorheben, hat 1956 das Institut National d'Hygiène in Paris nochmals eine genaue Prüfung vorgenommen. Dabei ergab sich, daß der Vitamingehalt des Rohzuckers (B_1, B_2, B_6, Niacin, Pantothensäure, C) praktisch gleich null war. Es fanden sich lediglich noch kleine Mengen vom Natrium, Kalium und Calcium und Spuren von Kupfer, Kobalt, Mangan, Phosphor, Magnesium und Eisen, die aber für die Deckung des Mineralbedarfs keinerlei Rolle spielen.

Honig besteht zu ungefähr 80% aus Frucht- und Traubenzucker, dazu aus Wasser und biologischen Zusatzstoffen, wie Pollen und Fermenten (z.B. Vitamin B_1, allerdings in sehr geringer Menge). In seiner *natürlichen Form* kristallisiert Honig. Tut er das nicht, ist er entweder falsch behandelt worden (z.B. zu hoch erhitzt oder mit Zucker und anderen Zusätzen vermischt) oder noch sehr frisch. *Zum Backen* reicht der nicht auskristallisierte Honig, da durch das Erhitzen ohnehin die biologischen Bestandteile zerstört werden. In der Regel handelt es sich bei den dünnflüssigen und billigeren Sorten um Importhonig, der unachtsam abgefüllt wurde.

Wo liegen nun die Vorteile des Honigs gegenüber dem Zucker?

- Honig hat etwa die doppelte Süßkraft des Zuckers.
- Zum Abbau des Frucht- und Traubenzuckers, aus dem der Honig besteht, braucht der Körper nur etwa die Hälfte des Vitamin B_1 wie für die gleiche Menge Zucker.

- Fazit: Hälfte an Menge und
  Hälfte an Vitaminklau
  macht: ¾ *Ersparnis an Vitamin B_1*.

Literatur

Ackerstaff, H./Rüsch, M.: AIDS-Prävention in der Schule. In: Priebe, B./Israel, G./ Hurrelmann, K. (Hrsg.): »Gesunde Schule«. Gesundheitserziehung, Gesundheitsförderung, Schulentwicklung. Weinheim/München 1993, S. 267–278

Allison, L.: Unter meiner Haut. Ravensburg 1979

Anweiler, O.: Geschichte der Schule und Pädagogik in Rußland vom Ende des Zarenreiches bis zum Beginn der Stalin-Ära. Berlin 1978
Arab, L./Behrens, C./Henke, K.G.: Die Kosten ernährungsbedingter Krankheiten (= Schriftenreihe des Bundesministers für Jugend, Familie und Gesundheit Bd. 179), Stuttgart 1986
Arbeitsgruppe Vorschulerziehung: Anregungen III, Didaktische Einheiten im Kindergarten. München 1976
Arzt, V./Steinhage, K.: Kosmos. Ernährung und Salz, Bd. 3. Köln 1989
Aurin, K. (Hrsg.): Gute Schulen – Worauf beruht ihre Wirksamkeit? Bad Heilbrunn 1991 (2. Aufl.)
Barkholz, U./Homfeld, H.G.: Modellversuch Gesundheitsförderung im schulischen Alltag. Flensburg/Trier 1992 (Zwischenbericht)
Barkholz, U./Homfeld, H. G.: Eckpunkte schulpraktischer Gesundheitsförderung. In: Priebe, B./Israel, G./Hurrelmann, K. (Hrsg.): »Gesunde Schule«. Gesundheitserziehung, Gesundheitsförderung, Schulentwicklung. Weinheim/München 1993, S. 76–97
Barmer Ersatzkasse: Gewichtsstatistik von der »Grünen Woche«. Hektogr. Manuskript 1975
Bassing, N.L.: Die Projektmethode. In: Geißler, G. (Hrsg.): Das Problem der Unterrichtsmethode, Weinheim/Berlin 1967, S. 115ff.
Bastian, J./Gudjons, H. (Hrsg.): Das Projektbuch. Theorie-Praxisbeispiele-Erfahrungen. Hamburg 1991 (3. Aufl.)
Bielefelder Lehrergruppe: Schule kann anders sein. Reinbek b. Hamburg 1979
Biermann, Chr./ Büttner, G. u.a.: Das Projekt »Körper, Ernährung, Gesundheit«. In: Hänsel, Dagmar (Hrsg.): Das Projektbuch Grundschule. Weinheim/Basel 1986, S. 140–160
Biermann, Chr./Büttner, G. u.a.: Projekt Körper, Ernährung, Gesundheit. IMPULS Bd. 6 (= Schriftenreihe der Laborschule Bielefeld, Universität Bielefeld). Bielefeld o.J.
Brand, G.: Gesunde Kost ist »Herzenssache«. In: AOK Gesundheitsblatt, 1975
Bruker, O.: Unsere Nahrung unser Schicksal. Waltershausen 1982
Bundesvereinigung für Gesundheit (Hrsg.): 40 Jahre Gesundheitserziehung in der Bundesrepublik Deutschland: Rückblick – Ausblick – Perspektiven. Bonn 1989
Burns, M.: Was mir schmeckt. Ravensburg 1981
Cohn, R.C.: Von der Psychoanalyse zur themenzentrierten Interaktion. Stuttgart 1976
Dalin, P.: Organisationsentwicklung als Beitrag zur Schulentwicklung. Paderborn 1986
Dalin, P./Rolff, H.G.: Das institutionelle Schulentwicklungs-Programm. Soest 1990
Danner, H./Wowy, E.: Das große Bio-Kochbuch. Köln 1985
Dannhauer, G.: Bewegungserziehung und Gesundheit. In: Praxis Grundschule Mai 1993, H. 3, S. 4–5
Der Mensch, Ausgabe AB, Lehrsystem Menschenkunde. Stuttgart 1971
Dewey, I./Kilpatrick, W.H.: Der Projektplan. Eine von P. Petersen besorgte Auswahl, Weimar 1935
Duncker, L./Popp, W. (Hrsg.): Kind und Sache. Zur pädagogischen Grundlegung des Sachunterrichts. Weinheim/München 1994

Emer, W./Horst, U./Ohly, K.P.(Hrsg.): Wie im richtigen Leben ... Projektunterricht für die Sekundarstufe II. Bielefeld 1991

Etschenberg, K.: Vom vielen Waschen wird die Haut so dünn. In: Gropengiesser, I./ Schneider, V. (Hrsg.): Gesundheit – Wohlbefinden, Zusammenleben, Handeln. Jahresheft 8/1990. Erhard-Friedrich-Verlag, S. 82–85

Everts, G.: Erfahrungen mit Projektunterricht. In: Lehrergruppe Laborschule (Hrsg.): Laborschule Bielefeld: Modell im Praxistest. Reinbek b. Hamburg 1977, S. 33ff.

Forschungsinstitut für Kinderernährung (Dortmund) (Hrsg.): Leitsätze zur Ernährung von Klein- und Schulkindern. Dortmund 1990

Frey, K.: Die Projektmethode. Weinheim 1993 (5., erw. u. überarb. Aufl.)

Fröhligsdorf, R. (Hrsg.): Schule und Drogenprophylaxe. Braunschweig 1982

Geer, U./Hahn, U.: In Ruhe lernen. In: Grundschulmagazin, Dezember 1990, S. 4–6

Gropengiesser, I./Schneider, V. (Hrsg.): Gesundheit. Jahresheft VIII des Friedrich Verlags. Seelze 1990

Gudjohns, H.: Die Anwendung gruppendynamischer Spiele zur Lösung von Konflikten in Unterricht und Erziehung. In: R. Seiß (Hrsg.): Beratung und Therapie im Raum der Schule. Bad Heilbrunn 1975

Gudjohns, H.: Praxis der Interaktionserziehung. Bad Heilbrunn 1978

Haug, Ch. v.: Gesundheitsbildung im Wandel. Bad Heilbrunn 1991

Hänsel, D. (Hrsg.): Das Projektbuch Grundschule. Weinheim 1986

Hänsel, D./Müller, H.: Das Projektbuch Sekundarstufe. Weinheim 1988

Handke, G.: Fast Food. Projekt »Aspektübergreifende Ernährungserziehung« (AID). Bonn 1991

Hedewig, R: Drogenprävention und Erziehung zur Genußfähigkeit. In: Gropengiesser, I./ Schneider, V. (Hrsg.): Gesundheit – Wohlbefinden, Zusammenleben, Handeln. Jahresheft 8/1990. Erhard-Friedrich-Verlag, S. 121–125

Heindl, I.: Gesundheitserziehung und Gesundheitsförderung in der Lehrerausbildung. In: Priebe, B./Israel, G./Hurrelmann, K. (Hrsg.): »Gesunde Schule«. Gesundheitserziehung, Gesundheitsförderung, Schulentwicklung. Weinheim/München 1993, S. 197–208

Hildebrandt, H.: Lust am Leben. Gesundheitsförderung mit Jugendlichen. Wissenschaft und Praxis 10. Frankfurt a.M. 1987

Hildebrandt, H./Schultz, M.L.: Wenn ich traurig bin, dann bin ich auch krank. Weinheim 1984

Homfeldt, H.G. (Hrsg.): Sinnliche Wahrnehmung, Körperbewußtsein, Gesundheitsbildung. Weinheim 1991

Homfeld, H.G.: Erziehung und Gesundheit. Flensburg 1987

Hurrelmann, K.: Familienstreß, Schulstreß, Freizeitstreß. Gesundheitsförderung für Kinder und Jugendliche. Weinheim 1990

Hurrelmann, K.: Sozialisation und Gesundheit. Somatische, psychische und soziale Risikofaktoren im Lebenslauf. Weinheim/München 1988

Imhof, A.E. (Hrsg.): Der Mensch und sein Körper. München 1985

Johnson, M.: Wir experimentieren und entdecken: Chemie im Haus. Ravensburg 1982

Joosten, B.: Konzepte zum Erlernen und Fördern gesunder Ernährung. In: Priebe, B./

Israel, G./Hurrelmann, K. (Hrsg.): »Gesunde Schule«. Gesundheitserziehung, Gesundheitsförderung, Schulentwicklung. Weinheim/München 1993, S. 228–249

Kaiser, F. J.: Projektstudium und Projektarbeit in der Schule. Bad Heilbrunn 1975

Kaminski, W.: Gesundheit und Krankheit in Kinderbüchern. In: Grundschule, Mai 1993, S. 26–27

Kapfelsperger, E. und Pollmer, U.: Iß und stirb. Chemie in unserer Nahrung. Köln 1982

Karsdorf, G./Reis, H.J./Schille, J. u.a.: Gesundheitserziehung im Schulalter. Berlin 1985

Katalyse-Umweltgruppe Köln e.V.: Chemie in Lebensmitteln. Frankfurt a.M. 1982

Kiper, H.: Gesundheitserziehung in der Grundschule. In: Grundschule, Mai 1993, S. 8f.

Kiper, H.: Gesundheitserziehung – historisch gesehen. In: Grundschule, Mai 1993, S. 10f.

Kiphard, E.J.: Motopädagogik. Psychomotorische Entwicklungsförderung. Bd. 1. Dortmund 1980

Krüger-Potratz, W.: Die »Theorie vom Absterben der Schule«. Zur sowjetischen Diskussion über die Schule in der neuen Gesellschaft 1928–31. In: J. Beck/H. Boehucke (Hrsg.): Jahrbuch für Lehrer 5. Reinbek b. Hamburg 1980, S. 390ff.

Krüsmann, G.: Umgang mit der eigenen Gesundheit. In: nds 20/1994, S. 10–12

Kükelhaus, H./Lippe, R.Z.: Entfaltung der Sinne. Ein Erfahrungsfeld zur Bewegung und Besinnung. Frankfurt a.M. 1982

Kultusminister NRW/AOK NRW (Hrsg.): Gesundheitserziehung in der Schule durch Sport. Handreichungen für den Primarbereich. Bonn 1989

Laaser, U. et al.: Prävention und Gesundheitserziehung. Berlin/München 1987

Lehmann, V.: Karl-Heinz hat's satt: Von Magen, Darm und Knochenbau. Würzburg 1984

Lüthi, R.: Gesundheitserziehung in der Schule. Die heutige Situation aus der Sicht der Lehrkräfte. Bern 1986 (Forschungsbericht. Institut für Sozial- und Präventivmedizin)

Maaser, R.: Die Häufigkeit der Überernährung im Klein- und Schulkindalter. In: Monatsschrift für Kinderheilkunde 7/1974, S. 536–538

Moisl, F.: Schüler-Experimentierbuch Biologie. Ravensburg 1983

Müller, E.: Du spürst unter deinen Füßen das Gras. Frankfurt 1983

Oberstufenkolleg Bielefeld (Forschungs- und Entwicklungsgruppe »Gesundheitswissenschaften«) (Hrsg.): Gesundheitsförderung in und mit Schulen. Beiträge zum »Gesunde-Schulen-Projekt«. Bielefeld 1991

Philipp, E.: Gute Schulen verwirklichen. Weinheim/Basel 1991

Philipp, E./Rolff, H.G.: Schulgestaltung durch Organisationsentwicklung. Braunschweig 1990

Priebe, B./Israel, G./Hurrelmann, K.: Gesundheitsförderung in der Schule: Schulentwicklung, schulinterne Lehrerfortbildung, Schulprogramm. In: Dies. (Hrsg.): »Gesunde Schule«. Gesundheitserziehung, Gesundheitsförderung, Schulentwicklung. Weinheim/München 1993, S. 98–143

Rolff, H.-G.: Wandel durch Selbstorganisation. Theoretische Grundlagen und praktische Hinweise für eine bessere Schule. Weinheim/München 1993

Rothenfluh, E.: Gesundheitserziehung in den Schulen. Zürich 1989

Schmerbitz, H./Schulz, G./Seidensticker, W. (Hrsg.): Bewegungen. Konzeption und Curriculumbausteine des Erfahrungsbereiches Körpererziehung, Sport und Spiel an der Laborschule. IMPULS Bd. 22 (= Schriftenreihe der Laborschule Bielefeld). Bielefeld 1992

Schneider, T.: Wir sind fit. Ravensburg 1979

Schneider, V.: Entwicklungen, Konzepte und Aufgaben schulischer Gesundheitsförderung. In: Priebe, B./Israel, G./Hurrelmann, K. (Hrsg.): »Gesunde Schule«. Gesundheitserziehung, Gesundheitsförderung, Schulentwicklung. Weinheim/München 1993, S. 39–72

Schnitzer, J.G.: Nie mehr Zahnweh! St. Georgen 1972

Schwarz, J./Michaely, U./Keppler, C.: Gesund leben macht Spaß! Gesundheits-Erziehungs-Programm an Schulen. Pforzheim 1990

Speichert, H.: Süße Sachen. Reinbek b. Hamburg 1982

Stubenrauch, H.: Projektorientiertes Lernen im Widerspruch des Systems. In: Redaktion Betrifft: Erziehung (Hrsg.): Projektorientierter Unterricht. Weinheim/Basel 1978 (2. Aufl.), S. 13

Suin de Boutemard, B.: Stichwort »Projektunterricht«. In: Kritisches Lexikon der Erziehungswissenschaft und Bildungspolitik, hrsg. v. H. Speichert. Reinbek b. Hamburg 1975, S. 289ff.

Suin de Boutemard, B.: 75 Jahre Projektunterricht. In: Redaktion Betrifft: Erziehung (Hrsg.): Projektorientierter Unterricht. Weinheim/Basel 1976, S. 58ff.; ders.: Schule, Projektunterricht und soziale Handlungsperformanz. München 1975

Suin de Boutemard, B.: Projektunterricht – Wie macht man das? In: Redaktion Betrifft: Erziehung (Hrsg.): Projektorientierter Unterricht, Weinheim/Basel 1978 (2. Aufl.), S. 29

Tillmann, K.-J.: Was ist eine gute Schule? Hamburg 1992

Troschke, J. v.: Von der Gesundheitserziehung zur Gesundheitsförderung in der Schule. In: Priebe, B./Israel, G./Hurrelmann, K. (Hrsg.): »Gesunde Schule«. Gesundheitserziehung, Gesundheitsförderung, Schulentwicklung. Weinheim/München 1993, S. 11–38

Veidt, A.: Ernährung als Gesundheitsfaktor. In: Grundschule, Mai 1993, S. 30–32

Vopel, K.W.: Diagnose der Gruppensituation. Materialien für Gruppenleiter. Hamburg 1977

Vopel, K.W.: Handbuch für Gruppenleiter. Lebendiges Lernen und Lehren. Hamburg 1977

Vopel, K.W.: Interaktionsspiele für Kinder. Teil 1–4. Lebendiges Lernen und Lehren, Heft 10, 11, 12, 13. Hamburg 1977 und 1978

Voss, R./Wirtz, R.: Keine Pillen für den Zappelphilipp. Reinbek b. Hamburg 1990

Voß, R.: Kinder antworten auf gestörte Lebenswelten. Perspektiven einer ganzheitlichen Gesundheitsförderung. In: Grundschule, Mai 1993, S. 12–14

Voß, R. (Hrsg.): Das Recht des Kindes auf Eigensinn. Die Paradoxien von Störung und Gesundheit. München/Basel 1989

WHO/EURO: Gesundheitsförderung. Eine Diskussionsgrundlage über Konzepte und Prinzipien. Kopenhagen 1984

WHO/EURO: Ottawa-Charta. Kopenhagen 1986
Will, H.: Fetisch Gesundheit. In: Kursbuch 88. Berlin 1987, S. 7–21
Wölfel, U.: Warum-Geschichten. Ravensburg 1980

Verzeichnis der verwendeten Filme

Nur zwei der im Text aufgeführten Filme sind ausleihbar. Alle anderen Filme sind Mitschnitte von (Schul-)Fernsehsendungen; zu diesen Videos können wir nur unvollständige Angaben machen.

- »Guten Tag, Herr Zahn«
  Dieser Film vom »sprechenden Zahn« ist für Kinder ab 8 Jahren geeignet.
  Laufzeit 30 Minuten
  Verein für Zahnhygiene e.V.
  Feldbergstraße 40
  64293 Darmstadt
  Tel.: 06151/894814

- Zucker-Film
  EMU-Verlag
  56112 Lahnstein
  Gesellschaft für Gesundheitsberatung
  Tel.: 02621/91700

- »Zeigt her eure Zähne«
  2 Fernsehfolgen zu je 3 Terminen
  »Der grüne Zahn«
  »Auf zum Zahnarzt«
  Druckwerk: Lehrerinformation bei den zuständigen Kreis- und Stadtbildstellen bzw. bei der Landesbildstelle

- »Der stumme Freund«
  4 Folgen zu je 15 Minuten zur Ernährungslehre in der Grundschule, gesendet am 24.01.89, 31.01.89, 07.02.89, 14.02.89.
  Lehrerinformationen und Schülerarbeitsblätter sind erschienen in der Zeitschrift »Praxis Schulfernsehen«, Heft 151

- »Eine Reise durch unseren Körper«
  5 Folgen zu je 25 Minuten, aufgenommen im Juli 1990
  1. »Was uns zusammenhält und bewegt«
  2. »Mit dem Blut durch Herz und Lunge«
  3. »Nervenbahnen zum Gehirn«
  4. »Mit der Nahrung unterwegs«
  5. »Ein Kind entsteht«

- Reportage aus: »Ohr, Auge, Nase, Bauch, Leber«
  5 Folgen zu je 45 Minuten, aufgenommen November 1991, Autor Pieró Angela

Reihe »Werkstattbuch Grundschule«

Herausgegeben von Dieter Haarmann (Auswahl)

Leonhard Blumenstock / Erich Renner
(Hrsg.)
Freies und angeleitetes Schreiben
Beispiele aus dem Vor- und Grundschulalter.
142 S. Br. DM 36,– / öS 266,– / sFr 36,–
ISBN 3-407-62131-0

Helmut Breuer / Maria Weuffen
Lernschwierigkeiten am Schulanfang
Schuleingangsdiagnostik zur Früherkennung und Frühförderung.
198 S. Br. DM 38,– / öS 281,– / sFr 38,–
ISBN 3-407-62170-1

Kurt Czerwenka (Hrsg.)
Das hyperaktive Kind
Ursachenforschung – Pädagogische Ansätze – Didaktische Konzepte.
145 S. Br. DM 34,– / öS 252,– / sFr DM 34,–
ISBN 3-407-62188-4

Mechthild Dehn
Schlüsselszenen zum Schrifterwerb
Arbeitsbuch zum Lese- und Schreibunterricht in der Grundschule.
200 S. Br. DM 36,– / öS 266,– / sFr 36,–
ISBN 3-407-62181-7

Maria Fölling-Albers
Schulkinder heute
Auswirkungen veränderter Kindheit auf Unterricht und Schulleben.
130 S. Br. DM 36,– / öS 266,– / sFr 36,–
ISBN 3-407-62160-4

Irmintraut Hegele (Hrsg.)
Lernziel: Freie Arbeit
Unterrichtsbeispiele aus der Grundschule.
181 S. Br. DM 36,– / öS 266,– / sFr 36,–
ISBN 3-407-62105-1

Irmintraut Hegele
Lernziel: Offener Unterricht
Unterrichtsbeispiele aus der Grundschule.
157 S. Br. DM 36,– / öS 266,– / sFr 36,–
ISBN 3-407-62184-1

Hanna Kiper / Annegret Paul
Kinder in der Konsum- und Arbeitswelt
Bausteine zum wirtschaftlichen Lernen.
Mit Illustrationen von Andrea Ridder und einem Beitrag von Sabine Knemeyer.
198 S. Br. DM 38,– / öS 281,– / sFr 38,–
ISBN 3-407-62311-9

Klaus-Dieter Lenzen
Erzähl' mir k(l)eine Märchen!
Literarische Ausflüge mit Schulkindern.
125 S. Br. DM 34,– / öS 252,– / sFr 34,–
ISBN 3-407-62175-2

Christine Mann
Selbstbestimmtes Rechtschreiblernen
Rechtschreibunterricht als Strategievermittlung.
VIII, 77 S. Br. DM 32,– / öS 237,– / sFr 32,–
ISBN 3-407-62134-5

Brunhilde Marquardt-Mau / Rudolf Schmitt
(Hrsg.)
Chima baut sich eine Uhr
Dritte-Welt-Erziehung im Sachunterricht: Thema Zeit.
151 S. Br. DM 36,– / öS 266,– / sFr 36,–
ISBN 3-407-62128-0

BELTZ

Preisänderungen vorbehalten

Beltz Verlag · Postfach 100154 · 69441 Weinheim

Reihe »Werkstattbuch Grundschule«
Herausgegeben von Dieter Haarmann (Auswahl)

Hartmut Mitzlaff (Hrsg.)
Handbuch Grundschule und Computer
Vom Tabu zur Alltagspraxis.
348 S. Br. DM 54,–/öS 400,–/sFr 53,50
ISBN 3-407-62199-X

Ulf Mühlhausen
Überraschungen im Unterricht
Situative Unterrichtsplanung.
257 S. Br. DM 48,–/öS 355,–/sFr 47,50
ISBN 3-407-62192-2

Christa Röber-Siekmeyer
Die Schriftsprache entdecken
Rechtschreiben im offenen Unterricht.
226 S. Br. DM 46,–/öS 340,–/sFr 45,50
ISBN 3-407-62167-1

Charlotte Röhner
Authentisch Schreiben- und Lesenlernen
Bausteine zum offenen Sprachunterricht.
120 S. Br. DM 32,–/öS 237,–/sFr 32,–
ISBN 3-407-62314-3

Helmut Schafhausen (Hrsg.)
Handbuch Szenisches Lernen
Theater als Unterrichtsform.
108 S. Br. DM 32,–/öS 237,–/sFr 32,–
ISBN 3-407-62197-3

Heinz Schernikau/Barbara Zahn (Hrsg.)
Frieden ist der Weg
Bausteine für das soziale und politische Lernen.
204 S. Br. DM 42,–/öS 311,–/sFr 41,60
ISBN 3-407-62129-9

Adelheid Staudte (Hrsg.)
Ästhetisches Lernen auf neuen Wegen
173 S. Br. DM 39,80/öS 295,–/sFr 39,80
ISBN 3-407-62172-8

Renate Vercamer
Lebendige Kinderschule
Offener Unterricht im Spiegel einer Klassenchronik.
151 S. Br. DM 34,–/öS 252,–/sFr 34,–
ISBN 3-407-62315-1

Dagmar Wehr
»Eigentlich ist es etwas Zärtliches«
Erfahrungsbericht über die Auseinandersetzung mit Sexualität in einer dritten Grundschulklasse.
84 S. Br. DM 29,80/öS 221,–/sFr 29,80
ISBN 3-407-62168-X

Hildegund Weigert/Edgar Weigert
Schuleingangsphase
Hilfen für eine kindgerechte Einschulung.
153 S. Br. DM 36,–/öS 266,–/sFr 36,–
ISBN 3-407-62127-2

Hildegund Weigert/Edgar Weigert
Schülerbeobachtung
Ein pädagogischer Auftrag.
126 S. Br. DM 36,–/öS 266,–/sFr 36,–
ISBN 3-407-62171-X

Ingeborg Wolf-Weber/Mechthild Dehn
Geschichten vom Schulanfang
»Die Regensonne« und andere Berichte.
127 S. Br. DM 29,80/öS 221,–/sFr 29,80
ISBN 3-407-62174-4

BELTZ

Preisänderungen vorbehalten

Beltz Verlag · Postfach 100154 · 69441 Weinheim